MA VIE D'ENFANT

MAXIME GORKI

Traduction par
SERGE PERSKY

ALICIA ÉDITIONS

TABLE DES MATIÈRES

Avant-propos   v

Chapitre 1   1
Chapitre 2   12
Chapitre 3   26
Chapitre 4   45
Chapitre 5   58
Chapitre 6   65
Chapitre 7   79
Chapitre 8   92
Chapitre 9   109
Chapitre 10   126
Chapitre 11   147
Chapitre 12   164
Chapitre 13   186
Chapitre 14   201

AVANT-PROPOS

Par ses ouvrages antérieurs, on a pu se faire une idée, à peu près exacte, de la vie tourmentée, douloureuse, féconde que mena, dès l'adolescence, le grand romancier russe.

Tour à tour marmiton, boulanger, vagabond, débardeur, pèlerin, Maxime Gorki (de son vrai nom Alexis Pechkof) a connu tous les mondes, côtoyé toutes les misères, subi toutes les privations, frôlé toutes les laideurs et senti toutes les beautés, jusqu'au jour où, désespéré, à vingt ans, il se tira dans la poitrine cette balle qui lui troua le poumon gauche, le laissant incurablement malade pour le reste de ses jours.

Ce furent ensuite les liaisons avec de pauvres étudiants, avec ceux qui « se nourrissent, selon le mot de Turguenief, de privations physiques et de souffrances morales », ce furent enfin des années d'étude ardente, les premiers essais, la notoriété, la grande, l'universelle gloire.

Tout cela, avons-nous dit, nous le savions sinon en détails, au moins en partie, par les œuvres où Gorki s'est mis en scène lui-même et qui reflètent, sous les couleurs les plus variées, les différents milieux dans lesquels il a vécu.

Mais les années de son enfance restaient impénétrables et comme ensevelies dans une sorte de brume mystérieuse et troublante.

Souvent, cependant, les admirateurs, les amis avaient supplié l'écrivain de leur faire quelques confidences. Ils voulaient savoir par quelle série d'épreuves cette âme était passée ; comment s'était formé cet autodidacte génial, à la fois tendre et violent, doux et révolté.

Gorki s'était toujours montré rebelle à ces curiosités. Trop de souvenirs pénibles l'étreignaient à évoquer ces heures lointaines, à mettre à nu tant de misères morales, à dévoiler tant de brutalités, à raviver tant de blessures encore saignantes.

Patiemment, durant des années, les amis revinrent à la charge et Gorki céda.

En hiver 1913, à Capri, gravement malade, appréhendant même une issue fatale, il se résolut à exhumer du passé les souvenirs dormant sous la cendre des ans et à écrire ces mémoires, qui reconstituent la première partie, tout à fait ignorée, de sa vie.

La connaissance de cette existence d'enfant, de cette petite âme si sensible, en butte aux brutalités d'une tyrannique organisation sociale, éclaire merveilleusement la figure du romancier, explique son inlassable amour de la liberté et de la justice, ainsi que sa foi inébranlable en une régénération russe : amour et foi qui ont fait de sa vie d'homme et d'écrivain un apostolat et un sacerdoce.

Aucune lecture n'est plus émouvante à l'heure actuelle que le récit de cette formation initiale d'une âme de révolutionnaire russe.

SERGE PERSKY.

1

Près de la fenêtre, dans une petite pièce presque obscure, mon père, tout de blanc vêtu et extraordinairement long, est couché sur le sol. Les doigts de ses pieds nus, animés d'un mouvement bizarre, s'écartent l'un de l'autre spasmodiquement, tandis que les phalanges caressantes de ses mains posées avec résignation sur sa poitrine restent obstinément contractées. Le regard joyeux de ses yeux clairs s'est éteint ; le visage si bon d'ordinaire apparaît morne et la saillie de ses dents entre les mâchoires distendues emplit mon cœur d'un vague effroi*.

En jupe rouge, à demi vêtue, ma mère s'est agenouillée près de lui et, au moyen d'un petit peigne noir dont j'aime à me servir pour scier les écorces des pastèques, elle partage les longs et souples cheveux de mon père qui lui retombent obstinément sur le front. Sans arrêt, d'une voix pâteuse et rauque, elle parle, et de ses yeux gris boursouflés de grosses larmes s'égouttent comme des glaçons qui fondraient.

Grand'mère me tient par la main ; c'est une femme au corps grassouillet, surmonté d'une grosse tête aux yeux énormes sous lesquels bourgeonne un nez comique et mou. Toute sa personne apparaît noire, flasque et étonnamment intéressante. Elle pleure aussi, accompagnant d'une harmonie particulière et vraiment agréable les sanglots de ma mère. Secouée de frissons, elle me tire et me pousse vers mon père, mais je résiste et me cache derrière elle, car je suis gêné et j'ai peur.

---

* Le père de Gorki mourut du choléra.

Jamais jusqu'à ce jour je n'avais vu pleurer les grandes personnes, et je ne parvenais pas à comprendre les paroles que me répétait ma grand'mère :

— Dis adieu à ton père, tu ne le reverras plus jamais, il est mort, le pauvre cher homme ; il est mort trop tôt ; ce n'était pas son heure...

Je venais de quitter le lit où une grave maladie m'avait retenu. Je cherchai à fixer mes souvenirs. Oui, durant les jours passés dans ma chambre, mon père, je me le rappelai fort bien, m'avait tenu compagnie, me soignant et me distrayant et puis, tout à coup, il avait disparu et la grand'mère, une personne étrangère, était venue le remplacer.

— D'où sors-tu ? lui demandai-je.

Cette personne répondit :

— D'en haut, de Nijni ; et puis, je ne suis pas sortie, je suis arrivée ! On ne sort pas de l'eau, on va en bateau. Ces propos me semblaient bizarres, peu clairs et invraisemblables. Au-dessus de nous vivaient des Persans barbus au teint coloré, tandis que le sous-sol était occupé par un vieux Kalmouk tout jaune, qui vendait des peaux de moutons. Et l'eau, que venait-elle faire dans cette affaire ? Cette femme embrouillait tout ; mais ce qu'elle disait était drôle. Elle parlait d'une voix douce, gaie et chantante. Dès le premier jour, nous fûmes amis, et à ce moment-là j'aurais voulu qu'elle quittât avec moi, et au plus vite, cette chambre lugubre.

C'est que ma mère m'impressionne ; ses larmes et ses gémissements ont éveillé en moi un sentiment inconnu jusqu'alors : l'inquiétude. C'est la première fois que je la vois ainsi : en temps ordinaire, elle gardait une attitude sévère et parlait peu. Très grande, toujours propre et bien arrangée, elle montrait un corps aux lignes nettes et des bras vigoureux. Aujourd'hui elle m'apparaît comme boursouflée, les traits ravagés, les vêtements en désordre ; ses cheveux disposés sur sa tête en un casque volumineux et blond retombent en mèches sur le visage et sur l'épaule ; une des nattes descend même effleurer la figure du père endormi. Je suis dans la chambre depuis longtemps déjà, et pourtant ma mère ne m'a pas regardé une seule fois ; elle continue en geignant à lisser la chevelure de son époux et les larmes l'étouffent par moment.

Soudain la porte s'ouvre ; des paysans sont là, accompagnés d'un sergent de ville qui crie sur un ton irrité :

— Arrangez-le et dépêchez-vous...

Sous l'effet du courant d'air qui s'était établi, un châle noir pendu devant la fenêtre se gonflait comme une voile. Je me souviens alors, je ne sais pourquoi, qu'un jour mon père m'avait fait monter dans un bateau à voiles. Soudain, un coup de tonnerre avait retenti. Le père s'était mis à rire, puis, me serrant avec force entre ses genoux, il s'était écrié :

— Ce n'est rien, Alexis, n'aie pas peur...

Tout à coup, ma mère se leva lourdement, mais aussitôt elle se rassit, puis s'allongea sur le dos et ses cheveux balayèrent le sol ; son visage blanc et aveuglé par les larmes devint bleu ; les dents découvertes comme celles de mon père, elle proféra d'une voix terrifiante ces quelques mots :

— Fermez la porte ! Faites sortir Alexis !...

Ma grand'mère me repoussa, se précipita vers l'ouverture et s'exclama :

— N'ayez pas peur, bonnes gens, laissez-nous ; allez-vous-en, au nom du Christ ! Ce n'est pas le choléra ; elle va accoucher ; de grâce, bonnes gens !

Caché derrière une malle, dans un recoin obscur, je regardai ma mère se tordre sur le sol, gémissante et grinçant des dents, cependant que grand'mère, agenouillée près d'elle, psalmodiait d'une voix caressante et joyeuse :

— Au nom du Père et du Fils... Prends courage, Varioucha... Sainte Mère de Dieu ! Priez pour nous...

J'avais peur ; les deux femmes se traînaient sur le plancher avec des plaintes et des soupirs ; parfois elles effleuraient le corps immobile et glacé de mon père dont la bouche entr'ouverte avait l'air de ricaner. Longtemps elles restèrent ainsi ; à plusieurs reprises ma mère essaya bien de se lever, mais elle retombait bientôt ; grand'mère, sans que je susse pourquoi, s'échappa de la pièce, roulant à la façon d'une grosse boule noire et molle ; puis, dans l'obscurité, un cri d'enfant retentit.

— Je te rends grâces, Seigneur ! C'est un garçon ! s'exclama l'aïeule qui rentrait.

Et elle alluma une chandelle.

Je m'endormis sans doute dans mon coin, car rien de plus n'est resté dans ma mémoire.

Le second souvenir de ma vie date d'une journée pluvieuse ; je revois un coin désert du cimetière ; je suis debout sur un tas de terre visqueuse et glissante et je regarde un trou dans lequel on vient de descendre le cercueil de mon père ; l'eau a envahi le fond et des grenouilles y barbotent ; deux d'entre elles ont déjà sauté sur le couvercle jaune du cercueil.

Je suis là avec grand'mère, le sergent de ville tout mouillé et deux hommes aux faces renfrognées, munis de pelles. Une pluie tiède et fine comme des perles nous asperge sans relâche.

— Comblez la fosse, ordonne le représentant de l'autorité, et il s'en va.

Grand'mère se met à pleurer, le visage enfoui sous un pan de son fichu. Les hommes se penchent et, à la hâte, jettent sur la boîte funèbre les mottes grasses qui tombent en faisant clapoter l'eau boueuse. Les grenouilles apeurées abandonnent alors le couvercle du cercueil et sautent pour s'enfuir entre les parois de la fosse ; mais les mottes de terre les font retomber.

— Va-t'en d'ici, Alexis, m'ordonna grand'mère en me touchant l'épaule, mais je résistai à son injonction, car je ne voulais pas m'en aller.

— Ah ! mon Dieu ! soupira-t-elle alors, se plaignant du ciel autant que de moi.

Longtemps, elle resta là, immobile et silencieuse, la tête baissée. La fosse était comblée, et elle ne songeait toujours point à partir.

On entendait sur le sol le bruit métallique des pelles ; le vent se leva, chassant les nuages, emmenant la pluie. Grand'mère alors sembla se réveiller, elle me prit par la main et me conduisit vers une église lointaine, dont le clocher dressait sa flèche au milieu d'une multitude de croix noires.

— Pourquoi ne pleures-tu pas ? interrogea-t-elle, quand nous fûmes tous deux hors de l'enceinte. Tu devrais bien pleurer un peu.

— Je n'en ai pas envie ! répondis-je.

— Eh bien, si tu n'en as pas envie, ne pleure pas ! conclut-elle à mi-voix.

Ces réflexions me semblaient bien étonnantes ; je pleurais rarement et seulement quand on m'humiliait ; jamais la souffrance ne m'avait arraché de sanglots ; mon père se moquait de mes larmes et ma mère, quand il m'arrivait d'en verser, me criait régulièrement :

— Je te défends de pleurer !

Nous suivîmes en fiacre une rue large et très sale, bordée de maisons rouges, et je demandai à ma compagne :

— Les grenouilles pourront-elles sortir ?

— Non, elles ne pourront s'échapper maintenant. Que Dieu soit avec elles !

Ni mon père ni ma mère ne prononçaient si souvent et avec une telle confiance familière le nom de Dieu.

Peu de jours après ces événements, je me trouve en bateau, dans une petite cabine, avec ma mère et grand'maman ; mon frère nouveau-né Maxime était mort et on venait de le coucher sur une table dans un coin, enveloppé d'un lange blanc bordé de rouge.

Juché sur des malles et des paquets, par une sorte de fenêtre ronde et bombée comme l'œil d'une jument, je regarde le paysage : une eau trouble et écumeuse court sans cesse derrière la vitre mouillée. Parfois une vague se redresse qui vient lécher le hublot, et instinctivement je saute à terre.

— N'aie pas peur, rassure grand'mère, et ses bras tendus me soulèvent sans effort et m'installent de nouveau sur les ballots.

Une brume grise plane au-dessus de la rivière, tandis qu'au loin une bande de terre verte alternativement se montre et disparaît dans l'atmosphère brouillée. Tout tremble. Seule ma mère, debout, appuyée à la cloison et les mains croisées derrière la tête, garde une immobilité rigide. Son visage est sombre et impassible, comme un masque d'airain ; ses paupières sont closes. Elle ne parle pas. Elle m'apparaît toute changée, toute différente ; et la robe même qu'elle porte est nouvelle pour moi.

Souvent grand'mère, à mi-voix, lui propose :

— Varioucha, si tu mangeais un peu ? Rien qu'un petit morceau, veux-tu ?

Elle ne répond ni ne bouge.

En général grand'mère parle en chuchotant ; mais quand elle s'adresse à ma mère, elle élève un peu la voix ; cependant il y a dans ses inflexions quelque chose de timide et de prudent : il me semble qu'elle a peur de ma mère et ce sentiment, que je comprends fort bien, nous rapproche et nous unit.

— Voilà Saratof, s'écrie tout à coup maman sur un ton dur et irrité. Où est le matelot ?

Quelles paroles bizarres et nouvelles elle emploie maintenant : « Saratof, matelot » !

Un gros homme à cheveux gris et vêtu de bleu entra dans la cabine ; il apportait une petite caisse dont grand'mère le débarrassa et où elle étendit le corps de mon frère, puis elle se dirigea vers la porte, les bras tendus ; mais elle était trop grosse pour passer par l'étroite issue autrement qu'en travers et elle s'arrêta sur le seuil, embarrassée.

— Ah ! maman ! s'écria ma mère en lui enlevant le cercueil.

Là-dessus toutes deux disparurent et je restai dans la cabine à examiner l'homme en bleu.

— Alors, il est parti, ton petit frère ! s'exclama-t-il en se penchant sur moi.

— Qui es-tu ? répliquai-je.

— Un matelot.

— Et Saratof, qui est-ce ?

— Une ville. Regarde par la fenêtre, tu la verras.

Derrière la vitre, la terre semblait courir noire et déchiquetée ; de la fumée, du brouillard s'en exhalaient et cela faisait songer à un gros morceau de pain fraîchement coupé de la miche.

— Où est-elle allée, grand'mère ?

— Enterrer son petit-fils.

— On l'enterrera dans la terre ?

— Mais oui, bien sûr.

Je racontai au matelot comment on avait enterré vivantes des grenouilles, lors des funérailles de mon père. Il me souleva dans ses bras, me serra contre sa poitrine et m'embrassa :

— Ah ! mon petit, tu ne comprends pas encore ! Ce n'est pas des grenouilles qu'il faut avoir pitié ; tant pis pour elles ! C'est ta mère qu'il faut plaindre ; la pauvre femme est-elle assez malheureuse !

Au-dessus de nous, il y eut des grincements et des gémissements, mais je savais déjà que c'était la manœuvre du bateau qui provoquait ces bruits et je n'eus pas peur ; cependant le matelot me posa vivement sur le sol et sortit en disant :

— Il faut que je me sauve !

Moi aussi, j'avais bien envie de m'en aller. Je franchis le seuil. Le couloir étroit et obscur était désert. Non loin de la porte, sur les marches de l'escalier, des barres de cuivre étincelaient. Levant les yeux, je vis des gens qui tenaient des besaces et des paquets. Tout le monde quittait le bateau, c'était évident : je devais donc débarquer moi aussi.

Mais lorsque j'arrivai à la passerelle avec la foule des voyageurs, tous se mirent à crier :

— Qui es-tu ? D'où sors-tu ?

— Je ne sais pas.

On me poussa, on me secoua, on me fouilla. Enfin le matelot aux cheveux gris arriva, s'empara de moi et expliqua :

— C'est un gamin d'Astrakhan... un passager des cabines...

Il me ramena en courant dans la pièce que je venais de quitter, me posa sur nos colis et s'en alla non sans m'avoir menacé du doigt :

— Ne bouge pas ! Sinon...

Au-dessus de ma tête, le bruit peu à peu diminuait ; le bateau ne vacillait plus, l'eau redevenait calme. La fenêtre me semblait obstruée par une sorte de muraille humide ; il faisait sombre, l'air était étouffant ; les bagages qui encombraient la pièce me gênaient ; tout allait de travers. Une grande angoisse me saisit : peut-être allait-on me laisser seul à jamais sur un bateau vide ?

Je m'approchai de la porte, mais j'ignorais l'art de l'ouvrir et il m'était impossible d'en forcer la serrure. Prenant une bouteille pleine de lait je frappai la poignée de toutes mes forces : le flacon se brisa et le lait, coulant dans mes souliers, m'inonda les pieds.

Chagriné par cet échec, je me couchai sur nos paquets, pleurant silencieusement, et je m'endormis dans les larmes.

Lorsque je me réveillai, le bateau ronflait et tremblait de nouveau ; la fenêtre de la cabine flambait comme le soleil. Assise près de moi, grand'mère se coiffait, fronçant le sourcil, chuchotant je ne sais quoi. Elle avait une masse de cheveux d'un noir bleuâtre qui couvraient d'une toison épaisse ses épaules, sa poitrine, ses genoux et venaient tomber jusqu'à terre. Une de ses mains les soulevait et les étendait tandis que l'autre, armée d'un peigne de bois aux dents rares, mettait à grand'peine de l'ordre dans les grosses mèches indisciplinées. Ses lèvres grimaçaient ; ses yeux noirs irrités étincelaient et son visage tout entier, sous cette masse de cheveux, présentait un aspect minuscule et risible.

Elle avait un air méchant que je ne lui connaissais pas encore ; mais quand je lui eus demandé pourquoi elle avait de si longs cheveux, elle me répondit de sa voix tendre et douce de tous les jours :

— C'est pour me punir sans doute que Dieu me les a donnés ; comment se coiffer avec une telle crinière ! Quand j'étais jeune, j'en étais fière ; dans ma vieillesse, je la maudis. Et toi, mon petit, tu ferais mieux de dormir ! le soleil vient à peine de se montrer et tu as besoin de repos.

— Je n'ai plus sommeil !

— Eh bien, soit, ne dors plus ! acquiesça-t-elle sans discuter davantage, et tout en continuant à natter ses cheveux, elle jeta un coup d'œil sur la couchette où ma mère était allongée, raide comme une corde tendue. Comment as-tu donc fait hier pour casser la bouteille ? Raconte-moi cela tout bas !

Elle parlait en chantonnant d'une façon particulière, et les mots qu'elle prononçait se gravaient facilement dans ma mémoire ; ils étaient pareils à des fleurs, brillantes, amicales et riches de sève généreuse. Quand grand'mère souriait, ses prunelles larges comme des cerises se dilataient, s'enflammaient ; une lueur indiciblement agréable émanait de son regard ; son sourire découvrait des dents blanches et solides ; et quoique la peau noirâtre des joues fût plissée en une multitude de rides, le visage semblait quand même jeune et rayonnant. Il était pourtant gâté par ce nez bourgeonnant aux narines gonflées et à l'extrémité écarlate. Grand'mère aimait un peu trop la boisson et plongeait souvent ses doigts dans une tabatière noire incrustée d'argent. Sa personne tout entière était sombre, mais comme éclairée du dedans ; et à travers ses yeux, son être intérieur brillait d'une lumière chaude, joyeuse et jamais éteinte. Elle était voûtée, presque bossue, très corpulente et cependant se mouvait avec aisance et légèreté, comme une grosse chatte dont elle avait la souplesse caressante et féline.

Avant sa venue, j'avais, pour ainsi dire, sommeillé, noyé dans je ne sais quelle pénombre ; mais elle avait paru, m'avait réveillé et conduit à la lumière ; sa présence avait lié tout ce qui m'entourait d'un fil continu ; elle avait tendu entre l'ambiance et mon âme une passerelle de lumière, et du coup elle était devenue à jamais l'amie la plus proche de mon cœur, l'être le plus compréhensible et le plus cher. Ce fut son amour désintéressé de l'univers qui m'enrichit et m'imprégna de cette force invincible dont j'eus tant besoin pour passer les heures difficiles.

~

Il y a quarante ans, les bateaux n'allaient pas vite ; et il nous fallut beaucoup de temps pour arriver à Nijni-Novgorod ; j'ai gardé une impression fort nette de ces premiers jours où je me saturai, si je puis dire, de beauté.

Le temps restait pur, et du matin au soir nous demeurions grand'mère et moi sur le pont, à regarder, sous le ciel serein, les rives du Volga s'enfuir dorées par l'automne et brodées de soie.

Sans hâte, le bateau roux clair, remorquant une barque au bout d'un long câble, bat l'eau grise et bleue ; bruyant et paresseux, il remonte lentement le courant. La barque, elle, est grise aussi et ressemble vaguement à un cloporte. Le soleil, sans qu'on se rende compte de sa marche, vogue au-dessus du fleuve. Chaque heure voit le décor se transformer ainsi que dans les contes de fées ; les vertes montagnes sont pareilles à des plis somptueux ornant le riche vêtement de la terre ; sur les rivages, des villes et des villages apparaissent prestigieux ; une feuille d'automne dorée nage sur les eaux.

— Regarde comme tout cela est beau ! s'écrie à chaque instant grand'mère, en m'entraînant d'un bord du bateau à l'autre ; et ce disant, ses yeux dilatés rayonnent de bonheur.

Souvent, quand elle contemple ainsi le paysage, il lui arrive de m'oublier totalement : debout, les mains jointes sur la poitrine, elle sourit, silencieuse et les larmes aux yeux, jusqu'à l'instant où je la tire par sa jupe noire garnie de percale à fleurs.

— Hein ? s'exclame-t-elle, surprise. Il me semble que je me suis endormie et que j'ai rêvé.

— Pourquoi pleures-tu ?

— C'est de joie, mon petit, et aussi de vieillesse, explique-t-elle en souriant. Je suis déjà une vieille, mes années, mes printemps ont dépassé la sixième dizaine.

Et, humant une prise, elle se met à me narrer des histoires fantastiques de bons brigands, de saints, d'animaux et de forces mauvaises.

Quand elle raconte, elle se penche vers moi d'un air mystérieux, ses pupilles dilatées se fixent sur mes yeux comme pour verser dans mon cœur une force qui doit me soulever. Elle parle à mi-voix comme si elle chantait et ses phrases, au fur et à mesure que s'allonge le récit, prennent une allure de plus en plus cadencée. C'est exquis de l'écouter, et je réclame :

— Encore, grand'mère ! encore !

— «... Il était aussi une fois un vieux petit lutin, assis près du poêle ; comme il s'était fait mal à la patte avec du vermicelle il se dandinait en gémissant : « Oh ! que j'ai mal, petites souris, oh ! je ne puis supporter cette douleur, petits rats ! »

Et, prenant sa jambe dans ses mains, elle la soulevait et la berçait, accompagnant ce geste d'une grimace divertissante, mimant son récit comme si elle eût souffert elle-même réellement.

Des matelots barbus, de braves gens, nous entourent, écoutent, rient, font des compliments à la narratrice et eux aussi demandent :

— Voyons, grand'mère, raconte-nous encore quelque chose.

Ensuite ils proposent :

— Viens donc souper avec nous !

Au cours du repas, ils lui offrent de l'eau-de-vie et à moi des melons et des pastèques ; mais tout cela se fait en cachette, car il y a sur le bateau un homme qui défend de manger des fruits (à cause des épidémies), et qui, dès qu'il en aperçoit, vous les enlève pour les jeter à l'eau. Il est habillé à peu près comme un soldat de police, il est toujours ivre et les gens se cachent dès qu'ils le voient approcher.

Ma mère ne monte que rarement sur le pont ; elle ne vient pas vers nous, et garde toujours le même silence obstiné. Son grand corps bien proportionné, son visage d'airain, la lourde couronne de ses cheveux blonds nattés, sa silhouette vigoureuse et ferme, je crois voir encore tout cela derrière un brouillard ou un nuage transparent qui rend lointains et froids les yeux gris au regard droit, aussi grands que ceux de mon aïeule.

Une fois, elle fit remarquer d'un ton sévère :

— Les gens se moquent de vous, maman !

— Que Dieu soit avec eux ! répliqua grand'mère avec insouciance, et grand bien leur fasse ; qu'ils rient si cela leur fait plaisir !

Je me rappelle la joie enfantine de la chère aïeule en revoyant Nijni-Novgorod. Me tirant par la main, elle me poussa vers le bord et s'exclama :

— Regarde, comme c'est beau, regarde ! La voilà, notre belle ville ! La voilà, la ville de Dieu ! Regarde, que d'églises ! On dirait qu'elles volent vers le ciel !

Elle pleurait presque en disant à ma mère :

— Regarde, Varioucha, n'est-ce pas que c'est beau ? Tu l'avais oubliée sans doute, ta ville ! Admire et réjouis-toi !

Ma mère eut un petit sourire sombre.

Lorsque le bateau s'arrêta en face de la belle cité, au milieu du fleuve tout encombré d'embarcations, hérissé de mâts pointus, une grande barque pleine de gens nous accosta ; on leur tendit une échelle et, l'un après l'autre, les occupants du canot grimpèrent sur le pont. Le premier que j'aperçus fut un petit vieillard sec et vif qui se distinguait par son long vêtement noir, sa barbiche roussâtre et comme dorée, dominée par un nez aquilin au-dessus duquel luisaient deux petits yeux verts.

— Papa ! s'exclama ma mère, d'une voix à la fois sourde et forte, et elle se précipita vers lui ; il lui prit la tête et lui caressa les joues de ses petites mains rouges, puis se mit à crier et à glapir :

— Eh bien ! Ah ! Ah ! nous voilà !

Grand'mère embrassait et étreignait tout le monde à la fois, semblait-il ; elle tournait comme une toupie ; elle me poussa vers des gens inconnus, en m'expliquant très vite :

— Allons, dépêche-toi ! Voilà l'oncle Mikhaïl, c'est Jacob... La tante Nathalia ; tes cousins, ils s'appellent Sachka et Sacha, leur sœur Catherine ; tout cela, c'est notre famille, nous sommes nombreux, n'est-ce pas ?

Le grand-père lui demanda :

— Et tu es en bonne santé, mère ?

Ils s'embrassèrent à trois reprises.

Puis le grand-père, me tirant d'un groupe compact, me demanda, la main posée sur la tête :

— Qui es-tu ?

— Un petit d'Astrakhan... un passager des cabines...

— Que raconte-t-il ? s'étonna l'aïeul en s'adressant à ma mère et, sans attendre la réponse, il s'écarta de moi en remarquant :

— Il a les pommettes de son père... Descendons dans le canot.

Nous débarquâmes, et, en groupe, par une route pavée de gros cailloux entre deux talus recouverts d'une herbe flétrie et piétinée, nous nous dirigeâmes vers la montagne.

Grand-père et maman nous devançaient tous. De taille beaucoup plus petite que la sienne, il allait à petits pas rapides ; ma mère, elle, le regardait de haut en bas et semblait flotter en l'air. Venaient ensuite les deux oncles :

Mikhaïl, sec comme son père, les cheveux lisses et noirs, et Jacob, blond et rayonnant ; de grosses femmes en robes de couleurs criardes et cinq ou six enfants, tous plus âgés que moi et tous tranquilles, les suivaient. Je fermais la marche entre grand'mère et la petite tante Nathalie. Celle-ci, qui était pâle et avait des yeux bleus et un ventre énorme, s'arrêtait à chaque instant ; haletante, elle murmurait :

— Ah ! je n'en puis plus !

— Pourquoi t'ont-ils dérangée ? grommelait grand'mère avec irritation. Quelle race de nigauds !

Les grandes personnes ni les enfants ne me plaisaient ; je me sentais un étranger parmi eux ; et dans ce nouveau milieu, grand'mère elle-même s'était comme effacée et éloignée de moi.

Mon aïeul surtout me déplaisait ; du premier coup, je sentis en lui un ennemi, et une curiosité inquiète à son égard naquit en moi de cette réception.

Nous arrivâmes en haut de la montée. À l'entrée de la grand'rue, et appuyée au talus de droite, se trouvait une maison à un étage, trapue et peinte en rose sale, dont les fenêtres bombées s'ouvraient sous un toit surbaissé. De la rue elle me parut grande ; et pourtant à l'intérieur, dans les petites chambres presque obscures, on était à l'étroit. De même que sur le bateau, c'était plein de gens irrités qui s'agitaient ; des petits enfants s'ébattaient comme une bande de moineaux pillards, et il stagnait partout une odeur inconnue qui vous saisissait à la gorge.

Nous pénétrâmes dans une cour déplaisante, elle aussi, entièrement encombrée de grands morceaux d'étoffe mouillée et de cuves pleines d'une eau colorée et épaisse où trempaient des chiffons. Dans un coin, sous un petit appentis délabré, des bûches flambaient dans un fourneau sur lequel des choses mystérieuses cuisaient et bouillonnaient, tandis qu'un homme invisible prononçait à haute voix des paroles étranges :

— Du santal... de la fuchsine... du vitriol.

2

―――

Une vie complexe, indiciblement bizarre, commença et les jours s'écoulèrent avec une rapidité terrible. Je me la remémore aujourd'hui comme une légende cruelle habilement racontée par un génie bon, mais trop véridique. Maintenant encore, quand j'évoque le passé, j'ai peine à croire parfois que tout a vraiment été tel que ce fut ; il y a tant de choses que je voudrais discuter et nier, car la vie obscure d'une « race stupide » est par trop fertile en cruauté.

Mais la vérité est supérieure à la pitié et ce n'est pas seulement mon enfance et ses impressions angoissantes que je raconte ; je veux faire connaître le cercle étroit et étouffant au milieu duquel j'ai vécu et dans lequel se meut encore aujourd'hui le simple habitant de la Russie.

La maison de mon grand-père était remplie comme d'un brouillard suffocant par la haine que chacun portait à autrui ; cette haine empoisonnait les adultes, et les enfants eux-mêmes la partageaient. Par la suite, j'appris, grâce à ma grand'mère, que nous étions revenus juste à l'époque où mes oncles insistaient avec le plus de force auprès de leur père pour qu'il leur partageât ses biens. Le retour inattendu de ma mère avait encore accru et aiguisé leur convoitise. Ils craignaient en effet que ma mère n'exigeât le paiement de sa dot, dont le montant avait été fixé jadis, mais que le grand-père avait retenue parce que sa fille s'était mariée « de son propre chef », sans l'assentiment paternel. Les oncles estimaient que cette dot devait être répartie entre eux. Depuis longtemps aussi, ils discutaient âprement pour décider lequel des deux ouvrirait en ville un atelier de teinturerie comme celui du père et irait se fixer sur l'autre rive de l'Oka, au faubourg Kounavine.

Peu de temps après notre arrivée, à la cuisine, au moment du dîner, une querelle éclata : les oncles brusquement bondirent sur leurs pieds et, le corps penché au-dessus de la table, ils se mirent à discuter en se tournant vers grand-père ; ils se secouaient comme des chiens qui montrent les dents ; mais l'aïeul, à son tour, devenu pourpre de colère et frappant la table avec sa cuiller, s'écria d'une voix éclatante, pareille au clairon d'un coq :

— Je vous mettrai à la porte !

La grand'mère intervint avec une grimace douloureuse :

— Donne-leur tout, père, donne-leur tout, tu seras plus tranquille !

— Silence, gâteuse ! tonna-t-il ; il roulait des yeux terribles et il me sembla étrange qu'un si petit homme pût vociférer d'une manière aussi assourdissante.

Sans se hâter, ma mère se leva de table et, tournant le dos à tout le monde, s'en alla vers la fenêtre.

Tout à coup, du revers de sa main, l'oncle Mikhaïl gifla son frère ; celui-ci poussa un hurlement, s'accrocha à lui et tous deux roulèrent sur le sol, avec des exclamations, des rugissements et des râles.

Les enfants à leur tour se mirent à pleurer ; la tante Nathalie qui était enceinte piaillait désespérément ; ma mère la prit à bras le corps et l'entraîna je ne sais où. Evguénia, la joyeuse nourrice au visage grêlé, chassa les bambins de la cuisine et, tandis que le premier ouvrier Ivan, surnommé Tziganok, jeune gaillard aux larges épaules, s'asseyait à califourchon sur le dos de Mikhaïl, Grigory Ivanovitch, le contremaître chauve et barbu, aux lunettes noires, liait tranquillement les mains de l'oncle au moyen d'une serviette.

Le cou tendu, l'oncle frottait sur le sol sa maigre barbiche noire, exhalant des râles terrifiants, tandis que grand-père affolé courait tout autour de la table, en geignant d'un ton désolé :

— Des frères ! Vous êtes du même sang et vous vous battez ! Misère !...

Dès le début de la querelle, je m'étais enfui plein d'effroi sur le poêle ; de là, je vis avec un étonnement anxieux grand'mère prendre de l'eau au lavabo de cuivre et laver le visage ruisselant de sang de l'oncle Jacob. Ce dernier pleurait, tapant du pied, et elle lui disait d'un ton accablé :

— Maudits ! Race sauvage ! Reviendrez-vous à la raison ?

Ramenant sur l'épaule sa blouse déchirée, grand-père lui cria :

— Eh quoi, sorcière, aurais-tu enfanté des démons ?

Lorsque l'oncle Jacob fut sorti de la pièce, grand'mère se jeta vers le coin où les images saintes étaient suspendues, et à genoux, d'une voix qui me bouleversa, elle supplia :

— Sainte Mère de Dieu, rends la raison à mes enfants !

Grand-père vint prendre place à ses côtés et, regardant la table où tout était renversé, sens dessus dessous, il la prévint à mi-voix :

— Surveille-les, mère, sinon ils tortureront Varioucha et la feront périr, ils en sont capables...

— Tais-toi, tais-toi ! Ne pense pas des choses pareilles ! Enlève ta blouse, je vais te la recoudre...

Serrant la tête du vieillard entre ses deux mains, elle le baisa au front ; et lui, qui, comparé à elle, était tout petit, posa la tête contre la poitrine de sa femme en disant :

— Il faut se résoudre à partager, je crois...

— Oui, père, oui...

Ils conversèrent ainsi longtemps, d'abord amicalement ; puis grand-père se mit à gratter du pied le plancher, comme les coqs avant la bataille.

— Ah ! je sais bien que tu les aimes plus que moi ! murmura-t-il en la menaçant du doigt. Ton Mikhaïl, pourtant, n'est qu'un jésuite et ton Jacob un franc-maçon... Ils vont tout boire... ils vont gaspiller tout mon bien...

M'étant maladroitement retourné, je fis dégringoler un fer à repasser qui rebondit avec fracas sur les degrés du poêle et finit par tomber dans un seau. Surpris par ce tapage, le grand-père sauta sur une marche, me tira à bas de ma cachette et, me dévisageant comme s'il me voyait pour la première fois :

— Qui est-ce qui t'a fourré là-haut ? Ta mère ?

— Non, c'est moi qui ai grimpé tout seul.

— Tu mens !

— Non, ce que je dis est la vérité. J'ai peur.

Il me repoussa et sa paume vint me frapper légèrement le front :

— Tout le portrait de ton père ! Va-t'en !

Je fus content de pouvoir m'échapper de la cuisine.

Je sentais bien que les yeux verts perspicaces et intelligents de grand-père me poursuivaient sans cesse et j'avais peur de mon aïeul. Je me rappelle l'instinctive frayeur qui me portait à fuir ses regards brûlants. Il me semblait que grand-père était méchant, qu'il témoignait à tout le monde une ironie outrageante, essayant de mettre les gens en colère et se méfiant de chacun.

— Eh ! vous autres ! s'exclamait-il souvent, et ces mots qu'il proférait en traînant sur les syllabes me produisaient chaque fois la même et pénible impression d'ennui et de froid.

À l'heure du repos, au thé du soir, lorsque les oncles, les ouvriers et lui-même quittaient l'atelier et venaient à la cuisine, fatigués, les mains colorées par le santal, brûlées par les acides, les cheveux noués d'un bout de lacet, en tout semblables aux noires icônes de la famille – à cette heure paisible, grand-père s'asseyait, me plantant devant lui, et il causait avec moi plus souvent qu'avec les autres, à la grande jalousie de mes cousins. Toute sa personne était comme lissée, polie, aiguisée. Son gilet montant, en satin brodé, était vieux et déteint, sa blouse de cotonnade fripée ; de grandes pièces se voyaient aux genoux de ses pantalons et pourtant, il semblait toujours plus élégant, plus propre et plus beau que ses fils, qui eux portaient faux col, manchettes et foulard de soie.

Quelques jours après mon arrivée, il m'obligea à apprendre des prières. Les autres enfants, étant tous plus âgés que moi, prenaient des leçons chez le diacre de l'église de l'Assomption, dont on apercevait par la fenêtre les coupoles dorées.

La tante Nathalie fut chargée de m'instruire ; c'était une femme craintive et paisible, au visage enfantin et aux yeux si transparents, qu'à mon idée, on pouvait voir tout ce qui se passait derrière sa tête.

J'aimais les regarder longuement. Je les fixais sans battre des paupières, alors elle baissait les cils, gênée, tournait la tête et, tout bas, presque chuchotante, demandait :

— Je t'en prie, dis avec moi : « Notre Père qui es... »

Et si je l'interrogeais sur le sens de tel ou tel mot de l'oraison composée en ancienne langue slave, elle jetait un coup d'œil peureux autour de nous et conseillait :

— Ne demande rien, cela vaut mieux ! Répète tout simplement ce que je dis... Allons ! « Notre Père... »

J'étais troublé : pourquoi serait-ce pis si je questionnais ? Les mots qu'on m'obligeait à dire prenaient de la sorte une signification cachée et, à dessein, je les défigurais encore.

Mais ma tante, pâlissant davantage, reprenait avec patience, d'une voix entrecoupée :

— Non, répète tout simplement : « ... qui es aux cieux... »

Pas plus que ses propos, l'attitude de Nathalie n'était simple. Ces façons d'agir me surexcitaient et les préoccupations qu'elles faisaient naître m'empêchaient d'apprendre par cœur et rapidement la prière.

Un jour, grand-père s'informa :

— Eh bien, Alexis, qu'as-tu fait aujourd'hui ? Tu as joué. Je le vois à la bosse que tu t'es faite au front ! Ce n'est pas bien malin de se faire une bosse. Sais-tu ton « Notre père » ?

Tante répondit à mi-voix :

— Il a mauvaise mémoire.

Grand-père sourit ; ses sourcils roux se haussèrent gaîment :

— S'il en est ainsi, il faut le fouetter !

Et s'adressant à moi de nouveau :

— Ton père te donnait-il les verges ?

Ne comprenant pas de quoi il était question, je gardai le silence ; ce fut ma mère qui répliqua :

— Non, Maxime ne l'a jamais battu et il m'a interdit de le faire.

— Pourquoi cela ?

— Il jugeait que les coups n'apprennent rien.

— C'était un fieffé imbécile, ce feu Maxime, que Dieu me pardonne ! proclama grand-père, d'un ton irrité et tranchant.

Ces paroles m'offensèrent. Il s'en aperçut.

— Pourquoi fais-tu la moue ? Voyez-vous ça !...

Tout en lissant ses cheveux roux et argentés, il ajouta :

— Eh bien, moi, je fouetterai Sachka samedi !

— Qu'est-ce que cela signifie « fouetter » ?

Tout le monde se mit à rire et grand-père déclara :

— Attends jusqu'à samedi et tu l'apprendras !

Je me retirai dans un coin où je me mis à réfléchir. Fouetter signifiait sans doute préparer les habits qu'on apportait à teindre. Battre et fouetter, c'était probablement la même chose. On donne des coups aux chevaux, aux chiens, aux chats ; à Astrakhan, les sergents de ville battaient les Persans, j'avais été témoin de quelques scènes de ce genre, mais je n'avais jamais vu frapper de petits enfants. Il arrivait bien cependant à mes oncles de distribuer aux leurs des chiquenaudes sur le front ou sur la nuque, mais mes cousins n'accordaient aucune importance à ces manifestations ; ils se contentaient de frotter l'endroit blessé et souvent quand je leur demandais : « Il t'a fait mal ? » Ils répondaient avec insouciance : « Mais non, absolument pas. »

Je connaissais l'horrible histoire du dé. Tous les soirs, entre le thé et le souper, les oncles et le contremaître recousaient les morceaux d'étoffe teinte et attachaient à chacun son étiquette de papier. Pour faire une farce à Grigory, qui était presque aveugle, l'oncle Mikhaïl avait commandé un jour à son neveu de chauffer à la flamme d'une chandelle le dé du contremaître. Prenant les pincettes, Sachka, qui avait alors neuf ans, obéit et, sans être remarqué, déposa le dé rougi à portée de la main de Grigory ; cela fait, il s'en fut se cacher derrière le poêle. Grand-père arrivait juste à ce moment-là, et, sans perdre une minute, se mettant au travail, il planta son index dans le dé incandescent.

L'horrible cri qu'il poussa et le vacarme qui s'ensuivit me firent accourir en hâte à la cuisine, et je me rappelle que grand-père bondissait drôlement, secouait la main, portait à l'oreille ses doigts brûlés, et criait sur un ton aigu :

— Qu'avez-vous fait, sauvages ?

Penché sur la table, l'oncle Mikhaïl, du bout de l'ongle, poussait le dé sur lequel il soufflait pour le refroidir, tandis que le contremaître, lui, cousait sans s'émouvoir et que des ombres sautillaient sur son crâne dénudé. L'oncle Jacob accourut à son tour ; dissimulé derrière le poêle, il se mit à rire tout bas de la farce ; grand'mère râpait une pomme de terre crue.

— C'est ton fils, c'est Sachka qui a fait le coup ! déclara soudain l'oncle Mikhaïl.

— Menteur ! répliqua Jacob en surgissant derrière le poêle.

Dans un coin de la cuisine, mon cousin pleurait et protestait :

— Ce n'est pas vrai, papa ! C'est lui qui m'a ordonné de chauffer le dé !

Les deux oncles commencèrent à s'invectiver. Du coup, grand-père se calma ; il appliqua sur son doigt de la pomme de terre râpée et sortit sans mot dire, en m'emmenant avec lui.

Tout le monde à la maison déclarait que le vrai coupable, c'était l'oncle Mikhaïl. Il était naturel que je demandasse s'il serait battu ou fouetté.

— Il le mériterait ! grommela grand-père, en me regardant de côté.

L'oncle Mikhaïl asséna sur la table un furieux coup de poing et apostropha ma mère :

— Varioucha, fais taire ton vaurien, sinon je lui arrache la caboche !

Mère répliqua :

— Essaie de le toucher...

Et tout le monde se tut.

Elle avait une façon à elle de prononcer certains mots très brefs qui désarçonnaient les adversaires et les refoulaient, diminués et vaincus.

Je sentais nettement que tout le monde avait peur de ma mère ; grand-père lui-même lui parlait sur un ton plus doux et plus affable qu'au reste de la maisonnée et cette distinction m'était agréable. Je m'en vantais avec fierté devant mes cousins :

— C'est ma mère qui est la plus forte !

Ils ne se récriaient pas.

Mais les événements du samedi modifièrent mon attitude envers ma mère.

∼

Avant que le samedi ne fût arrivé, je commis moi aussi une faute grave.

J'étais fort intéressé par l'habileté avec laquelle les grandes personnes transformaient la couleur des étoffes : elles prenaient un tissu jaune, par exemple, le plongeaient dans une eau noire, et l'étoffe devenait bleu foncé ou indigo. On rinçait une étoffe grise dans de l'eau roussâtre et elle devenait rouge bordeaux. C'était incompréhensible, mais si simple, semblait-il.

C'est pourquoi je voulus teindre moi aussi quelque chose, et je m'ouvris de ce projet à Sachka, fils de l'oncle Jacob, garçon sérieux et affable envers tout le monde, toujours prêt à rendre service. Les grandes personnes l'aimaient pour sa docilité et son intelligence ; seul, grand-père le regardait de travers et disait de lui :

— Quel sournois !

Fluet, les yeux bombés et saillants comme ceux d'une écrevisse, le teint et les cheveux noirs, Sachka parlait d'une voix basse et précipitée, mangeant la moitié des mots, et ne proférait jamais une phrase sans jeter au préalable autour de lui un coup d'œil mystérieux ; on eût dit qu'il se préparait à prendre la fuite, à s'aller cacher on ne savait où, ni pourquoi. Ses prunelles couleur de noisette étaient immobiles, mais quand il s'animait, elles tremblaient avec le blanc de l'œil.

Il me déplaisait ; je lui préférais de beaucoup Sacha, le fils de l'oncle Mikhaïl, qui était tranquille et paresseux. Avec ses yeux mélancoliques et son bon sourire, il ressemblait beaucoup à sa mère, la douce tante Nathalie. Il avait de vilaines dents qui lui sortaient de la bouche et poussaient sur deux rangées à la mâchoire supérieure, et le préoccupaient sans cesse ; il avait toujours les doigts dans la bouche pour essayer d'ébranler ou d'arracher les incisives de la rangée intérieure et tous ceux qui le désiraient pouvaient les toucher ; il donnait cette autorisation avec un air soumis et résigné. Mais c'était tout ce qu'il avait d'intéressant. Dans cette maison grouillante de gens, il vivait solitaire, aimait à s'asseoir dans les recoins obscurs, ou encore à s'accouder à la fenêtre, lorsque tombait le soir. Il ne m'était point désagréable de rester assis à côté de lui, à cette fenêtre, dans le silence ; nous demeurions souvent l'un près de l'autre des heures entières à regarder les noirs choucas tourbillonner autour des coupoles dorées de l'église de l'Assomption. Les oiseaux s'élevaient très haut dans le ciel vespéral et rougeoyant, ils retombaient, puis couvraient d'un voile sombre le firmament obscurci et disparaissaient, en laissant l'espace inanimé et vide. Quand on regardait ce tableau, on n'avait pas envie de parler, et un agréable engourdissement emplissait la poitrine.

Sachka, lui, pouvait comme une grande personne discourir avec abondance sur n'importe quel sujet. Apprenant que je désirais m'initier à la profession de teinturier, il me conseilla pour mon coup d'essai de prendre dans l'armoire la grande nappe des jours de fête et de la teindre en bleu foncé.

— C'est le blanc qui est le plus facile à teindre, je te le garantis ! affirma-t-il très gravement.

Je m'emparai de la lourde nappe, et me sauvai dans la cour ; mais je n'avais encore plongé qu'un coin du linge dans la cuve à indigo lorsque Tziganok, sortant on ne sait d'où, fondit sur moi ; il m'arracha la pièce qu'il tordit aussitôt entre ses larges pattes, puis cria à mon cousin qui, du corridor, surveillait mon travail :

— Appelle vite ta grand'mère !

Et d'un air sinistre, hochant sa tête noire et bouclée, il me prévint :

— Attends un peu, tu vas voir ce qui va te tomber dessus.

Grand'mère accourut et poussa des clameurs de détresse, puis elle versa des larmes et me couvrit d'amusantes injures :

— Gringalet, oreilles salées ! Que le diable te soulève et te jette par terre !

La première chose à laquelle elle songea ensuite fut de plaider ma cause auprès du jeune homme :

— Ne dis rien au grand-père, je t'en prie, Tziganok ! Moi, je cacherai la nappe et je m'arrangerai de telle sorte qu'on n'en sache rien.

L'ouvrier, essuyant sur son tablier multicolore ses mains mouillées, répondit d'un ton soucieux :

— Pour ce qui est de moi, vous pouvez être tranquille et je ne dirai rien ; mais veillez à ce que Sachka n'aille pas rapporter.

— Je lui donnerai un copeck ! dit grand'mère en m'entraînant vers la maison.

Le samedi avant les vêpres, je ne sais quel membre de la famille m'amena à la cuisine où tout était obscur et silencieux. Je me rappelle les portes fermées des chambres et du corridor, le brouillard grisâtre d'une soirée d'automne derrière les fenêtres et le bruit sourd de la pluie. Sur un large banc, devant la gueule noire du fourneau, j'aperçus Tziganok qui n'avait pas son expression habituelle ; grand-père debout dans un coin devant un cuveau, choisissait de longues verges qui trempaient dans l'eau ;

il les mesurait, les assemblait et les faisait siffler en les secouant. Grand'-mère prisait avec bruit dans la pénombre, tout en grommelant :

— Il est content... le bourreau...

Assis sur une chaise au milieu de la cuisine, Sachka se frottait les yeux avec les poings, geignant d'une voix altérée, comme un pauvre petit vieux :

— Pardonnez-moi, au nom du Christ...

Épaule contre épaule, Sacha et sa sœur, les enfants de l'oncle Mikhaïl, étaient debout derrière la chaise et semblaient pétrifiés.

— Je te pardonnerai quand je t'aurai fouetté !... répliqua grand-père, en faisant glisser une longue verge mouillée entre ses doigts repliés. Allons, enlève ton pantalon.

Il parlait tranquillement ; ni le son de sa voix, ni le grincement de la chaise sous le gamin qui se débattait, ni les piétinements de grand'mère ne parvenaient à violer le silence solennel stagnant dans le demi-jour de la cuisine sous le plafond bas et enfumé.

Sachka se leva, déboutonna sa culotte qu'il fit descendre au-dessous du genou, et, la retenant d'une main, le dos voûté et trébuchant, il se dirigea vers le banc. Cette scène n'avait rien pour moi d'agréable et je sentais mes jambes qui flageolaient.

Mais je devins plus malheureux encore quand mon cousin se coucha docilement et à plat ventre sur le banc auquel Tziganok l'attacha avec un large essuie-main qu'il passa sous l'aisselle et sur le cou de Sachka, puis il se pencha vers le prisonnier et, de ses mains noires, le maintint dans cette attitude en lui pressant la cuisse.

— Approche-toi, Alexis, appela grand-père... Voyons, à qui est-ce que je parle ?... Viens regarder comment on fouette... Une !

Élevant un peu le bras, il fit claquer la baguette sur le corps nu. Sachka se mit à crier.

— Silence ! ordonna le bourreau ; cela ne fait pas mal ! Comme ceci, c'est plus douloureux !

Et il frappa de telle façon qu'une bande rouge apparut aussitôt, s'en-flamma et se gonfla sur le dos de mon cousin, qui poussa un gémissement prolongé.

— Ça ne te plaît pas ? interrogea grand-père, levant et abaissant le bras en cadence. Vraiment tu n'aimes pas ça ? C'est pour le dé.

Chaque fois qu'il levait le bras, ma poitrine tout entière se soulevait aussi ; quand il l'abaissait, je m'écroulais moi-même de frayeur.

Sachka geignait d'une voix aiguë et angoissante :

— Je ne le ferai plus... Pourtant, je t'ai bien dit pour la nappe... Je t'ai tout dit...

— Dénoncer n'est pas se justifier. Le rapporteur doit être châtié le premier. Tiens ! Voilà pour la nappe !

Grand'mère se jeta sur moi et me prit dans ses bras, en criant :

— Je ne te permettrai pas de toucher Alexis ! Tu ne le prendras pas, monstre !

Elle se mit à lancer des coups de pied dans la porte et à appeler :

— Varioucha ! Varioucha !

Grand-père se précipita sur elle, lui donna un croc-en-jambe, s'empara de moi et me porta sur le banc. Je me débattis violemment, je tirai sa barbe rousse, je le mordis au doigt. Il hurlait, mais à chaque mouvement, me serrait plus fort contre lui ; enfin, victorieux, il me lança sur le banc, en me meurtrissant le visage. Je me rappellerai toujours son cri sauvage :

— Attache-le... Je veux le tuer...

Je me souviens aussi du visage blême de ma mère et de ses yeux immenses. Elle courait autour du banc et râlait :

— Non ! Non, papa... Rendez-le-moi...

∽

Grand-père me fustigea jusqu'à ce que j'eusse perdu connaissance ; pendant plusieurs jours, je fus malade. On m'avait couché sur le ventre, dans un lit large et douillet, dressé dans une petite pièce qui n'avait qu'une seule fenêtre, et où une lampe rouge brûlait nuit et jour devant une étagère encombrée d'images saintes.

Ces heures de maladie compteront parmi les grandes heures de mon existence. Je dus sans doute beaucoup grandir au cours de cette période et il se fit en mon être intérieur un travail particulier. C'est à dater de ce moment que se manifesta en moi cette attention inquiète pour tous les êtres humains. Mon cœur, comme si on l'eût écorché, devint incroyablement sensible à toutes les humiliations et à toutes les souffrances personnelles ou étrangères.

Avant tout, je fus très frappé par la querelle qui mit aux prises ma mère et ma grand'mère ; dans la pièce étroite, mon aïeule se jeta sur ma mère, la poussa dans un coin, près des images saintes et, d'une voix sifflante, lui reprocha sa pusillanimité :

— Pourquoi ne le lui as-tu pas arraché ?

— J'ai eu peur !

— Une gaillarde comme toi ! Tu devrais avoir honte ! Je suis vieille, moi, et je n'ai pas peur ! Tu devrais avoir honte ! te dis-je.

— Laisse-moi tranquille, maman, j'ai le cœur brisé !

— Non, tu ne l'aimes pas ; tu n'as pas pitié de l'orphelin !

Mère répondit tout haut, avec accablement :

— Je suis seule, moi aussi, à tout jamais.

Après cette scène, elles pleurèrent longtemps toutes deux, assises sur un coffre dans un coin de la pièce, et mère disait :

— Si Alexis n'était pas là, je serais déjà partie ! Je ne peux pas vivre dans cet enfer, non, je ne peux pas, maman ! Je n'en ai pas la force !

— Ma chérie, mon petit cœur ! chuchotait grand'mère.

Je gravai dans ma mémoire cette conclusion : ma mère n'était pas la plus forte ; comme tout le monde, elle avait peur de grand-père. C'est moi qui l'empêchais de quitter une maison où elle ne pouvait pas vivre. Comme c'était triste ! Bientôt, en effet, ma mère disparut ; « elle était allée en visite », me dit-on, mais je ne sus jamais où.

Soudain, comme s'il fût tombé du plafond, grand-père apparut, il s'assit sur le lit et, d'une main froide comme de la glace, me tâta le front :

— Bonjour, monsieur... Réponds-moi, ne boude pas ! Eh bien ?...

J'aurais voulu lui donner un coup de pied, mais chaque mouvement me causait une atroce souffrance. Grand-père me semblait plus roux encore qu'auparavant. Il secouait la tête avec anxiété ; ses yeux étincelaient et semblaient chercher quelque chose sur le mur. Sortant de sa poche une chèvre en pain d'épice, deux trompettes de sucre, une pomme et une grappe de raisin sec, il posa gauchement le tout sur l'oreiller, près de mon nez.

— Tu vois, je t'ai apporté des cadeaux !

Et se penchant, il me baisa au front ; ensuite, il se mit à bavarder tout en me caressant lentement de sa petite main rêche et teinte en jaune.

— J'ai été trop loin, mon ami, j'en conviens. Je me suis emporté ; tu m'avais mordu, égratigné et cela m'a mis en colère. Bah ! ce n'est pas un grand malheur ; ce que tu as souffert en trop te sera compté une autre fois. Sache-le, mon petit, quand un membre de ta famille te châtie, ce n'est pas une humiliation, mais une leçon ! Défends-toi contre les étrangers. Mais entre nous, une correction, cela n'a pas d'importance. T'imagines-tu peut-être que je n'aie jamais été fouetté ? On m'a fustigé si violemment que tu ne saurais pas t'en faire une idée, même dans le plus terrible des cauchemars. On m'a tant humilié que, si Dieu avait été témoin de la chose, il en aurait pleuré. Et qu'en est-il résulté ? Moi, qui étais orphelin, fils d'une pauvre femme, je suis arrivé à une belle situation, je suis devenu le président de ma corporation, je commande à des gens...

Allongeant à côté du mien son corps sec et bien proportionné, il se mit à me parler des jours de son enfance et ses phrases, en paroles énergiques et pesantes, s'égrenaient avec une aisance habile.

Ses yeux verts s'enflammèrent, sa toison rousse se hérissa gaîment et sa voix aiguë devint plus grave tandis qu'il me clamait dans la figure :

— Tu es venu en bateau ; c'est par la vapeur que tu es arrivé jusqu'ici ; mais moi, dans ma jeunesse, c'est avec mes seules forces que je remorquais les barques contre le courant du Volga. La barque voguait sur l'eau ; moi, j'étais sur la rive ; j'allais pieds nus sur les cailloux coupants, parmi les éboulis, du lever du soleil jusqu'à la grande nuit. Le soleil t'incendie la nuque, ta tête bout comme du plomb fondu et toi, courbé en trois morceaux, courbé à faire craquer tes os, tu marches, tu marches, sans même voir la route, parce que tes yeux sont baignés de sueur ; ton âme est dans la tristesse et tes larmes coulent. Ah ! Alexis ! Tu marches, tu marches, et puis tu t'affaisses, le nez contre terre, et tu es bien content ; tu te dis que tu as dépensé toutes tes forces, que tu n'as plus qu'à te reposer ou à crever. Voilà comment on vivait naguère sous l'œil de Dieu, sous l'œil du miséricordieux Seigneur Jésus. Et c'est ainsi que j'ai descendu et remonté trois fois les rives du Volga : de Simbirsk à Rybinsk, de Saratof ici, d'Astrakhan à la foire de Makarief ; et cela fait des milliers de verstes. La quatrième année, j'ai accompli le voyage comme puiseur d'eau, prouvant au patron que je n'étais pas une bête...

Il parlait toujours. Sous mes yeux, le sec et petit vieillard grandissait comme un nuage et se muait en un homme d'une puissance extraordinaire : à lui tout seul, il remorquait une énorme barque grise contre le courant du fleuve.

Parfois, il sautait à bas du lit ; gesticulant des bras, il me montrait alors comme les haleurs se harnachaient et de quelle façon on puisait l'eau ; d'une voix de basse, il chantait ensuite je ne sais quelles chansons ; puis, avec une souplesse juvénile, il se juchait de nouveau sur le lit et, avec plus de vigueur et d'assurance encore qu'auparavant, reprenait son récit qui me pétrifiait d'étonnement :

— Oui, mais aux haltes, quand on se reposait, les soirs d'été, à Jigoulia, ou ailleurs, au flanc des vertes montagnes, on allumait un grand feu et l'on faisait une bonne soupe. Un haleur venu des vallées entonnait une belle chanson, et les camarades en sourdine le soutenaient et l'accompagnaient. Quels beaux moments ! il me semblait alors qu'un frisson courait sur ma peau, que le fleuve lui-même s'en allait plus vite, comme un étalon qui se serait dressé et aurait atteint les nuages. Et les soucis s'envolaient comme la poussière au vent. Parfois, le chant vous soulevait à un tel point qu'on en oubliait la soupe et qu'elle débordait hors de la marmite ; on donnait alors des coups de balai au cuisinier : le chant est le chant, mais il ne faut pas pour cela négliger son travail.

À plusieurs reprises, on vint entr'ouvrir la porte, et appeler grand-père, mais je le suppliai de rester.

En souriant, il renvoyait les importuns :

— Attendez un instant.

Jusqu'à la tombée de la nuit il me raconta des histoires ; lorsque après une dernière caresse affectueuse il s'en alla, je savais que grand-père n'était ni méchant ni terrible, mais j'avais beaucoup de chagrin. J'aurais voulu perdre tout souvenir de ce qui s'était passé, et pourtant il ne m'était pas possible d'oublier que c'était lui qui m'avait si cruellement fouetté.

La visite du grand-père ouvrit toute grande la porte de ma chambre. Du matin au soir, quelqu'un se tint en permanence à mon chevet pour essayer de me distraire, et je me rappelle que ce ne fut pas toujours gai ni amusant. Grand'mère venait me voir plus souvent que les autres, nous dormions même tous deux dans le même lit. Mais l'impression la plus vive que j'aie conservée de ces jours-là, ce fut Tziganok qui me la fit ressentir. Large d'épaules, massif, la tête très grosse et rebondie, il vint au cours de la soirée me rendre visite, vêtu d'une blouse de soie dorée, de pantalons en peluche et chaussé de bottes grinçantes et toutes plissées. Ses cheveux brillaient ; ses yeux joyeux et luisants louchaient sous d'épais sourcils ; dans l'ombre d'une petite moustache noire, ses dents étincelaient et sa blouse qui flamboyait reflétait délicatement la flamme rouge de la sempiternelle petite lampe.

— Regarde donc ! s'écria-t-il, et, relevant sa manche jusqu'au coude, il me montra son bras nu où se voyaient des taches rouges. Crois-tu que cela a enflé ! C'était bien plus vilain encore, mais ça s'est guéri peu à peu. Tu comprends : quand le grand-père s'est mis en colère, et que j'ai vu qu'il allait te fouetter à mort, j'ai présenté le bras aux coups. J'espérais que la baguette se casserait et, durant le temps qu'il en aurait cherché une autre, la grand'mère ou ta mère t'aurait enlevé de la chambre. Mais la baguette ne s'est pas cassée ; elle était souple ; elle avait été trempée dans l'eau ! Et pourtant, tu en as moins reçu qu'il ne pensait ; tu vois la marque de ceux-ci, c'est toujours autant de coups que tu n'as pas eus ! Je suis roublard, moi, mon ami !

Il se mit à rire d'un rire caressant, comme soyeux ; puis, regardant encore son bras enflé, il déclara avec un bon sourire :

— Tu m'as tellement fait pitié que j'en ai perdu le souffle ! Ah ! Malheur ! Et lui, il continuait à fouetter.

S'ébrouant comme un cheval, il hocha la tête et se mit à parler de son ouvrage. Je le sentais tout proche de mon cœur ; il était simple comme un enfant.

Je lui confiai que je l'aimais beaucoup ; avec une simplicité inoubliable, il me répondit :

— Mais moi aussi, je t'aime ; c'est parce que je t'aime que j'ai accepté la souffrance. L'aurais-je fait pour quelqu'un d'autre ? Non ! je m'en fiche, des autres.

Ensuite, et tout en jetant de temps en temps un regard sur la porte, il me donna des conseils :

— Une autre fois, quand tu seras fouetté, ne te contracte pas, comprends-tu, ne serre pas la peau. Tu saisis ? Cela fait une fois plus mal quand on se raidit ; il faut que le corps reste mou, relâcher les membres et les laisser souples. Et puis, ne fais pas le fier, si cela t'arrive encore, et crie tant que tu pourras ; rappelle-toi ces conseils, cela vaut mieux !

Je demandai anxieux :

— Serai-je encore fouetté ?

— Mais bien sûr ! répliqua tranquillement Tziganok. Certainement, tu seras encore et souvent fouetté...

— Pourquoi donc ?

— Oh ! le grand-père trouvera bien des prétextes...

Et d'une voix soucieuse, il me donna encore une leçon :

— Quand il fouette tout simplement, quand il tape à coups continus, il faut rester tranquille et souple ; mais quand les choses traînent en longueur, quand il fouette une fois et ramène la baguette à lui pour enlever la peau, il faut se tortiller vers lui et suivre la verge pour ainsi dire, comprends-tu ? C'est moins pénible !

Son œil noir et bigle cligna de mon côté et il ajouta :

— En ce qui concerne les coups, je suis mieux renseigné que le commissaire de police lui-même. Avec ma peau, mon petit, on pourrait se faire des gants !

Je regardais toujours son joyeux visage et invinciblement je pensais aux légendes que grand'mère me racontait sur Ivan le fils du roi, sur Ivan l'Imbécile.

3

Lorsque je fus rétabli, je constatai que Tziganok occupait dans la maison une situation particulière : grand-père l'injuriait moins souvent qu'auparavant et moins durement que ses fils ; quand il n'était pas là, il disait en parlant de lui :

— Quel habile ouvrier que ce Tziganok ! Rappelez-vous mes paroles : il fera son chemin !

Les oncles eux aussi traitaient Tziganok amicalement ; ils ne se permettaient pas de lui jouer de vilains tours comme au contremaître Grigory, à qui, presque chaque soir, ils faisaient une méchanceté. Tantôt ils chauffaient à blanc la poignée des ciseaux ; tantôt ils inséraient, la pointe en l'air, un clou sous le siège du malheureux ; ou bien ils profitaient de ce que Grigory était à demi aveugle pour lui donner à assembler des étoffes de couleurs différentes, ce qui excitait la colère du grand-père.

Une fois, après dîner, comme l'ouvrier dormait dans la soupente de la cuisine, on lui barbouilla le visage avec de la fuchsine et, pendant longtemps, il eut un air terrifiant et risible : sa barbe grise encadrant les deux cercles ternes des lunettes noires, tandis que son long nez écarlate, pareil à une lampe, pendait tristement.

Les oncles faisaient chaque jour de nouvelles trouvailles et Grigory supportait tout sans mot dire. Il toussotait seulement et, avant de toucher à un fer, aux ciseaux, aux pincettes ou à un dé, il prenait la précaution d'humecter son doigt de salive. Cela devint très vite chez lui une habitude et, à table, avant de prendre son couteau ou sa fourchette, il se mouillait le doigt, au grand amusement des enfants. Quand il souffrait, une vague de rides apparaissait sur son grand visage, elle glissait sur le front, soulevant les sourcils, puis disparaissait mystérieusement, sur le crâne dénudé.

Je ne me rappelle pas ce que grand-père pensait des distractions de ses fils ; je sais seulement que grand'mère faisait le poing à mes oncles et leur criait :

— C'est honteux ! Vous êtes des monstres !

Quand Tziganok était absent, les oncles entre eux le traitaient de paresseux et de voleur, s'emportaient contre lui et prétendaient que le jeune homme travaillait fort mal. Je demandai à grand'mère l'explication de cette énigme.

Elle me la donna, de grand cœur, comme toujours, et en termes compréhensibles :

— Tu ne vois pas, ils aimeraient tous les deux prendre Tziganok à leur service, quand ils auront chacun leur propre atelier ; c'est pour cette raison qu'ils le dénigrent et qu'ils essaient de le démolir aux yeux l'un de l'autre, en disant que c'est un mauvais ouvrier. Mais ils mentent, et ils rusent en vain. Ils ont peur aussi que Tziganok ne reste avec grand-père, car grand-père, lui, est autoritaire et, s'il veut ouvrir un troisième atelier avec Tziganok, ce ne sera guère avantageux pour les oncles. Comprends-tu ?

Elle se mit à rire tout bas :

— C'est vraiment cocasse, leurs malices ! comme si grand-père ne s'apercevait pas de tous leurs micmacs ! Aussi se plaît-il à taquiner Mikhaïl et Jacob. « Je vais racheter Tziganok, proclame-t-il souvent, il ne partira pas accomplir son service militaire, car moi-même j'ai besoin de lui. » Et eux, ils sont bien ennuyés, bien gênés, ils regrettent par avance l'argent dépensé, car cela coûte cher, de racheter un homme.

Maintenant, je vivais de nouveau avec grand'mère comme sur le bateau ; tous les soirs, avant de nous endormir, elle me racontait des histoires ou me narrait certains épisodes de sa vie, qui était elle aussi semblable à un conte. Des affaires d'argent de la famille, du partage de la fortune, de l'achat d'une nouvelle demeure pour elle et son mari, elle parlait en riant, comme une étrangère ou une voisine, et non pas comme une personne occupant par rang d'âge la deuxième place dans la maison.

Elle m'apprit que Tziganok était un enfant trouvé ; on l'avait découvert jadis exposé sur un banc, sous un portail, par une nuit pluvieuse de printemps.

— Il était là, enveloppé dans un tablier, contait grand'mère d'une voix mystérieuse et pensive ; il ne criait presque plus ; il était déjà tout engourdi.

— Pourquoi abandonne-t-on ainsi les enfants ?

— Parce que la mère n'a pas de lait, ou qu'elle n'a pas de quoi les nourrir ; elle apprend que dans telle ou telle famille un enfant est né et qu'il est mort ; et elle vient apporter le sien en cachette à ces gens-là.

Après quelques minutes de silence, elle se gratta la tête, soupira et reprit en regardant au plafond :

— Tout cela vient de la pauvreté, Alexis ; il existe de telles misères qu'on ne saurait les dépeindre. Certains proclament aussi qu'une fille non mariée ne doit pas avoir d'enfants, et que c'est une honte pour elle. Grand-père voulait porter Tziganok à la police, mais je l'en ai dissuadé. Je lui ai dit : « Gardons-le, c'est Dieu qui nous l'envoie pour remplacer ceux qui sont morts. » J'ai eu dix-huit enfants ; s'ils étaient tous vivants, ils peupleraient une rue entière ; pense donc, dix-huit maisons ! On m'a mariée à quatorze ans, vois-tu, et à quinze ans, j'étais déjà mère. Mais Dieu a aimé le fruit de ma chair, et les uns après les autres, il m'a pris mes petits pour en faire des anges. Je les regrette et suis heureuse en même temps !

Assise au bord du lit, vêtue seulement de sa chemise, ses cheveux noirs éparpillés, elle était énorme et hirsute comme certaine ourse qu'un paysan avait dernièrement amenée des forêts de Sergatch et qu'il nous avait montrée dans la cour. Grand'mère fait le signe de croix sur sa poitrine blanche comme la neige, rit tout bas, et se balance :

— Il a rappelé les meilleurs et il m'a laissé les méchants. J'ai été très heureuse qu'on ait trouvé Tziganok, j'aime tant les petits enfants. Nous l'avons recueilli et baptisé et il est devenu un brave garçon. Au commencement je l'appelai Hanneton ; il bourdonnait si drôlement qu'il me faisait penser à cet insecte ; oui, tout comme un hanneton, il rampait et bourdonnait partout. Il faut l'aimer, c'est une bonne âme !

J'aimais Tziganok et il me rendait muet d'étonnement.

Le samedi, lorsque grand-père était parti à vêpres après avoir fouetté les enfants qui avaient failli pendant la semaine, on se livrait à la cuisine à des divertissements extraordinaires : Tziganok allait chercher derrière le poêle des blattes noires ; il confectionnait vivement un harnais avec des bouts de fil, découpait un traîneau dans du carton, et bientôt un attelage de quatre coursiers arpentait le plancher jaune et bien raboté. Tziganok dirigeait la marche, au moyen d'un petit bâton et il criait d'une voix excitée.

— Ils vont chercher l'archevêque !

Il possédait aussi des petites souris qui, à son commandement, se dressaient et marchaient sur les pattes de derrière, en traînant après elles leur longue queue et en regardant drôlement de leurs yeux noirs et ronds comme des perles. Tziganok traitait ses élèves avec beaucoup de sollicitude ; il les portait dans sa blouse, leur donnait à croquer des miettes de sucre qu'il tenait entre ses lèvres, les embrassait et déclarait d'un ton convaincu :

— Les souris sont des êtres intelligents et caressants ; les lutins les aiment beaucoup ! Aussi, ceux qui nourrissent les souris sont-ils très bien vus des lutins !

Tziganok savait faire toutes sortes de tours avec des cartes ou avec des pièces de monnaie ; il criait plus fort que les enfants dont il ne se distinguait presque pas.

Un jour qu'ils jouaient aux cartes tous ensemble, les petits gagnèrent plusieurs fois de suite et Tziganok en fut très affecté ; il prit même un air vexé, refusa de continuer la partie et, en reniflant, vint vers moi se plaindre de la chose :

— Ils se sont donné le mot, j'en suis sûr ! Ils se faisaient signe de l'œil, ils se sont glissé des cartes sous la table. Ce n'est pas jouer, cela ! Moi aussi, je sais tricher, si je veux...

Il avait dix-neuf ans et il était plus grand que nous quatre tous ensemble.

Je me le remémore surtout tel qu'il était les soirs de fête et les dimanches. Lorsque grand-père et l'oncle Mikhaïl étaient partis en visite, l'oncle Jacob, toujours ébouriffé et échevelé, venait à la cuisine et apportait sa guitare. Grand'mère organisait un thé ; elle offrait des gâteaux en quantité et une certaine eau-de-vie contenue dans une bouteille carrée et verte dont les flancs étaient artistement ornés de fleurs de verre rouge coulées à l'intérieur. Tziganok tourbillonnait comme une toupie. Le contremaître survenait sans bruit et les verres de ses lunettes noires scintillaient avec un éclat atténué. Eugénie, la bonne d'enfant, grosse et pansue, pareille à une cruche, à la trogne rouge et grêlée, aux yeux rusés, à la voix de trompette, était également toujours de la partie. Parfois venaient aussi le diacre de l'église de l'Assomption, bonhomme hirsute et antipathique, et d'autres personnages encore, qui me semblaient visqueux et noirs, pareils à des brochets ou à des lottes.

On mangeait et on buvait beaucoup ; on respirait avec bruit ; les enfants avaient droit à des friandises, ainsi qu'à un petit verre de liqueur douce ; et peu à peu, une animation ardente, mais étrange, s'emparait de tous.

L'oncle Jacob accordait sa guitare avec des attentions d'amoureux, ensuite de quoi il proférait ces paroles, toujours les mêmes :

— Maintenant, je vais commencer !

Secouant ses cheveux bouclés, il se penchait sur son instrument et tendait le cou comme une oie ; son visage rond et insouciant prenait un air endormi ; ses yeux au regard vif et insaisissable s'éteignaient dans des replis de chair adipeuse. Et, pinçant doucement les cordes, il jouait une mélodie mélancolique qui empoignait l'auditoire.

Sa musique exigeait un silence absolu ; pareille à un ruisseau impétueux, elle accourait de loin, on ne savait d'où ; elle s'infiltrait à travers le plancher et les murs ; elle agitait les cœurs et faisait naître un sentiment incompréhensible, composé à la fois de tristesse et d'inquiétude. En entendant ces airs, on avait pitié de soi-même et des autres ; les grandes personnes semblaient redevenues enfants ; tout le monde demeurait immobile, submergé dans un silence méditatif et profond.

Sachka surtout écoutait avec une attention particulière ; toute sa personne se tendait vers l'oncle ; il regardait la guitare, entr'ouvrait la bouche ; et la salive coulait de ses lèvres. Parfois il s'oubliait au point de tomber de sa chaise, les bras en avant. Quand cet accident lui arrivait, il restait assis sur le plancher et continuait à écouter, les prunelles écarquillées.

Les autres assistants, eux aussi, semblaient pétrifiés et ensorcelés. Le samovar seul murmurait sa monotone chanson, sans dominer d'ailleurs la mélopée de la guitare. Les deux petites fenêtres carrées béaient dans les ténèbres de la nuit d'automne ; parfois, quelqu'un frappait aux vitres un coup léger, tandis que sur la table vacillaient les flammes jaunes de deux chandelles de suif, pointues comme des fers de lances.

L'oncle Jacob s'engourdissait de plus en plus ; il paraissait dormir profondément, les mâchoires serrées ; seules, ses mains semblaient vivre d'une vie particulière, d'une vie à elles ; les doigts recourbés de la droite tremblaient indistinctement sur la table de résonance, comme un oiseau qui battrait des ailes ; et ceux de la gauche couraient avec une rapidité insaisissable sur le manche de l'instrument.

Quand l'oncle était un peu gris, il fredonnait presque toujours une interminable rengaine ; sa voix alors sifflait désagréablement entre ses dents :

> Si Jacob était un chien, il aboierait du matin au soir.
> Oh ! que je m'ennuie ! Ah ! que je suis triste !
> Une nonne passe dans la rue ; un corbeau se perche sur la haie.
> Oh ! que je m'ennuie !

> Derrière le poêle, le grillon grésille et les blattes
> remuent.
> Oh ! que je m'ennuie !
> Le mendiant a mis sécher ses bandes ; un autre
> mendiant les lui vole !
> Oh ! que je m'ennuie ! Oh ! que je suis triste !

Je ne pouvais supporter cette litanie et quand l'oncle arrivait au couplet des mendiants, je me mettais à pleurer bruyamment, le cœur débordant d'une douleur profonde.

Tziganok écoutait avec autant d'attention que les autres ; les mains plongées dans ses boucles noires, il fixait des yeux quelque coin de la pièce et reniflait de temps à autre. Parfois, tout à coup, sans qu'on sût pourquoi, il se mettait à gémir :

— Ah ! si j'avais eu une voix, mon Dieu, comme j'aurais chanté !

Grand'mère soupirait et disait :

— Tu nous déchires le cœur, Jacob, en voilà assez ! Si tu dansais un peu, Tziganok...

On ne lui obéissait pas toujours immédiatement ; mais il arrivait aussi que le musicien appliquait un instant la paume de la main sur les cordes de son instrument dont le chant cessait aussitôt, tandis que son poing serré semblait jeter violemment à terre quelque chose d'invisible et d'insaisissable aux oreilles les plus fines :

— Foin de la tristesse et de l'ennui ! À toi, Tziganok ! s'exclamait-il d'une voix crâne.

Celui-ci rajustait ses vêtements, tirait sa blouse jaune et venait au milieu de la cuisine à petits pas prudents, comme s'il eût marché sur des clous. Ses joues basanées se coloraient et, d'un ton souriant et embarrassé, il demandait :

— Un peu vite seulement, s'il vous plaît !

La guitare résonnait avec furie ; les talons tambourinaient en cadence ; sur la table et dans l'armoire, la vaisselle s'entre-choquait, cependant qu'au milieu de la pièce, Tziganok planait tel un milan royal, les bras battant comme des ailes. Ses pieds se déplaçaient sans qu'on s'en aperçût, il s'accroupissait en poussant un cri aigu, tourbillonnait, semblable à un martinet doré, et illuminait tout du reflet soyeux de sa blouse, dont le tissu frémissait et ondulait ; on eût dit que tout en lui flamboyait.

Tziganok dansait sans se lasser, oublieux de lui-même et de son entourage ; je me disais que si on lui eût alors ouvert la porte, il serait parti ainsi dansant par les rues, par la ville et je ne sais où encore...

— Vas-y gaîment ! criait l'oncle Jacob, frappant du pied en cadence.

Il poussait une sorte de sifflement et lançait d'une voix agaçante des refrains vulgaires :

> Ah ! si je n'avais pas peur d'endommager mes
> souliers,
> Je m'en irais loin, loin de ma femme et de mes
> enfants !

Les convives toujours attablés s'excitaient aussi, de temps à autre, ils se prenaient à vociférer et à glapir, comme s'ils avaient été échaudés. Le contremaître barbu se tapait sur le crâne en marmottant des paroles indistinctes. Certain soir, il se pencha vers moi ; sa barbe soyeuse couvrit mon épaule et il me dit à l'oreille, poliment, comme s'il se fût adressé à une grande personne :

— Ah ! si ton père était resté ici, c'eût été tout autre chose ! C'était un homme gai et joyeux. Te souviens-tu de ton père ?

— Non.

— Vraiment ? Parfois, il dansait avec ta grand'mère... Attends, tu vas voir...

Très grand, mais épuisé et flasque, pareil à une image de saint, il se leva, fit une révérence à grand'mère et lui demanda, d'une voix plus grave et plus basse encore que de coutume :

— Patronne, je t'en prie, accepte de faire un tour de danse avec moi, comme autrefois avec ton gendre. Fais-nous ce plaisir !...

— À quoi penses-tu, Grigory, à quoi penses-tu, mon ami ! répondit grand'mère qui se défendait en riant. Danser à mon âge ! Les gens se moqueraient de moi...

Mais tout le monde joignit sa prière à celle de Grigory. Alors elle se décida, se leva d'un mouvement juvénile, tapota sa jupe, se redressa, rejeta en arrière sa tête pesante et arpenta la cuisine, en s'écriant :

— Eh bien ! riez si vous voulez ! Allons, Jacob, en avant la musique !

L'oncle se raidit, ferma les paupières et joua plus lentement. Pendant un instant, Tziganok s'arrêta ; puis il bondit et il se mit à tourner autour de grand'mère, les genoux pliés, tandis qu'elle marchait sur le plancher sans bruit, comme si elle flottait, les bras écartés, les sourcils haussés, les yeux noirs fixés au loin. Elle me sembla très drôle et le fou rire me saisit. Grigory me menaça du doigt et toutes les grandes personnes me regardèrent d'un air mécontent.

— Cesse de te trémousser, Tziganok ! commanda le contremaître ; l'autre obéit, fit un saut de côté et s'assit sur le seuil de la porte.

Eugénie, la bonne d'enfant, dont la pomme d'Adam saillait, se mit à chanter d'une agréable voix de basse :

> Toute la semaine, jusqu'au samedi
> La jeune fille a tissé de la dentelle ;
> Elle a tellement travaillé
> Qu'elle en est à demi morte !

Grand'mère ne danse pas, elle semble raconter quelque chose. Elle marche lentement, elle se balance, elle est pensive et, par-dessus ses bras, jette des regards sur les assistants. Tout son grand corps s'agite, indécis ; ses pieds tâtent le sol avec précaution. Soudain elle s'arrête, comme si quelqu'un l'avait effrayée ; son visage tressaille et se rembrunit, puis il s'illumine aussitôt d'un bon sourire accueillant. Elle saute de côté, faisant place à quelqu'un qu'elle ne voit pas et qu'elle repousse de la main. Elle baisse la tête, elle s'immobilise, prête l'oreille et sourit toujours plus gaîment ; et soudain, elle s'envole, pareille à un tourbillon ; elle semble plus harmonieuse, mieux proportionnée ; on dirait qu'elle a grandi ; nul ne peut détacher d'elle ses regards, tant elle est redevenue belle, impétueuse et séduisante, en ces instants où elle retourne miraculeusement à sa jeunesse.

La danse terminée, grand'mère reprit sa place auprès du samovar ; tout le monde la complimenta, tandis qu'elle répliquait en lissant ses cheveux :

— Voyons, finissez donc ! Vous n'avez pas vu de véritables danseuses ! Chez nous, à Balakhan, il existait une fille dont je ne me rappelle plus le nom, mais quand on la voyait danser il y avait des gens qui pleuraient de joie ! C'était une fête que de la regarder ; rien d'autre n'était nécessaire au bonheur, et j'en étais jalouse, malheureuse pécheresse que je suis !

— Il n'y a rien de plus grand au monde que les chanteurs et les danseurs ! affirmait Eugénie d'une voix sévère et elle entonnait des couplets sur le roi David ; l'oncle Jacob étreignait Tziganok dans ses bras et lui déclarait :

— Tu devrais danser dans les cabarets... tu rendrais les gens fous !...

— J'aimerais à avoir une belle voix ! gémissait Tziganok. Si Dieu m'avait donné une voix agréable, j'aurais chanté dix ans, quitte à me faire moine en expiation de mon bonheur.

Tous les assistants buvaient de l'eau-de-vie, Grigory aussi. Grand'mère lui remplissait continuellement son verre tout en l'avertissant :

— Fais attention, Grigory, tu deviendras tout à fait aveugle !

Il répondait avec gravité :

— Qu'importe ! Je n'ai plus besoin de mes yeux, j'ai vu tout ce qu'on peut voir au monde...

Il buvait sans se griser ; il devenait seulement plus loquace et, dans ces moments-là, presque toujours, il se mettait à parler de mon père :

— C'était un homme de grand cœur que ton père, mon petit ami...

Grand'mère soupirait et affirmait aussi :

— Oui, un véritable enfant de Dieu...

Tout cela était fort intéressant ; j'étais sans cesse aux aguets et toutes ces choses faisaient naître en mon cœur une mélancolie douce et très supportable. La tristesse et la joie vivaient côte à côte en ces êtres ; elles étaient presque inséparables et se succédaient avec une rapidité incompréhensible.

Un soir, l'oncle Jacob, sans être très ivre et après avoir déchiré sa blouse, se mit à tirailler frénétiquement ses cheveux, à tourmenter tantôt sa moustache maigrelette et blonde, tantôt son nez et sa lèvre pendante.

— Qu'est-ce que cela signifie, hein ? À quoi bon ? geignait-il tout en larmes.

Il se frappa le visage, le front, la poitrine, sanglotant toujours :

— Je suis un misérable, un coquin, une âme brisée...

Grigory mugit :

— Ah ! Ah ! Voilà ce que tu as sur le cœur...

Et grand'mère, qui n'était pas non plus à jeun, prit son fils par le bras et essaya de le calmer :

— Tais-toi, Jacob, Dieu sait bien ce qu'il nous enseigne...

Quand elle avait bu, elle devenait encore plus belle ; ses yeux noirs souriaient et projetaient sur tous ceux qui l'entouraient une lumière qui réchauffait l'âme. Tout en éventant avec son mouchoir son visage enflammé, elle susurrait d'une voix chantante :

— Mon Dieu, mon Dieu ! Comme tout est beau ! Non, mais regardez comme on est bien !

C'était là le cri de son cœur, la devise de sa vie !

Les gémissements et les larmes de mon oncle, si insouciant d'ordinaire, m'avaient profondément étonné ; aussi demandai-je à grand'mère les raisons de son désespoir et pourquoi il s'était injurié et accusé.

— Tu voudrais tout savoir ! grommela-t-elle, contrairement à son habitude. Attends encore, tu es trop jeune pour qu'on te mette au courant de ces affaires-là...

Ma curiosité n'en fut que plus excitée. Je m'en allai à l'atelier où j'interrogeai Tziganok qui refusa de me répondre ; il se contenta de sourire en louchant vers le contremaître, puis m'expulsa de la pièce en criant :

— Va-t'en, laisse-moi tranquille, sinon je te plonge dans le chaudron de teinture.

Debout devant le fourneau large et bas sur lequel trois récipients avaient été fixés avec du ciment, Grigory plongeait tour à tour dans les chaudrons une longue pelle noire qu'il retirait ensuite pour examiner le liquide coloré qui en dégouttait. Le feu flambait vivement et se reflétait sur le bas du tablier de peau, chatoyant comme une chasuble. L'eau sifflait dans les chaudrons, la vapeur caustique s'acheminait vers la porte en nuages épais ; dehors soufflait un petit vent sec.

Le contremaître, par-dessous ses lunettes, me regarda de ses yeux rouges et troubles et, s'adressant brutalement au jeune ouvrier, il réclama :

— Du bois ! Tu ne vois donc rien ?

Lorsque Tziganok fut sorti en courant, Grigory s'assit sur un sac de bois de santal et il m'appela de la voix et du geste :

— Viens ici !

Il me prit sur ses genoux ; sa barbe tiède et soyeuse se colla à ma joue, et les mots qu'il proféra furent tels que je n'oubliai de ma vie ce qu'il m'apprit à cette heure-là.

— Ton oncle a battu sa femme jusqu'à ce qu'elle en soit morte ; il l'a torturée, et maintenant sa conscience le tourmente à son tour ; comprends-tu ? Il faut que tu comprennes tout, sinon tu es perdu...

Avec Grigory, tout est simple comme avec grand'mère ; pourtant, il m'effraie, et il me semble que, par-dessous ses lunettes, il voit au travers des choses.

— Comment il l'a tuée ? explique-t-il sans se hâter. Eh bien, de la façon suivante : il se couchait avec elle, lui couvrait la tête avec un édredon et lui flanquait des coups tant et plus. Pourquoi ? Il n'en sait rien lui-même, j'en suis sûr.

Sans faire attention à Tziganok qui revient avec une brassée de bois, s'accroupit devant le feu et se chauffe les mains, le contremaître continue d'un ton sentencieux :

— Il la battait peut-être parce qu'elle valait mieux que lui et qu'il en était jaloux. Les Kachirine, mon petit, n'aiment pas ce qui est bien ; ils sont jaloux de tout ce qui leur paraît honnête et sérieux, et comme ils ne peuvent accepter ce qui leur fait honte ou leur déplaît, ils le détruisent. Demande donc à ta grand'mère comment ils se sont débarrassés de ton père ! Elle te le dira, car elle n'aime pas le mensonge et ne le comprend pas. Bien qu'elle boive de l'eau-de-vie et prise du tabac, la grand'mère est une sorte de sainte, de bienheureuse. Écoute-la toujours et aime-la bien...

Il me posa à terre et je me retirai effrayé, bouleversé. Dans le corridor, Tziganok me rattrapa et me tenant par la tête, me chuchota tout bas :

— N'aie pas peur de Grigory, car il est bon ; regarde-le en face, dans les yeux, il aime qu'on le regarde ainsi...

Tout était étrange et m'inquiétait. Je ne connaissais pas d'autre existence, mais je me rappelai pourtant que mon père et ma mère ne vivaient pas de la sorte ; ils tenaient d'autres propos, ils avaient d'autres divertissements ; ils s'asseyaient toujours l'un près de l'autre, et marchaient côte à côte. Souvent, installés près de la fenêtre, ils riaient ensemble des soirées entières, ils chantaient tout haut et les gens s'attroupaient pour les regarder. Le spectacle de ces visages au nez en l'air m'amusait et me faisait penser aux assiettes sales d'après dîner. Ici on riait peu et on ne savait pas toujours de qui ou de quoi on se moquait. Souvent, on s'invectivait mutuellement, on chuchotait avec mystère dans les coins. Les enfants n'étaient pas bruyants, nul ne s'apercevait de leur présence ; on aurait dit qu'ils étaient fixés au sol, comme la poussière abattue par la pluie. Je me sentais un étranger dans cette demeure et cette manière de vivre m'excitait, m'irritait par d'incessantes piqûres ; je devenais soupçonneux et j'en étais arrivé à examiner ce qui m'entourait avec une attention toujours soutenue.

Mon amitié pour Tziganok grandissait et se fortifiait. Du lever du soleil à la grande nuit, grand'mère était prise par les soucis du ménage et pendant la majeure partie de la journée je tenais compagnie au jeune ouvrier. Il continuait, lorsque grand-père me fouettait, à opposer son bras aux coups de verge qui m'étaient destinés et le lendemain, me montrant ses doigts tuméfiés, il se plaignait de la chose :

— Non, vraiment, tout cela est inutile ! Ça ne te soulage pas ! Et tu vois ce que j'y récolte ! C'est bien la dernière fois, je t'assure !

Et dès que l'occasion se représentait, il s'exposait de nouveau à une souffrance imméritée.

— Je croyais que tu ne voulais plus tendre le bras...

— C'est vrai, et je l'ai tendu quand même... Je ne sais pas ce qui m'a poussé... j'ai fait le geste sans le vouloir.

Bientôt, j'appris sur le compte de Tziganok quelque chose qui piqua ma curiosité et accrut encore mon affection pour lui.

Tous les vendredis, Tziganok attelait au large traîneau un cheval bai nommé « Charap », le favori de grand'mère, gourmand, capricieux et rusé. Le jeune homme endossait une pelisse courte qui lui descendait à peine aux genoux, se coiffait d'une volumineuse casquette, se serrait la taille dans une ceinture verte et dans cet accoutrement se rendait au marché pour acheter des provisions. Parfois, son absence était très longue, et tout le monde s'en alarmait ; on allait à la fenêtre, on soufflait sur les vitres que le gel avait couvertes de cristaux arborescents et l'on regardait dans la rue :

— Revient-il ?

— Non.

Grand'mère surtout haletait d'inquiétude.

— Ah ! vous me ferez périr l'homme et le cheval, reprochait-elle à son mari et à ses fils. N'avez-vous pas honte ; n'avez-vous point de conscience ? Sommes-nous dans la misère ? Ah ! race nigaude, pieuvres, le Seigneur vous punira !

Grand-père grommelait :

— C'est bon, c'est bon. C'est la dernière fois...

Parfois, Tziganok ne rentrait que vers midi ; les oncles et l'aïeul s'empressaient d'aller au-devant de lui et grand'mère les suivait en prisant avec acharnement. Elle ressemblait à une ourse et, en ces moments-là, je ne sais pourquoi, elle paraissait toujours gauche. Les enfants accouraient et on se mettait gaîment à décharger le traîneau, chargé de cochons de lait, de poissons, de gibier et de pièces de viande de toute espèce.

— As-tu acheté tout ce qu'on t'a dit ? demandait grand-père, et il estimait le chargement, d'un regard de ses yeux perçants.

— Oui, tout ce qui était nécessaire, répliquait Tziganok avec jovialité, et il gambadait dans la cour pour se réchauffer et frappait ses moufles l'un contre l'autre avec un bruit assourdissant.

— Doucement, ils ont coûté de l'argent, tes gants ! criait grand-père avec sévérité. Te reste-t-il quelque chose ?

— Non !

Grand-père tournait lentement autour du traîneau et à mi-voix il constatait :

— Tu as encore rapporté beaucoup de choses aujourd'hui. Prends garde, et surtout ne t'avise pas d'acheter sans argent. Je ne veux pas de cela.

Là-dessus il s'en allait très vite en faisant la grimace.

Les oncles se jetaient sur les paquets et, tout en soupesant les volailles, les poissons, les abatis d'oie, les pieds de veau et les énormes morceaux de viande, ils sifflaient joyeusement et d'un ton approbateur complimentaient le messager :

— Tu as bien choisi !

L'oncle Mikhaïl surtout était ravi : il bondissait, sautillait, flairait de son bec de pivert toutes les marchandises, claquait des lèvres et plissait voluptueusement ses yeux fureteurs. Sec comme son père, il lui ressemblait, mais en plus grand ; il cachait dans ses poches ses mains glacées, puis se mettait à questionner Tziganok :

— Combien mon père t'avait-il donné ?

— Cinq roubles.

— Tu en as pour quinze de marchandises. Et combien as-tu dépensé ?

— Quatre roubles et dix copecks.

— Tu as donc gagné quatre-vingt-dix copecks. Tu vois, Jacob, comme on amasse de l'argent ?

L'oncle Jacob, qui malgré le froid n'était vêtu que d'une blouse, riait tout bas et contemplait le ciel bleu et glacial d'un œil clignotant :

— Tu pourrais nous offrir une bouteille, Tziganok, insinuait-il avec indolence.

Cependant, grand'mère détalait le cheval et familièrement lui parlait :

— Eh bien, mon petit ? Eh quoi, mon joli ? Tu veux t'amuser ? Allons, amuse-toi, mon bon Charap.

L'énorme bête secouait son épaisse crinière, mordillait grand'mère à l'épaule, lui arrachait son fichu de soie et la fixait d'un œil espiègle. Puis Charap hochait la tête pour faire tomber la gelée blanche suspendue à ses cils et se mettait à hennir doucement.

— Tu demandes ton pain ?

Grand'mère lui mettait entre les mâchoires un gros morceau de pain couvert de sel ; pour que rien n'en tombât sur le sol, elle disposait comme une mangeoire son tablier sous la tête de l'animal, et le regardait d'un air pensif.

Tziganok qui s'amusait aussi, pareil à un jeune étalon, bondissait alors vers elle.

— Ah ! patronne, qu'il est gentil ce cheval ; qu'il est intelligent...

— Va-t'en, pas de simagrées, je t'en prie ! Tu sais que je ne t'aime pas les jours de marché ! criait-elle, en tapant du pied.

Elle m'expliqua que Tziganok achetait moins qu'il ne volait.

— Grand-père lui donne cinq roubles ; il en dépense trois et il vole pour dix, me confia-t-elle d'une voix sombre. Il aime la rapine ce vaurien-là. Il a essayé une fois jadis et il a réussi ; on en a ri, on l'a complimenté de son habileté et, depuis lors, il a pris l'habitude de voler. Grand-père a connu dans sa jeunesse la grande misère, maintenant qu'il est vieux, il est devenu avare et préfère l'argent à ses propres enfants ! Il aime ce qui ne lui coûte rien ! Quant à Mikhaïl et à Jacob...

Elle laissa retomber le bras et se tut un instant, puis, jetant un coup d'œil sur sa tabatière ouverte, elle ajouta en grommelant :

— Ici, l'affaire est plus embrouillée ; quand une femme aveugle fait de la dentelle, il est difficile de reconnaître le dessin. Si l'on prend Tziganok en flagrant délit, on le battra jusqu'à ce que la mort s'ensuive...

Et après une nouvelle pause, elle acheva :

— Ah ! Il y a beaucoup de règlements chez nous, mais point de justice ni de vérité...

Le lendemain, je suppliai Tziganok de ne plus voler.

— Si on t'attrape, on te battra et tu mourras...

— Je ne me laisserai pas pincer ; d'ailleurs je saurai bien me tirer d'affaire ; je suis débrouillard ; je suis agile, me répondit-il en riant ; mais presque aussitôt son front se rembrunit. Ah ! je sais bien que c'est mal et que c'est dangereux de voler. Si je le fais, c'est comme ça, par ennui. Et je n'économise rien, car, pendant la semaine, les oncles me soutirent tout. Cela m'est bien égal au reste. Qu'ils le prennent, cet argent ! Moi, j'ai tout ce qu'il me faut !

Soudain, il me saisit dans ses bras et me secoua doucement :

— Tu es léger, tu es fluet, mais tu as des os solides ; tu seras un fort gaillard ! Sais-tu ce que tu devrais faire ? Demande à ton oncle Jacob qu'il t'apprenne à jouer de la guitare. Il est vrai que tu es encore petit, et c'est regrettable ; mais tu as du caractère et tu réussiras. Aimes-tu ton grand-père ?

— Je ne sais pas.

— Eh bien, moi, je n'aime personne chez les Kachirine, personne, tu m'entends, excepté la grand'mère. Que le diable aime les autres, si cela lui fait plaisir !

— Et moi, tu ne m'aimes pas ?

— Toi, tu n'es pas un Kachirine ; tu es un Pechkof ; c'est un autre sang, une autre race.

Et il me serra tout à coup contre sa poitrine en poussant comme un gémissement :

— Ah ! si j'avais une voix de chanteur, ah ! Seigneur ! J'aurais bouleversé les gens... Va, mon petit ; il faut que j'aille travailler...

Il me posa à terre, remplit sa bouche de petits clous et se mit à tendre et à clouer sur une grande planche carrée une bande d'étoffe noire toute mouillée.

Peu de temps après, il mourut.

Voici comment la chose advint : dans la cour, près du portail, se trouvait depuis longtemps une grande croix de chêne, toute desséchée à son extrémité inférieure. Dès les premiers jours, je l'avais remarquée ; elle était alors plus neuve et sa couleur jaune se distinguait encore ; depuis, les pluies automnales l'avaient noircie. Elle dégageait une odeur amère et forte de bois vermoulu et faisait tache même dans cette cour exiguë et malpropre.

L'oncle Jacob l'avait achetée pour la placer sur la tombe de sa femme et il avait fait vœu de la porter lui-même sur ses épaules jusqu'au cimetière, au premier anniversaire.

Ce jour tomba un samedi. C'était vers la fin de l'hiver ; il ventait et gelait en même temps ; la neige tombait des toits. Tout le monde s'était rassemblé dans la cour. Grand-père, grand'mère et trois de leurs petits-enfants étaient déjà partis en avant au cimetière pour assister à l'office commémoratif ; quant à moi, j'avais été laissé à la maison en punition de je ne sais quels méfaits.

Les oncles vêtus de pelisses noires absolument pareilles redressèrent la croix dont ils disposèrent les traverses sur leurs épaules ; Grigory, avec l'aide d'un autre ouvrier, souleva à grand'peine le pied pesant qui fut placé sur la large épaule de Tziganok ; le jeune ouvrier chancela sous le fardeau et ses jambes s'écartèrent.

— Pourras-tu la porter ? s'inquiéta Grigory.

— Je ne sais pas. Elle me semble bien lourde...

L'oncle Mikhaïl cria d'un ton irrité :

— Ouvre le portail, diable aveugle !

Et l'oncle Jacob ajouta :

— Tu devrais avoir honte, Tziganok, nous qui ne sommes pas des hercules comme toi...

Mais Grigory, ouvrant toute grande la porte, lui conseilla d'une voix sévère :

— Fais attention, ne va pas te faire mal aux reins. Que Dieu soit avec vous !

— Vieille bête ! lui jeta de la rue en réplique l'oncle Mikhaïl.

Les assistants échangèrent des sourires et chacun se mit à parler très haut comme si tous eussent été satisfaits de la disparition de cette croix.

Grigory m'ayant pris par la main me conduisit à l'atelier tout en me confiant :

— Grand-père ne te fouettera peut-être pas aujourd'hui... il a l'air bien tourné...

Il m'installa sur un tas de laine préparée pour la teinture, m'enveloppa soigneusement jusqu'au cou ; puis il aspira la fumée qui s'élevait au-dessus des chaudrons et reprit d'un ton pensif :

— Moi, mon petit, il y a trente-sept ans que je connais ton grand-père ; j'ai vu cette maison à son début et j'en vois la fin. Jadis, nous étions camarades, nous étions amis et c'est ensemble que nous avons monté ce commerce. Il est malin, ton grand-père : il a su devenir patron, tandis que moi, je suis resté simple ouvrier. Mais Dieu est plus sage que nous tous : il lui suffit de sourire et l'homme le plus intelligent de la terre devient un pur imbécile. Tu ne comprends encore ni ce qui se dit, ni ce qui se fait, ni pourquoi cela se dit ou cela se fait. Il faut pourtant que tu comprennes tout. La vie est difficile aux orphelins. Ton père, mon petit, était un brave, il comprenait tout... c'est pour cette raison que ton grand-père ne l'aimait pas et ne voulait jamais l'écouter.

Il m'était agréable d'entendre ces bonnes paroles, tandis que le feu rouge et or jouait dans le foyer, que les nuages de fumée laiteuse s'élevaient au-dessus des chaudrons et se transformaient en gelée blanche sur les planches du toit déjeté. À travers les fentes des lambris on apercevait des bandes de ciel bleu ; le vent était un peu tombé, le soleil étincelait ; la cour tout entière était sablée d'une poussière de verre. Dans la rue, les ferrures des traîneaux grinçaient ; une vapeur bleuâtre s'échappait des cheminées de la maison, des ombres légères glissaient sur la neige, racontant aussi sans doute quelque mystérieuse histoire.

Grigory, osseux, barbu et grand, semblable à un bon sorcier, avec de longues oreilles et ses cheveux ébouriffés, brassait sans relâche la teinture bouillante tout en me prodiguant des conseils :

— Regarde les gens bien en face ; si un chien se précipite sur toi, regarde-le aussi dans les yeux et il te laissera tranquille.

Ses lunettes pesantes ont l'air d'écraser la racine de son nez dont l'extrémité injectée d'un sang violacé évoque irrésistiblement l'image du nez de grand'mère. Avec Grigory, d'ailleurs, tout est simple, comme avec l'aïeule...

— Attends ! s'exclame-t-il tout à coup en prêtant l'oreille ; puis, fermant du pied la porte du fourneau, il sort en courant et je me précipite à sa suite.

Dans la cuisine, sur le plancher, Tziganok est couché, face au ciel ; les larges bandes de lumière venues des fenêtres lui tombent l'une sur la poitrine, l'autre sur les pieds. Son front luit étrangement, ses sourcils sont levés très haut, et les yeux bigles regardent fixement le plafond enfumé. Les lèvres noires frémissent et laissent échapper des bulles roses. Du coin de la bouche, le long des joues et du cou, jusque sur le sol, le sang, en filets noirâtres, coule et forme des flaques sous le dos du jeune homme. Ses membres sont lourdement étalés et l'on remarque que les jambes du pantalon, mouillées elles aussi, se collent aux ais. Le plancher avait été proprement lavé avec du sable et il étincelait comme le soleil. Les ruisseaux de sang coupaient les bandes de lumière et se dirigeaient vers le seuil ; ils revêtaient une couleur éclatante.

Tziganok ne remuait pas ; seuls, les doigts de ses mains étendues le long de son corps s'agitaient et s'agrippaient au sol et ses ongles colorés brillaient.

Eugénie s'accroupit à ses côtés et plaça un petit cierge dans la main du blessé ; celui-ci ne serrant pas les doigts, le cierge tomba et la flamme minuscule se noya dans le sang ; la bonne ramassa le cierge, l'essuya du coin de son tablier et essaya encore de le remettre dans les doigts convulsés de Tziganok. Un murmure s'élevait et semblait planer dans la cuisine ; pareil à un vent puissant, il me repoussa lorsque j'arrivai sur le seuil, mais je me retins fermement à la poignée de la porte.

— Il a trébuché, racontait d'une voix morne l'oncle Jacob, et ce disant, il frémissait et tordait le cou.

Ses yeux clignotant à chaque mot s'étaient décolorés encore et il ressemblait à une loque grise et fripée.

— Il est tombé et il a été écrasé ; il a reçu le coup dans le dos. Nous aurions été estropiés, nous aussi, si nous n'avions pas lâché la croix à temps...

— C'est vous qui l'avez tué ! accusa sourdement Grigory.

— Mais, voyons...

— Oui, vous !

Le sang coulait toujours ; près du seuil, il formait déjà une flaque qui s'assombrissait, et semblait monter comme l'eau devant un barrage. La bouche emplie d'une écume rosée, Tziganok geignait comme en rêve. Il s'affaissait, s'aplatissait de plus en plus, se collait au plancher comme s'il eût dû s'y fondre et disparaître.

— Mikhaïl a filé à cheval jusqu'au cimetière pour prévenir le père, chuchotait l'oncle Jacob ; pendant ce temps, j'ai mis Tziganok dans un fiacre et je l'ai ramené ici au plus vite... Il est heureux que je ne me sois pas placé sous le socle, sinon, ce serait moi qui...

La bonne qui tentait de nouveau de consolider le cierge dans la main de Tziganok laissait tomber sur la paume de l'ouvrier des gouttelettes de cire et des larmes.

Grigory l'interpella brutalement :

— Colle-le donc au plancher, près de la tête, imbécile !

— Bien !

— Enlève-lui sa casquette !

Eugénie obéit ; la nuque de Tziganok donna contre le sol avec un bruit sourd ; sa tête roula sur le côté et le sang se mit à couler plus fort, mais d'un seul coin de la bouche. Tout cela dura affreusement longtemps. Je ne me faisais pas une idée exacte de ce qui était arrivé, je pensai d'abord que Tziganok se reposait, qu'il allait se redresser, s'asseoir et s'écrier :

— Fi ! Quelle chaleur !...

C'était l'exclamation qu'il proférait d'habitude lorsqu'il se réveillait le dimanche, après le dîner. Mais Tziganok ne se levait pas, il continuait à fondre. Le soleil baissait ; les bandes lumineuses s'étaient raccourcies et n'atteignaient plus que les tablettes des fenêtres. Tziganok devenait tout noir ; ses doigts ne bougeaient plus et je ne voyais plus d'écume sur ses lèvres. Au sommet de sa tête et près des oreilles brillaient trois cierges, dont la flamme dorée vacillait et éclairait les cheveux bouclés d'un noir bleuâtre. Sur les joues basanées couraient des ombres jaunes ; le bout du nez pointu et les dents rosées semblaient luire.

Eugénie agenouillée pleurait et murmurait :

— Mon petit pigeon, ma joie, mon chéri...

Il faisait froid et une angoisse particulière m'étreignait le cœur. Je me faufilai sous la table et j'y restai caché. Bientôt, grand-père, vêtu de sa pelisse, fit lourdement irruption dans la cuisine ; grand'mère le suivait enveloppée d'un manteau dont le col était orné de queues, puis survinrent l'oncle Mikhaïl, les enfants et quantité de gens inconnus.

L'aïeul à peine arrivé jeta sa pelisse à terre et se mit à crier :

— Canailles ! faire périr par bêtise un gaillard tel que celui-là ! Dans cinq ans, nul ne l'aurait égalé !

Le vêtement qui traînait sur le plancher m'empêchant de voir Tziganok, je sortis de ma cachette et m'empêtrai dans les pieds de grand-père. Il me repoussa et, de son petit poing rouge brandi, menaça mes deux oncles :

— Loups !

Se retenant des deux mains au banc sur lequel il venait de s'asseoir, il sanglotait sans pleurer et d'une voix grinçante se lamentait :

— Ah ! je savais bien que vous ne pouviez pas le sentir... Ah ! mon petit Tziganok... pauvre enfant ! Et que faire, hein ? Que faire, je te le demande ! Je ne suis plus maître de mes fils... Le Seigneur ne nous bénit pas dans nos vieux jours. Qu'en penses-tu, mère ? continua-t-il en s'adressant à l'aïeule.

Étalée sur le plancher, grand'mère tâtait le visage, la tête, la poitrine de Tziganok, lui soufflait sur les yeux et lui prenait les mains qu'elle pétrissait dans les siennes. Les trois cierges tombèrent quand elle se leva pesamment, toute noire dans sa robe noire. Les yeux dilatés, une expression terrifiante dans le regard, elle proféra à mi-voix :

— Hors d'ici, maudits !

Et tout le monde, sauf le grand-père, quitta lentement la cuisine.

Rien de saillant ne marqua les funérailles de l'ouvrier.

4

Je suis couché dans un large lit, enroulé tout entier dans la lourde couverture et j'écoute grand'mère qui prie ; elle est à genoux, une main sur la poitrine tandis que l'autre, lentement, dessine le signe de la croix.

Il gèle dehors à pierre fendre. La clarté de la lune rayonne derrière les vitres fleuries par le froid d'arborescences bizarres, et cette clarté, illuminant le bon visage au gros nez, allume comme un reflet phosphorescent dans les yeux de mon aïeule. Le fichu de soie qui couvre ses cheveux brille comme du métal forgé et sa robe ondule largement autour d'elle.

Ses dévotions terminées, grand'mère se déshabille en silence, plie avec soin ses vêtements, les pose sur un coffre dans un coin, puis se dirige vers le lit où je feins d'être plongé dans un profond sommeil.

— Ah ! le petit coquin, qui ne dort pas ! s'écrie-t-elle à mi-voix. Tu ne dors pas, mon chéri ? Donne-moi un peu de la couverture...

Je me réjouis par avance de ce qui va se passer et ne puis retenir un sourire ; alors, elle s'exclame :

— Ah ! c'est ainsi que tu te moques de ta vieille grand'mère !

Prenant la couverture par un bout, elle la tire à elle avec tant de force et d'adresse que je saute en l'air et tourne plusieurs fois sur moi-même avant de retomber sur le duvet moelleux. Grand'mère éclate de rire ;

— Ah ! farceur ! Tu fais la chasse aux mouches ?

Mais parfois elle prie très longtemps, et je dors réellement quand elle se met au lit.

C'est toujours par d'interminables oraisons que s'achèvent les journées de querelles, de chagrins, de disputes. Je les écoute avec attention, car grand'mère raconte en détail au bon Dieu tout ce qui se passe dans la maison :

— Tu le sais Toi-même, mon Dieu, chacun recherche son propre avantage. Mikhaïl étant l'aîné c'est lui qui devrait rester en ville ; il serait vexant pour lui d'aller s'établir au faubourg, dans un quartier inconnu où les affaires iront on ne sait comment. Le père, lui, préfère Jacob. Est-ce bien, cela, de ne pas aimer également ses enfants ? Il est têtu, le vieux. Tu devrais bien lui faire entendre raison, ô mon Dieu !

Elle fixe ses yeux rayonnants sur les saintes images et donne un conseil à l'Éternel :

— Inspire-lui un beau rêve, Seigneur, qu'il partage équitablement son bien entre ses enfants !

Elle se signe, se prosterne ; son grand front vient heurter le plancher, puis, se redressant, elle reprend d'un ton véhément :

— Ah ! si Varioucha voyait le bonheur lui sourire de nouveau ! Qu'a-t-elle fait pour t'irriter ? En quoi est-elle plus coupable que les autres ? Voilà une femme jeune, bien portante, et elle vit dans l'affliction... Aie aussi pitié de Grigory, mon Dieu, sa vue baisse chaque jour davantage ! S'il devenait aveugle, il faudrait qu'il mendie et ce serait affreux ! Il a usé ses forces à travailler chez nous, et qu'est-ce que grand-père fera pour lui ? Ah ! Seigneur ! Seigneur !...

Longtemps, elle garde le silence, baissant la tête avec résignation.

— Et quoi encore ? se demande-t-elle tout haut, en fronçant le sourcil.

Et elle continue :

— Aie pitié de tous les orthodoxes, sauve-les. Et pardonne à la maudite bête que je suis. Tu sais que, si je pèche, ce n'est point par méchanceté, mais par sottise.

Après avoir poussé un profond soupir, elle reprend d'une voix caressante et satisfaite :

— Tu sais tout, Père, tu connais tout !

Le Dieu de grand'mère, qui lui était si proche, si familier, me plaisait beaucoup, et je demandais souvent à mon aïeule :

— Raconte-moi quelque chose sur Dieu...

Elle parlait de Lui les yeux mi-clos, traînant sur les mots, d'une voix très basse ; en outre, quand elle entamait le sujet, elle s'asseyait sur le lit, jetait un fichu sur ses cheveux et, jusqu'à ce que je fusse endormi, dévidait son histoire :

— Le Seigneur est assis sur une colline, au milieu des champs du paradis, sur un trône de saphir, sous des tilleuls d'argent. Ces tilleuls sont fleuris toute l'année, car il n'y a au paradis ni automne ni hiver et les fleurs ne se fanent jamais. Autour du Seigneur, les anges volent et tourbillonnent comme des flocons de neige ou des essaims d'abeilles ; on dirait des colombes blanches qui descendent du ciel sur la terre pour remonter encore raconter à Dieu tout ce qui se passe dans ce monde. Chacun a son ange, tu as le tien, j'ai le mien et grand-père a le sien lui aussi, car tous les hommes sont égaux devant Dieu. Et ton ange raconte au bon Dieu : « Alexis a tiré la langue à son grand-père ! » Alors Dieu commande : « Il faut que le grand-père le fouette ! » Et il en est de même pour tout le monde, Dieu donne à chacun selon ses mérites ; aux uns Il accorde de la joie, aux autres Il envoie du chagrin. Et tout est si bien arrangé que les anges, comblés d'allégresse, battent des ailes et chantent perpétuellement : « Gloire à Toi, Seigneur, gloire à Toi ! » Le bon Dieu, Lui, se contente de sourire, comme s'Il leur disait : « C'est bon, c'est bon ! »

Et grand'mère souriait aussi en secouant la tête.

— Tu as vu tout cela ?

— Non, mais je le sais ! affirmait-elle d'un ton pensif !

Quand elle parlait de Dieu, du paradis et des anges, elle devenait toute petite ; son visage rajeunissait ; ses yeux humides rayonnaient. Je m'emparais de ses longues nattes satinées que j'enroulais autour de mon cou et, sans bouger, j'écoutais avec ravissement ses interminables histoires qui jamais ne m'ennuyaient.

— Il n'est pas donné aux hommes de voir Dieu ; ils seraient frappés de cécité. Les saints, eux, peuvent le contempler face à face. Par contre, les anges se montrent aux gens qui ont l'âme pure. J'étais à l'église, à la première messe, et j'en ai vu deux un certain jour : ils étaient lumineux, lumineux et transparents comme des nuages, leurs ailes touchaient terre ; on eût dit qu'elles étaient en mousseline, ou en dentelle. Ils tournaient autour de l'autel et venaient en aide au vieux père Ilye, levant ses faibles bras, lui soutenant le coude. Peu après ce digne homme est mort, car il était très âgé et aveugle. Le jour où j'ai aperçu les anges, j'en ai été toute saisie ; j'étais si heureuse ! que c'était beau ! Oui, Alexis, tout est bien, sur la terre et au ciel...

— Est-ce que vraiment tout est bien chez nous ?

Et grand'mère répondait en se signant :

— Tout est bien, gloire à la Sainte Vierge !

Cette réponse me troublait : il m'était difficile de reconnaître que chez nous tout allait bien ; il me semblait, au contraire, que la vie devenait de plus en plus pénible dans notre maison. Une fois, en passant devant la porte de la chambre habitée par l'oncle Mikhaïl, j'avais entrevu, tout en blanc, la tante Nathalie qui tournait dans la pièce sans s'arrêter. Les mains jointes sur la poitrine, elle s'exclamait sur un ton terrifiant et d'une voix continue :

— Seigneur, prends-moi, enlève-moi d'ici !

Je comprenais fort bien cette demande, de même que je comprenais Grigory, lorsqu'il grommelait :

— Quand je serai aveugle, j'irai mendier et je serai plus heureux...

Je souhaitais qu'il perdît la vue au plus vite ; j'aurais demandé la permission de lui servir de guide et ensemble nous aurions parcouru le monde. Je lui en avais déjà parlé, et, souriant dans sa barbe, il m'avait répondu :

— C'est entendu, nous irons mendier tous les deux ! J'annoncerai par toute la ville : « Voilà Alexis Pechkof, le petit-fils de Vassili Kachirine, président de la corporation des teinturiers ; voilà le fils de sa fille ! » Et ce sera très drôle...

À plusieurs reprises, j'avais vu sous les yeux vides de la tante Nathalie de grosses poches bleues, et souvent ses lèvres étaient boursouflées. Je demandai à grand'mère :

— Est-ce que l'oncle lui donne des coups ?

Elle avoua avec un soupir :

— Oui, il la bat en cachette, le grand vaurien. Grand-père lui a interdit de la toucher, mais c'est la nuit qu'il la roue de coups, et elle ne sait pas se défendre !

Et, s'animant peu à peu, elle racontait :

— Tout de même, on est moins féroce que jadis, sous ce rapport-là. Maintenant, on vous flanque un coup de poing sur la bouche, sur l'oreille ; on vous tire les cheveux ; cela ne dure qu'un instant ; mais autrefois, c'était pendant des heures entières qu'on vous maltraitait ! Le grand-père, une fois, le jour de Pâques, m'a battue de la messe jusqu'au soir. Quand il était fatigué, il se reposait et recommençait ensuite. Il m'a frappée avec des rênes, des cordes, et tout ce qui lui est tombé sous la main.

— Qu'avais-tu fait ?

— Je ne me rappelle pas. À la suite d'une autre correction, je suis restée à moitié morte et, pendant cinq jours et cinq nuits, il ne m'a rien donné à manger. Je ne sais pas comment j'ai pu en réchapper. Et une autre fois...

J'étais si étonné que j'en perdis la parole : grand'mère était beaucoup plus grande et plus grosse que grand-père ; comment croire qu'il avait pu la terrasser ?

— Est-il donc plus fort que toi ?

— Non, mais il est plus âgé. Et puis, c'est lui qui est le mari. C'est lui qui doit répondre de moi devant Dieu ; mon devoir est de tout supporter...

J'aimais beaucoup à voir mon aïeule époussetant les images saintes et nettoyant les garnitures de métal. Les images étaient somptueuses, ornées de perles et de plaques d'argent ; les couronnes des saints étincelaient, toutes incrustées de pierres chatoyantes. Grand'mère prenait une icône entre ses mains adroites, souriait et disait avec attendrissement :

— Quelle gentille figure !...

Et elle baisait l'image en se signant.

Il me semblait parfois que grand'mère jouait avec les icônes tout aussi sérieusement et sincèrement que ma cousine Catherine avec ses poupées.

Très souvent, elle voyait le diable, seul ou en compagnie.

— Une fois, racontait-elle, pendant le carême, je passais de nuit devant la maison des Roudolf, la lune brillait ; tout à coup, à cheval sur le toit, je vis un grand diable tout noir et velu qui penchait sa tête cornue sur le tuyau de la cheminée et qui reniflait de toutes ses forces en remuant la queue. Je fis bien vite un signe de croix, en disant : « Que le Seigneur ressuscite et que ses ennemis se dispersent ! » Alors, il a poussé un petit gémissement et a glissé, roulant du toit jusque dans la cour où il s'est anéanti. Les Roudolf n'avaient probablement pas fait maigre ce jour-là ; c'est pour cette raison que le diable reniflait et se réjouissait...

Je riais en me représentant la culbute du démon ; grand'mère riait aussi et continuait :

— Comme les petits enfants, ils sont très espiègles. Certain soir, que je lavais du linge à la buanderie, voilà, sur le coup de minuit, que s'ouvre brusquement le portillon du fourneau et une quantité incroyable de diablotins en sortent ; tous étaient de très petite taille et il y en avait qui étaient rouges, d'autres verts, d'autres encore noirs comme des blattes. Immédiatement, je veux me précipiter vers la porte, mais impossible d'y parvenir ; j'étais entourée de démons ; la chambre à lessive en était pleine ; je ne pouvais plus me retourner : ils se mettaient sous mes pieds, me tiraillaient, me houspillaient, si bien que je ne pouvais même plus souffler ! Ils étaient velus, chauds, et leur pelage, au toucher, était doux comme la fourrure d'un chat ; seulement, tous marchaient sur leurs pattes de derrière. Ils s'amusaient, ils couraient, ils montraient leurs dents de souris, leurs petits yeux verts scintillaient, de toutes petites cornes, à peine plus grosses que des bosses, se dressaient sur leur front, et derrière eux pendaient de courtes queues tire-bouchonnées pareilles à celles des cochons de lait. Ah ! mon Dieu ! J'ai perdu la tête. Quand je suis revenue à moi, la chandelle était presque consumée, l'eau du chaudron toute froide et le linge blanchi jonchait le sol... Alors je ferme les yeux, et de la gueule du fourneau je vois s'écouler un torrent épais de créatures bigarrées et velues ; elles remplissent la buanderie exiguë, soufflent sur la chandelle et tirent leur langue rose d'un air malicieux. C'était à la fois amusant et un peu effrayant.

Grand'mère hoche la tête, garde un instant le silence et, soudain, se ranime tout entière :

— Je les ai vus à une autre occasion encore, les maudits ; c'était en hiver, par une nuit d'orage. Je traversais le ravin des Dioukof, et je passais à l'endroit où Jacob et Mikhaïl ont essayé de noyer ton père, vers la percée de l'étang ; tu te rappelles bien, je t'ai raconté l'histoire ? Eh bien, à peine m'étais-je engagée dans le sentier qui descend au fond du ravin que j'entendis des sifflements et des hurlements ! Je lève les yeux et que vois-je ? un attelage de trois chevaux noirs conduits par un énorme diable en bonnet rouge et raide comme un pieu qui se précipite sur moi ; il se tenait hors du traîneau et tirait à bras tendus sur les rênes qui étaient des chaînes de fer forgé. Il n'y avait point de route dans le ravin, et le traîneau, enveloppé d'un manteau de neige, allait tout droit à l'étang. Dans le traîneau se trouvaient également des diables qui criaient, sifflaient et agitaient leur bonnet ; il passa ainsi sept équipages, comme des chars de pompiers, et les chevaux étaient tous moreaux et c'étaient tous des êtres humains que leurs parents avaient maudits ; les démons se servent de ces gens-là comme de jouets et les emploient comme monture pour se rendre la nuit à leur sabbat. C'était probablement à une noce de démons que j'avais assisté !

Impossible de ne pas croire grand'mère : elle parle avec tant de simplicité et de conviction. Mais où elle excellait, c'était quand elle récitait certains poèmes exposant l'histoire de la Vierge, qui, parcourant la terre, pour se rendre compte des misères humaines, exhorta la princesse Engualitchef, chef d'une bande de brigands, à ne plus massacrer et dépouiller le peuple russe. Elle débitait aussi des légendes en vers sur Alexis le saint homme de Dieu, sur Ivan le guerrier ; elle connaissait également l'histoire de la sage Vassilissa, du Prêtre-Bouc et du Filleul de Dieu, des récits terrifiants sur Martha la Mairesse et sur Baba Ousta, une autre femme chef de pillards, enfin elle pouvait narrer encore les aventures de Marie la pécheresse égyptienne et quantité d'autres contes, récits et poésies populaires.

Une chose pourtant m'étonnait plus que tout cela. Bien que ne craignant ni les gens, ni grand-père, ni les démons, ni les forces impures, grand'mère était bouleversée et terrifiée par les blattes noires dont elle devinait toujours la présence, même lointaine. Parfois, la nuit, elle me réveillait et chuchotait :

— Alexis, entends-tu, mon petit, il y a une blatte, écrase-la pour l'amour de Dieu !

Tout endormi, j'allumais la chandelle et je rampais sur le plancher, à la recherche de l'ennemi ; il me fallait parfois beaucoup de temps et je ne réussissais pas toujours.

— Je n'en trouve point ! disais-je ; grand'mère qui restait immobile, la tête cachée sous la couverture, suppliait d'une voix à peine perceptible :

— Mais si, cherche-la, je t'en prie ! Il y en a une, j'en suis certaine.

Elle ne se trompait jamais et je découvrais un insecte, très loin du lit :

— L'as-tu tuée ? Oui, Dieu merci ! Et merci à toi... Et, rejetant la couverture, elle poussait un soupir de soulagement et souriait.

Si je ne découvrais pas la bête, mon aïeule ne pouvait se rendormir ; je sentais son corps tressaillir au moindre bruit qui s'élevait dans le silence absolu de la nuit, et je l'entendais retenir son souffle et murmurer :

— Elle est près de la porte... elle s'est glissée sous le coffre...

— Pourquoi as-tu peur des blattes ?

Grand'mère répondait gravement :

— Parce que je ne comprends pas à quoi elles peuvent servir. Elles sont noires et elles bougent et voilà tout. Dieu a donné un rôle à chacune de ses créatures : le cloporte montre que la maison est humide ; la punaise, que les murs sont sales ; les poux signifient qu'on va tomber malade ! Tout cela est naturel. Mais les blattes, nul ne sait pourquoi elles viennent ni ce qui les pousse, ni ce qui les fait vivre.

Une nuit, comme grand'mère, agenouillée, conversait à cœur ouvert avec Dieu, grand-père entra en coup de vent dans la pièce et annonça d'une voix bouleversée :

— Le Seigneur nous éprouve, mère, la maison brûle !

— Que dis-tu là ! s'exclama-t-elle en se levant brusquement, et tous deux se précipitèrent en piétinant avec lourdeur dans les ténèbres de la grande pièce de réception.

— Eugénie, descends les saintes images ! Nathalie, habille les enfants ! commanda grand'mère d'une voix ferme et sonore, tandis que son mari larmoyait tout bas :

— Hi, hi, hi...

Je courus à la cuisine ; la fenêtre qui donnait sur la cour étincelait comme de l'or ; sur le plancher, des taches jaunes coulaient et dansaient ;

l'oncle Jacob, tout en s'habillant, sautait sur ces taches qui semblaient brûler ses pieds nus, et il criait :

— C'est Mikhaïl qui a mis le feu ; il a mis le feu et il s'est sauvé !

— Silence, vaurien ! ordonna grand'mère en le poussant vers la porte avec une telle violence qu'il faillit tomber.

À travers les vitres couvertes de givre on voyait flamber le toit de l'atelier et, par la porte ouverte de l'appentis, on apercevait le feu ondoyant qui tourbillonnait à l'intérieur. Dans la nuit paisible, ses fleurs rouges s'épanouissaient sans dégager de fumée.

Très haut seulement au-dessus d'elles vacillait un nuage blanchâtre qui, néanmoins, laissait transparaître le torrent argenté de la voie lactée. La neige scintillait avec des reflets pourprés ; les murs des bâtisses tremblaient, chancelaient, comme pour se diriger vers le coin de la cour où le feu jouait gaîment, enluminant de rouge les larges fissures qui s'ouvraient dans les cloisons de l'atelier. Sur les planches sèches et noires du toit, des rubans d'or et de pourpre s'enroulaient et se tordaient ; isolée au milieu de leurs volutes, une mince cheminée d'argile se dressait, criarde ; de légers craquements, comme des frou-frous de soie, venaient battre les vitres ; le feu s'étendait toujours ; l'atelier, qu'il dévorait complètement, me semblait pareil à l'iconostase de l'église et m'attirait sans que je pusse résister à son appel.

Jetant sur mes épaules une lourde pelisse, j'enfilai des bottes appartenant à je ne sais qui ; puis je me traînai du corridor jusqu'au perron où je restai stupéfait ; la clarté du feu m'aveuglait, j'étais assourdi par les craquements et par les cris de grand-père, de Grigory et des oncles, effrayé de la conduite de grand'mère : coiffée d'un sac vide, enveloppée dans une housse, la bonne aïeule courait vers l'atelier en flammes et y pénétrait en clamant :

— L'acide, imbéciles ! L'acide qui va faire explosion !

— Grigory, pleurnichait grand-père, retiens-la, sinon elle est perdue !

Mais grand'mère revenait déjà, toute fumante ; elle hochait la tête, courbait le dos et portait à bras tendus une énorme bonbonne pleine d'acide.

— Père, fais sortir les chevaux ! ordonna-t-elle en toussant et en râlant. Enlevez-moi cette housse, vous ne voyez donc pas qu'elle flambe ?

Grigory lui arracha des épaules la housse qui brûlait en effet ; et, se courbant en deux, il se mit à lancer à l'intérieur de l'atelier de grandes pelletées de neige. L'oncle sautillait autour de lui, une hache à la main ; grand-père jetait de la neige sur sa femme qui, après avoir mis la bonbonne en sûreté, se précipita sur le portail. Elle l'ouvrit et, saluant les gens qui accouraient de toutes parts, elle leur dit :

— C'est le hangar qu'il faut protéger, voisins ! Si le feu atteint le hangar et le fenil, tous nos bâtiments grilleront et ceux du voisinage aussi ! Abattez le toit et jetez le foin dans le jardin. Grigory, lance plus haut ; inutile d'entasser la neige par terre ! Jacob, ne perds pas de temps, donne des haches et des pelles à tout le monde ! Voisins, venez à notre aide, que Dieu soit avec nous !

Grand'mère était aussi intéressante que l'incendie ; toute noire et éclairée par la flamme qui semblait la pourchasser, elle allait et venait dans la cour ; elle était partout, elle voyait tout, elle dirigeait tout.

Charap, le cheval, survint au galop ; il se redressa sur ses pieds de derrière et le feu donna dans ses grands yeux qui lancèrent un éclair rouge. Alors l'animal, reposant les sabots à terre, se mit à hennir et grand-père, affolé, lâchant la bride, fit un bond de côté et cria :

— Mère, retiens-le !

Elle se jeta sous les pieds de la bête cabrée et se plaça les bras en croix devant elle. Charap poussa un gémissement plaintif et tendit le cou en louchant vers la flamme.

— N'aie donc pas peur ! proféra grand'mère d'une voix mâle.

Et, tout en lui tapotant le cou, elle saisit la bride et continua :

— Crois-tu que je te laisserai ici ! Ah ! gros nigaud... petite souris...

Et la « petite souris », trois fois plus grosse qu'elle, la suivit docilement jusqu'au portail.

Eugénie sortit de la maison avec les enfants emmitouflés et glapissants :

— Je n'ai pas trouvé Alexis ! déclara-t-elle.

— Va-t'en, va-t'en ! répondit grand-père en agitant la main.

Je me cachai sous les marches du perron, afin de n'être pas emmené par la bonne.

Déjà, le toit de l'atelier s'effondrait, et les minces chevrons se dressaient vers le ciel ; à l'intérieur de la bâtisse, des tourbillons verts, bleus, rouges fusaient avec des crépitements ; les flammes en gerbes tombaient dans la cour, sur les gens assemblés devant l'immense foyer qu'ils essayaient d'étouffer sous des pelletées de neige. Les marmites bouillonnaient avec furie ; la fumée et la vapeur s'élevaient en nuages épais ; des odeurs bizarres se répandaient et picotaient les yeux ; je sortis de mon refuge et roulai dans les jambes de ma grand'mère.

— Ôte-toi de là ! m'ordonna-t-elle, ôte-toi de là, ou tu seras écrasé.

Un cavalier en casque de cuivre orné d'une crinière se présenta sur le seuil. Son cheval était couvert d'écume et l'homme hurla, en levant très haut son bras armé d'un petit fouet :

— Laissez passer !

Des clochettes résonnèrent. Tout était beau et amusant comme en un jour de fête. Grand'mère me poussa sur le perron.

— N'as-tu pas compris ce que je t'ai dit ? Va-t'en !

Impossible de désobéir. Je me rendis à la cuisine, où je me collai le nez à la fenêtre ; mais je n'apercevais plus le feu que des groupes noirs assemblés me cachaient ; seuls les casques de cuivre étincelaient parmi les têtes coiffées de casquettes de drap ou de bonnets de fourrure.

On étouffa rapidement l'incendie, en inondant les foyers qu'on piétina ensuite ; puis la police dispersa la foule et grand'mère revint à la cuisine.

— Qui est là ? Ah ! c'est toi ? Tu ne dors pas, tu as peur ? Ne crains rien, tout est fini...

S'asseyant à côté de moi, elle garda le silence. J'étais content que la nuit paisible et l'obscurité fussent revenues, et pourtant je regrettais le feu.

Grand-père, qui entrait, s'arrêta sur le seuil et appela :

— Mère ?

— Quoi ?

— T'es-tu brûlée ?

— Ce n'est pas grave !

Il frotta une allumette qui éclaira son vieux visage de putois tout maculé de suie, puis, sans se hâter, il s'assit à côté de sa femme :

— Tu devrais te débarbouiller ! conseilla-t-elle ; elle-même était couverte de suie et une odeur âcre émanait de sa robe.

Grand-père soupira :

— Le Seigneur est miséricordieux ; quelle intelligence il t'a donnée !...

Et, après lui avoir caressé l'épaule, il reprit :

— Par moments, veux-je dire, pendant une heure ou deux ; mais enfin, oui, tu as parfois de la raison !

Grand'mère sourit à son tour ; elle allait répliquer lorsqu'il continua, le front rembruni :

— Il faut renvoyer Grigory ; c'est par sa négligence que le feu a éclaté. Il est à bout de forces, cet homme, il est vidé. Jacob larmoie sur le perron, comme un nigaud... Si tu allais voir...

Elle se leva et sortit en soufflant sur ses doigts. Sans me regarder, grand-père à mi-voix m'interrogea :

— Tu as vu l'incendie depuis le commencement ? Eh bien, que dis-tu de grand'mère ? C'est pourtant une vieille femme... Elle, cassée, usée ? Allons donc !

Il courba le dos, garda longtemps le silence ; puis se leva, moucha la chandelle avec ses doigts et s'adressant de nouveau à moi :

— As-tu eu peur ?
— Non.
— Il n'y avait en effet pas de quoi.

Arrachant brusquement sa blouse, il se dirigea vers un coin où se trouvait un lavabo et là, dans l'ombre, tapant du pied, il déclara à haute voix :

— L'incendie, c'est une sottise ! Celui dont la maison brûle devrait être fouetté en public, car c'est un imbécile, ou un voleur ! Si l'on agissait de la sorte, il n'y aurait plus d'incendies... Va-t'en te coucher... Que fais-tu là ?

J'obéis, mais je ne pus dormir ; à peine m'étais-je mis au lit qu'un hurlement qui n'avait rien d'humain m'en fit sortir en sursaut. Je me précipitai derechef à la cuisine ; grand-père, le torse nu, une chandelle à la main, se tenait au milieu de la pièce ; sa chandelle tremblait et lui, traînant les pieds sur le plancher, râlait sans pouvoir avancer :

— Mère ! Jacob ! qu'est-ce qui se passe ?

Je bondis sur le poêle où je me pelotonnai, et l'agitation régna de nouveau dans la maison ; comme pendant l'incendie, une plainte douloureuse et cadencée retentissait et reprenait avec une force croissante. Grand-père et l'oncle allaient et venaient, l'air effaré ; grand'mère grondait et les expédiait je ne sais où. Grigory, entassant des bûches dans le fourneau, remplissant d'eau les marmites, faisait un vacarme incroyable tout en dodelinant de la tête comme un chameau d'Astrakhan.

— Mais allume donc ! commanda grand'mère.

Il se hâta de prendre un tison et, rencontrant mon pied, il poussa un cri d'alarme.

— Qui est là ? Ah ! que j'ai eu peur... Tu es partout où l'on n'a pas besoin de toi...

— Qu'est-ce qu'il y a ?

— C'est la tante Nathalie qui accouche, répondit-il avec indifférence.

Je me rappelai alors que ma mère n'avait pas crié ainsi quand elle avait accouché...

Les marmites placées sur le feu, Grigory grimpa sur le poêle, à côté de moi, et, tirant de sa poche une pipe de terre, il me la montra :

— Je me suis mis à fumer à cause de mes yeux... La grand'mère me conseille de priser, mais moi, je crois qu'il vaut mieux que je fume.

Il s'assit tout au bord du poêle, les jambes pendantes, et il baissait les yeux pour regarder la faible clarté de la chandelle. Son oreille et sa joue étaient maculées de suie ; sa blouse déchirée sur le côté laissait voir ses côtes larges comme des cercles de tonneau. L'un des verres de ses lunettes s'était brisé et, la moitié du verre étant sortie de la monture, l'œil, rouge et humide, tel une plaie, apparaissait dans l'ouverture. Grigory bourra sa pipe de tabac en feuilles et, tout en prêtant l'oreille aux gémissements de la femme en travail, il marmottait des phrases incohérentes :

— Tout de même, elle s'est brûlée, la grand'mère ! Comment fera-t-elle pour délivrer la tante ! Comme elle geint ! On l'avait oubliée et il paraît qu'elle a ressenti les premières douleurs quand l'incendie commençait... Elle a eu peur... Que c'est pénible de mettre un enfant au monde et, pourtant, on ne respecte pas les femmes ! Rappelle-toi cela : il faut respecter les femmes, c'est-à-dire celles qui sont mères...

Je sommeillais ; un bruit de pas, de portes qui claquaient, les grognements furieux de l'oncle Mikhaïl, me réveillèrent ; des paroles bizarres arrivèrent à mes oreilles :

— Il faut ouvrir la porte sacrée...

— Donnez-lui de l'huile de la lampe éternelle, avec du rhum et de la suie : un demi-verre de rhum, un demi-verre d'huile et une cuillerée à soupe de suie...

L'oncle Mikhaïl suppliait obstinément :

— Laissez-moi voir...

Il était assis par terre, les jambes écartées, les mains traînant sur le plancher. La chaleur devenant insupportable, je descendis du poêle ; mais lorsque j'arrivai à sa hauteur, il me tira par la jambe et je tombai sur la nuque.

— Imbécile ! m'écriai-je.

Instantanément il sauta sur ses pieds, me saisit de nouveau et se mit à rugir en me secouant :

— Je vais te casser la tête contre le poêle !

Quand je revins à moi, j'étais au salon, dans le coin des images saintes, sur les genoux de grand-père ; les yeux levés au plafond, il me berçait et murmurait :

— Nous n'avons point d'excuses, ni les uns, ni les autres...

Au-dessus de sa tête, la lampe éternelle brillait ; sur la table, au milieu de la pièce, une chandelle était allumée ; le matin trouble d'automne apparaissait déjà derrière la fenêtre.

Grand-père demanda en se penchant vers moi :

— Où as-tu mal ?

J'avais mal partout ; ma tête était mouillée, mon corps pesant, mais je ne voulais rien dire ; tout me semblait si bizarre : les chaises étaient presque toutes occupées par des gens inconnus ; le prêtre en robe violette était là, avec un petit vieux à cheveux blancs et portant lunettes, vêtu d'un uniforme, et beaucoup d'autres encore ; tous restaient immobiles, comme des statues de bois ; ils attendaient et écoutaient l'eau qui clapotait tout près de nous. Appuyé au montant de la porte, l'oncle Jacob debout cachait ses mains dans ses poches. Grand-père l'appela :

— Conduis ce gamin à son lit !

L'oncle me fit signe du doigt et s'en alla sur la pointe du pied jusqu'à la porte de la chambre de grand-père ; lorsque j'eus grimpé sur le lit, il chuchota :

— La tante Nathalie est morte !

Je n'en fus pas surpris ; depuis longtemps, elle menait dans la maison une vie tellement à part, ne paraissant plus à la cuisine, ni à table.

— Où est grand'mère ?

— Là-bas, répondit l'oncle, avec un petit geste vague, et il sortit toujours sur la pointe des pieds.

Je demeurai couché à regarder tout ce qui m'entourait. Aux vitres s'étaient collés je ne sais quels visages velus, gris et aveugles. Dans un coin, au-dessus d'une malle, à l'endroit où grand'mère suspendait ses robes, il me semblait que quelqu'un guettait. Le visage enfoui dans l'oreiller, je louchai d'un œil vers la porte ; j'avais grande envie de repousser mon édredon et de fuir. Il faisait chaud ; une odeur épaisse et suffocante emplissait l'appartement et je me remémorais le jour où Tziganok était mort ; des filets de sang coulèrent sur le sol, quelque chose se gonfla dans ma tête ou dans mon cœur ; tout ce que j'avais vu dans cette maison défilait sous mon crâne, comme un cortège de chars dans la rue, en hiver, et j'étais terriblement oppressé...

La porte très lentement s'ouvrit, grand'mère pénétra dans la chambre et referma la porte contre laquelle elle s'appuya. Puis, tendant les mains vers la flamme bleue de la lampe éternelle, elle se mit à gémir tout bas, comme une enfant :

— J'ai mal aux doigts, j'ai mal aux doigts...

5

Encore quelque chose surgit dans mon souvenir ainsi qu'un cauchemar. Un soir, après le thé, comme je lisais avec grand-père, et que grand'mère lavait la vaisselle, l'oncle Jacob, débraillé comme toujours, entra en coup de vent dans la pièce. Sans saluer, il lança sa casquette dans un coin ; puis, tout gesticulant et agité, il parla avec précipitation :

— Père, Mikhaïl fait le fou. Il a dîné chez moi, a bu et s'est mis à tout chambarder ; il a brisé les assiettes et les verres, déchiré une robe de laine qui appartient à un client, il a cassé les vitres, il m'a injurié et a insulté Grigory... Et maintenant, le voici qui arrive en vociférant : « Je vais chez le père pour lui arracher la barbe, je veux le tuer !... » Prenez garde !...

Grand-père se leva lentement. Son visage ridé sembla se contracter, s'effiler, et devint étroit et menaçant comme une hache.

— Entends-tu, mère ? glapit-il, et que penses-tu de cela ? Notre propre fils veut tuer son père !

Il allait et venait par la cuisine, redressait les épaules ; puis, se dirigeant vers la porte, il poussa brusquement le verrou massif et cria à Jacob :

— Ainsi, c'est toujours la dot de Varioucha que vous voudriez rafler ? Eh bien ! voilà pour vous !

Et il lui fit la nique ; l'oncle recula et, d'un ton vexé, protesta :

— Père, je ne suis pour rien dans l'affaire.

— Toi ! Ah ! je te connais !

Grand'mère gardait un silence obstiné et rangeait en hâte les tasses dans l'armoire.

— Moi qui suis venu pour vous défendre ! continuait Jacob.

— Vraiment ? ricana grand-père. C'est très bien ! et je te remercie, mon garçon... Mère, donne donc quelque chose à ce renard ; un fer à repasser ou un tisonnier ! Et toi, mon petit Jacob, quand ton frère entrera, tu le frapperas... sur la tête !

Grand-père plongea les mains dans ses poches et s'en alla dans un coin.

— Si vous ne me croyez pas... balbutiait mon oncle.

— Te croire ! interrompit grand-père en frappant du pied ! Non, je croirais plutôt n'importe quel animal, un chien, un hérisson, mais toi, jamais ! Comme si je ne savais pas que c'est toi qui as fait boire ton frère et qui l'as poussé ! Et maintenant, frappe ! Frappe qui tu voudras, lui ou moi...

Grand'mère me chuchota :

— Monte vite, regarde par la fenêtre et, quand tu verras l'oncle Mikhaïl, viens nous prévenir tout de suite. Va, va...

Un peu effrayé à l'idée de l'irruption imminente de la brute surexcitée, et fier en même temps de la mission dont on m'a chargé, je me penche à la fenêtre et j'examine la rue : elle est large, couverte d'une couche épaisse de poussière dans laquelle les gros cailloux font des bosses. À gauche, très loin, après avoir franchi le ravin, elle aboutit à la place de la *Maison de force*, où s'érige la vieille prison, édifice grisâtre flanqué d'une tour à chacun de ses quatre angles. Elle a quelque chose de mélancolique et de beau. À droite, trois maisons seulement nous séparent de la vaste *Place au Foin*, barrée par la caserne des bataillons disciplinaires et le beffroi couleur de plomb du bâtiment des pompiers. Autour de la guérite, percée d'ouvertures, le veilleur tourne comme un chien attaché à sa chaîne. Plus loin, je distingue l'étang croupissant de Dioukof, dans lequel, ainsi que me le raconta grand'mère, mes oncles naguère firent un trou dans la glace pour y jeter mon père. Presque en face de la fenêtre s'ouvre une ruelle bordée de petites maisonnettes bariolées ; elle s'appuie à l'*église des Trois-Évêques*, qui est large et basse. Quand on regarde droit devant soi, on aperçoit les toits qui ressemblent à des barques renversées flottant sur les vagues vertes des jardins.

Les maisons de notre rue, effritées par les tempêtes des longs hivers et délavées par les interminables pluies d'automne, sont poudrées de poussière ; serrées les unes contre les autres comme les mendiants sur le parvis de l'église, elles aussi, elles semblent attendre quelqu'un. Les rares passants vont sans se presser, pareils à des blattes somnolentes dans l'ombre tiède du poêle. Une chaleur accablante s'élève jusqu'à moi et je sens l'odeur insinuante et fade des pâtés à l'oignon vert et à la carotte, que je n'aime pas et qui me rend toujours mélancolique.

Je m'ennuie, je m'ennuie terriblement, j'étouffe aussi : quelque chose comme une coulée de plomb liquide et chaud emplit ma poitrine et comprime mes côtes, dans cette petite pièce dont le plafond, pareil à un couvercle de cercueil, pèse sur ma tête.

Voici l'oncle Mikhaïl : il apparaît au coin de la maison grise qui fait l'angle de la ruelle : la casquette si enfoncée sur la nuque que ses oreilles en sont écarquillées, il est chaussé de bottes poussiéreuses qui lui montent jusqu'aux genoux, et vêtu d'un veston roussâtre ; une de ses mains plonge dans la poche de son pantalon à carreaux, l'autre tiraille fiévreusement sa barbe. Je ne distingue pas son visage, mais, à son attitude, je devine qu'il va bondir et s'agripper de ses mains noires et velues à la porte de notre maison. Il faudrait descendre au plus vite, prévenir les autres, mais je ne puis me détacher de la fenêtre. Je vois l'oncle qui traverse la chaussée avec précaution, comme un chat craignant de se salir les pattes, et je l'entends qui ouvre la porte du cabaret.

À toutes jambes, je descends pour rendre compte de ce que j'ai vu :

— Qui est là ? demande grand-père d'une voix brutale. C'est toi ?... Il est entré au cabaret ? C'est bien, va-t'en ! Retourne là-haut !

— J'ai peur.

— Ça ne fait rien...

De nouveau, je me penche à la fenêtre. Le jour est à son déclin. La rue est devenue plus profonde, plus noire : aux fenêtres des maisons, des feux jaunes apparaissent et s'étendent comme des taches graisseuses ; en face, on fait de la musique ; les cordes chantent avec une harmonieuse tristesse. Au cabaret, on chante aussi et, quand la porte s'ouvre, une voix lasse et brisée arrive jusqu'à mes oreilles ; je sais que c'est celle de Nikitouchka, un vieux mendiant borgne et barbu qui a un charbon ardent en guise d'œil droit et dont l'œil gauche est complètement fermé. La porte claque et la chanson se tait, tranchée comme par un coup de hache.

Grand'mère envie Nikitouchka :

— Il a bien de la chance, soupire-t-elle. Il sait de beaux poèmes !

Une lassitude invincible et qui vous serre le cœur émane de cette rue somnolente. Je voudrais tant entendre monter grand'mère, ou même grand-père. Quelle espèce d'homme était-ce donc que mon père ? Pourquoi ni mes oncles, ni mon aïeul ne l'ont-ils aimé, alors que grand'mère, Grigory et Eugénie ne tarissent pas d'éloges sur son compte ? Où est ma mère ?

Je pense à elle de plus en plus ; je la place au centre de toutes les histoires et des légendes que me raconte mon aïeule. Le fait que ma mère ne veut pas vivre dans sa famille l'élève encore à mes yeux. Je m'imagine qu'elle habite quelque part au loin, dans une hôtellerie sur la grand'route, chez des bandits qui pillent les riches voyageurs pour partager ensuite leur butin avec les pauvres ? Peut-être a-t-elle trouvé asile dans une caverne de la forêt, chez de bons brigands, naturellement, pour qui elle fait la cuisine et dont elle garde les trésors ? Peut-être aussi, comme la princesse Engalitchef, en compagnie de la Sainte Vierge, parcourt-elle le monde pour en voir les splendeurs et les misères ?

Je me remémore ces légendes et je rêve.

Des piétinements, des hurlements venus du corridor et de la cour, me réveillent en sursaut. Penché à la fenêtre j'aperçois grand-père, l'oncle Jacob et Mélian, un Tchérémisse, cocasse, employé du cabaretier, entrain d'expulser l'oncle Mikhaïl qui résiste de toutes ses forces. Les coups, de tous côtés, pleuvent sur ses bras, sur son dos et sur sa nuque, et il est enfin projeté, la tête la première, dans la poussière de la rue. La porte basse claque, le loquet et le verrou cliquettent, la casquette fripée vient tomber à côté de l'ivrogne, et tout redevient silencieux.

Un instant, l'oncle reste ainsi sans mouvement, puis il se met sur son séant, ramasse une pierre et la lance contre le portail qu'elle heurte avec un bruit sonore. Des gens vagues sortent du cabaret, bâillent, reniflent, gesticulent ; des têtes apparaissent aux fenêtres des maisons voisines, la rue s'anime, crie et rit. Et tout cela aussi est pareil à un rêve, à un cauchemar.

Soudain, tout s'efface, tout se tait, tout disparaît.

... Je revois grand'mère assise sur un coffre, le dos courbé, immobile et sans souffle ; debout devant elle, je caresse ses joues tièdes, douces et mouillées ; mais elle ne s'aperçoit de rien et, d'un air morne, murmure :

— Seigneur, n'avais-tu donc pas assez de bon sens pour m'en donner, à moi et à mes enfants ? Seigneur, aie pitié de nous.

Il me semble que grand-père n'a pas habité plus d'une année la rue des Champs ; pourtant, dans ce court laps de temps, la maison acquit aux alentours bruyante et mauvaise renommée ; presque tous les dimanches, les gamins rassemblés devant notre portail s'exclamaient gaîment :

— Voilà qu'on se bat encore chez les Kachirine !...

Vers le soir, généralement, l'oncle Mikhaïl arrivait et, la nuit entière, assiégeait la maison, dont les habitants étaient en émoi. Parfois, il se faisait accompagner par deux ou trois acolytes, la crème du faubourg Kounavine.

Par le ravin, les sauvages pénétraient dans le jardin où ils se livraient aux fantaisies les plus échevelées que l'ivresse leur dictait, saccageant les plates-bandes, arrachant les framboisiers et les groseilliers ; certain soir, même, ils démolirent la buanderie qui servait aussi de salle de bains, brisant tout ce qui s'y trouvait : plancher, banc, marmites, portes et cadres de fenêtres.

Sombre et muet, grand-père demeurait à la croisée, prêtant l'oreille, tandis que grand'mère, invisible dans l'obscurité, courait par la cour et criait d'une voix suppliante :

— Mikhaïl ! Que fais-tu, Mikhaïl ?

En réponse, arrivait du jardin un juron idiot et obscène.

J'étais alors extrêmement malheureux, car il m'était impossible de rester à côté de grand'mère, et loin d'elle la peur m'étreignait ; mais si je m'avisais de descendre dans la chambre de grand-père, il grognait aussitôt en m'apercevant :

— Hors d'ici, vaurien !...

Je me réfugiais au grenier, cherchant par la lucarne à me rendre compte de ce qui se passait dans les ténèbres du jardin. Certaine nuit, n'apercevant plus l'aïeule et craignant qu'on ne la tuât, j'appelai de toutes mes forces. Mon oncle, ivre comme de coutume, entendit ma voix et se répandit en invectives furieuses et malpropres contre ma mère.

Un soir qu'une de ces scènes se déroulait, grand-père, malade et alité, agitait sur l'oreiller sa tête enveloppée d'un linge et glapissait d'une voix geignarde :

— Dire que c'est pour en arriver là que nous avons vécu, péché et amassé du bien ! Si ce n'était pas scandaleux, je ferais venir la police et j'irais demain chez le gouverneur... Quelle infamie ! Les parents ne pourraient pas faire arrêter leurs enfants ? Ce serait honteux ! Alors, il faudrait tout supporter ! Allons donc !

Soudain, il mit les pieds hors du lit et, d'un pas chancelant, se dirigea vers la fenêtre ; grand'mère le retint par le bras :

— Où vas-tu ? Où vas-tu ?

— Allume la chandelle ! ordonna-t-il en haletant.

Lorsque l'aïeule eut obéi, grand-père saisissant le chandelier et le tenant devant lui, comme un soldat son fusil, se mit à crier d'une voix ironique :

— Eh ! Mikhaïl, voleur nocturne, chien enragé, galeux !

Un carreau du haut de la fenêtre vola aussitôt en mille éclats et un fragment de brique tomba sur la table près de grand'mère.

— Coup manqué ! hurla grand-père, et il eut un rire qui ressemblait à un sanglot.

Grand'mère le prit dans ses bras, comme un enfant, et elle le porta sur le lit, en murmurant avec effroi :

— Que fais-tu ? Que fais-tu ? Que Dieu soit avec toi ! Ne le tente pas. Est-ce que, dans sa rage, il comprend ce qu'il fait, et que c'est la Sibérie qui l'attend ?...

Les jambes vacillantes, grand-père râla :

— Qu'importe qu'il me tue !

Au dehors, on meuglait, on piétinait, on égratignait le mur. Je pris la brique qui était sur la table et je courus à la fenêtre ; grand'mère parvint à m'arrêter, et, me repoussant dans un coin, elle siffla entre ses dents :

— Ah ! maudit !...

Une autre fois, l'oncle Mikhaïl, armé d'un gros pieu, tenta de pénétrer dans le corridor ; debout sur les marches du perron accédant à la cuisine, il essayait d'enfoncer la porte. Grand-père, armé d'un bâton, deux locataires avec une massue, et la femme du cabaretier le suivaient, tandis que grand'-mère, piétinant sur place, suppliait :

— Laissez-moi aller vers lui... Laissez-moi lui parler, lui dire un mot...

Grand-père la repoussait, et ces quatre personnes prêtes à tout, qu'éclairait d'en haut une lanterne tremblotante, composaient un groupe étrange. De l'échelle du grenier, je regardais ce spectacle et j'aurais voulus décider grand'mère à venir me rejoindre.

L'oncle s'acharnait avec succès sur la porte branlante et prête à sauter. Le dernier gond tenait à peine, le premier avait déjà cédé et elle grinçait avec un bruit désagréable.

— Tapez-lui sur les bras et les jambes, s'il vous plaît, mais pas sur la caboche... — recommanda d'une voix altérée grand-père à ceux qui lui prêtaient main forte.

À côté de la porte, s'ouvrait un petit guichet au travers duquel on pouvait passer la tête ; l'oncle en avait déjà brisé la vitre, et le cadre, tout hérissé d'éclats, devenait noir comme un œil crevé.

Grand'mère passa la main par l'ouverture, et elle cria en gesticulant ;

— Mikhaïl, pour l'amour de Dieu, va-t'en, sinon tu seras massacré, va-t'en !

Pour toute réponse, il la frappa ; on vit quelque chose de large glisser devant le guichet et tomber sur les doigts de grand'mère qui s'affaissa et tomba à la renverse en criant encore :

— Sauve-toi, Mikhaïl !

— Femme ! rugit grand-père, d'une voix terrible.

La porte s'ouvrit toute grande ; l'oncle bondit dans l'ouverture béante et aussitôt fut lancé à bas du perron, comme une pelletée de boue.

La cabaretière emmena mon aïeule dans la chambre de grand-père ; bientôt, il suivit les deux femmes et s'approcha d'elles, d'un air sombre.

— L'os n'est pas cassé ?

— Je crois que si ! répondit grand'mère sans ouvrir les yeux. Qu'avez-vous fait de lui ?

— Voyons, pas de sottises ! s'exclama-t-il sévèrement. Suis-je un fauve ? On l'a ligoté et il est sous le hangar. Je l'ai aspergé d'eau... Mais Dieu ! qu'il est méchant ! Comment avons-nous pu donner le jour à une pareille engeance !

Grand'mère se mit à gémir.

— J'ai fait chercher la rebouteuse ; prends patience, exhorta grand-père en s'asseyant à côté d'elle sur le lit. Ils nous feront mourir. Ils nous feront mourir avant l'heure.

— Donne-leur tout.

— Et Varioucha ?

Longtemps, ils parlèrent, elle tout bas et suppliante, lui d'une voix criarde et irritée.

Enfin arriva une petite, vieille bossue dont l'immense bouche allait jusqu'aux oreilles, et dans cette bouche, s'ouvrant comme une gueule de poisson, le nez crochu semblait vouloir pénétrer. La mâchoire inférieure tremblait ; on ne voyait pas ses yeux ; elle ne marchait pas, elle se traînait en s'aidant d'une béquille et portait à la main une sorte de paquet.

Il me sembla que c'était la mort qui entrait ; je m'élançai vers elle en hurlant de toutes mes forces :

— File d'ici !

Grand-père se saisit de moi et, sans façon aucune, il m'emporta au grenier.

6

Ce fut vers le printemps que le partage eut lieu, Jacob resta en ville et Mikhaïl s'installa sur l'autre rive. Grand-père s'acheta, dans la *rue des Champs*, une maison assez vaste et qui me parut charmante. Le rez-de-chaussée était occupé par un cabaret, et le jardin descendait jusqu'à un ravin hérissé de branches d'osier nues.

— Que de verges ! me dit grand-père en clignant gaîment de l'œil, comme nous inspections le jardin en parcourant les allées détrempées et molles. Bientôt je vais t'apprendre à lire et à écrire, et j'aurai probablement besoin de recourir à leurs bons offices...

La maison était bondée de locataires ; grand'mère et moi, nous nous installâmes au grenier où une chambre avait été aménagée, tandis que grand-père se réserva, à l'étage au-dessous, une grande pièce qui servait en même temps de salon de réception. Notre fenêtre donnait sur la rue ; en se penchant, on pouvait voir chaque soir et chaque dimanche les ivrognes qui sortaient du cabaret, chancelaient, tombaient, puis s'en allaient enfin en hurlant. Parfois, on les jetait à la rue comme des sacs, mais ils revenaient à l'assaut et la porte du cabaret claquait ; le contrepoids grinçait, des altercations éclataient. Tout cela était fort intéressant. Dès le matin, grand-père s'en allait aux ateliers de ses fils pour les aider à s'organiser, et le soir en revenait fatigué, accablé, irrité.

Grand'mère faisait la cuisine, cousait, bêchait le jardin et le potager ; toute la journée elle virait comme une énorme toupie poussée par un invisible fouet. Elle prisait, éternuait avec volupté et disait, essuyant son visage en sueur :

— Salut, braves gens, dès maintenant et à jamais ! Eh ! bien, Alexis, nous voilà enfin tranquilles ! Grâce à Toi, Sainte Vierge !

À mon avis, notre existence n'était guère paisible ; de l'aube à la grande nuit, les locataires ne faisaient qu'aller et venir par la cour et dans la maison ; des voisines entraient à chaque instant ; chacun était pressé, et comme on était toujours en retard, des gémissements s'élevaient de partout : ces gens-là semblaient attendre quelque chose et appelaient grand'mère :

— Akoulina Ivanovna !

Après avoir humé sa prise de tabac et s'être essuyé soigneusement le nez avec son mouchoir à carreaux rouges, souriante, elle répondait à tous avec la même affabilité :

— Contre les poux, madame, il faut se laver souvent et prendre des bains de vapeur de menthe. Si les poux sont sous la peau, mélanger une cuiller à soupe de graisse d'oie tout à fait pure, une cuiller à thé de sublimé et trois grosses gouttes de mercure, brassez-le sept fois dans une soucoupe avec un tesson de faïence et frottez-vous avec cette pommade. Surtout n'allez pas employer une cuiller de bois ou d'ivoire, car le mercure serait perdu, et ne prenez ni cuivre ni argent : c'est dangereux !...

Parfois, elle conseillait d'un air pensif :

— Vous, ma chère, vous feriez mieux d'aller au couvent trouver Azafe, le moine austère ; je ne puis pas vous répondre !

Elle servait de sage-femme, débrouillait les histoires de famille, résolvait les conflits, soignait les enfants ; récitait par cœur *le Rêve de la Vierge* qui porte bonheur, afin que les femmes l'apprissent, et donnait des conseils culinaires.

Toute la journée, je restais près d'elle, au jardin ou dans la cour ; d'autres fois nous allions chez les voisines où, pendant des heures entières, elle prenait le thé en racontant d'interminables histoires, et de cette époque de ma vie je ne revois que cette vieille femme toujours bonne et si remuante.

Parfois, ma mère, venant je ne sais d'où, faisait une apparition ; mais elle ne restait pas longtemps. Fière et sévère, elle regardait choses et gens avec des yeux froids comme un soleil d'hiver et disparaissait bientôt sans laisser derrière elle le moindre souvenir.

Un beau jour, je demandai à grand'mère :

— Es-tu sorcière ?

— Eh bien, vrai, en voilà une idée ! s'exclama-t-elle en souriant ; puis, elle ajouta aussitôt d'une voix pensive :

» La sorcellerie c'est une science trop difficile pour moi qui ne sais ni lire ni écrire ; ton grand-père, lui, est un homme instruit, mais la Sainte Vierge ne m'a pas donné beaucoup d'intelligence ni de savoir...

Et elle me découvrit un autre fragment de sa vie :

— Moi aussi, j'étais orpheline ; ma mère était une pauvre paysanne estropiée et sans feu ni lieu. Encore jeune fille, s'étant, un jour de frayeur, jetée par la fenêtre, elle s'était cassé les côtes et meurtri l'épaule. Son bras droit, le plus nécessaire, avait dépéri. Et comme ma mère, très habile dentellière, ne rapportait plus rien à ses maîtres, ils lui donnèrent la liberté. « Vis comme tu pourras ! » lui dit-on. Comment vivre quand on n'a plus de bras ! Il ne lui restait qu'à mendier ; mais à cette époque-là, les gens vivaient mieux et étaient meilleurs qu'aujourd'hui. Ah ! les charpentiers de Balakhane et les dentellières, quels cœurs d'or ! Pendant l'automne et l'hiver, nous restions en ville pour demander la charité, ma mère et moi ; mais dès que l'archange Gabriel agitait sa lance et chassait le froid, dès que le printemps étreignait la terre, nous partions au loin, droit devant nous. Nous avons été à Mourome et à Jourevetz et nous avons monté le Volga, ainsi que la tranquille Oka. Il est agréable de courir le monde durant la belle saison : la terre est caressante, l'herbe comme du velours et il y a des fleurs partout. Une joie indicible nous envahit, les membres sont dispos et le cœur à l'aise. Parfois, maman fermait ses yeux bleus et entonnait une chanson : sa voix n'était pas très forte mais très sonore, et tout semblait s'apaiser et se taire pour mieux écouter. Que cette vie de mendicité était agréable ! Mais quand j'eus neuf ans, ma mère trouva honteux de me laisser mener cette existence oisive. Elle se fixa à Balakhan : pendant la semaine elle quémandait notre pain de maison en maison, et le dimanche, mendiait sur le parvis des églises. Durant ce temps, à la maison, j'essayais de faire de la dentelle ; je tenais à apprendre le plus vite possible afin d'aider maman, et quand j'échouais dans mes tentatives, je versais des larmes. En deux ans et quelques mois, j'appris à fond le métier et bientôt je fus très connue en ville ; si quelqu'un avait besoin d'un ouvrage bien fait, c'était à moi qu'on s'adressait : « Tiens, Akoulina, fais danser tes fuseaux ! » Et j'étais heureuse ! Mon travail, bien sûr, n'avait de valeur que parce qu'il était inspiré et dirigé par ma mère qui, n'ayant qu'une main, se bornait à me guider ; mais un maître comme elle valait dix ouvrières. Alors, je suis devenue ambitieuse et je lui ai dit : « Ne va plus mendier, maman ; c'est moi seule maintenant qui vais te nourrir ! » Elle m'a répondu : « Tais-toi, ma fille, garde ton argent pour ta dot ! » Et bientôt ton grand-père est arrivé ; c'était un garçon remarquable : à vingt-deux ans, il gagnait déjà pas mal d'argent... Sa mère m'a examinée : elle a reconnu que j'étais travailleuse et, parce que j'étais fille de mendiante, elle a conclu que je serais très soumise et obéissante... Elle vendait des brioches, mais... quelle méchante créature ! Dieu me pardonne de le dire... À quoi bon se rappeler les méchantes gens ? Le Seigneur les voit bien lui-même ; il les voit et le diable les aime !

Et elle riait d'un petit rire cordial ; son nez tremblotait d'une manière un peu ridicule, mais les yeux rayonnants et pensifs semblaient me caresser plus encore que ses paroles.

Je me souviens comme si c'était hier de ce grand événement. Grand'mère et moi nous prenions le thé dans la chambre de grand-père ; le vieillard était souffrant ; il avait enlevé sa blouse et, assis sur son lit, les épaules nues couvertes d'une longue serviette de toilette, il essuyait à chaque instant la sueur qui perlait sur son visage ; il avait le souffle court et rauque. Dans son visage devenu violet, ses yeux verts s'étaient troublés, les petites oreilles pointues surtout étaient écarlates. Quand grand-père tendait la main pour prendre sa tasse, cette main tremblait lamentablement. Il était doux et il ne se ressemblait plus.

— Pourquoi ne me donnes-tu point de sucre ? demanda-t-il à grand'-mère, du ton capricieux d'un enfant gâté.

Elle répondit gentiment, mais avec fermeté :

— Prends du miel en guise de sucre, cela vaut mieux...

Il avala rapidement la boisson chaude ; puis, tout haletant et soufflant, il recommanda :

— Fais attention, que je ne meure pas !

— N'aie pas peur, je veillerai.

— Bon ! Si je mourais maintenant, ce serait comme si je n'avais pas vécu ! Tout serait perdu...

— Ne parle pas tant et reste tranquille...

Pendant un instant, il garda le silence ; les yeux fermés, il tortillait les poils de sa barbe et faisait claquer ses lèvres noires ; tout à coup, il se secoua comme si on l'avait piqué et il se mit à penser tout haut :

— Il faut remarier Jacob et Mikhaïl le plus vite possible ; peut-être qu'une femme et de nouveaux enfants les retiendront de boire.

Et il chercha dans sa mémoire les filles qui lui conviendraient comme brus. Grand'mère se taisait et vidait tasse sur tasse ; quant à moi, assis à la fenêtre, je regardais le crépuscule s'enflammer au-dessus de la ville et les vitres rouges qu'embrasait le soleil couchant, grand-père, pour me punir de je ne sais quelle faute, m'ayant interdit de descendre dans la cour et au jardin.

Là-bas, pourtant, les scarabées voletaient et bourdonnaient autour des bouleaux. Un tonnelier travaillait dans la cour voisine ; tout près, on aiguisait des couteaux ; au bas du jardin, dans le ravin, les enfants jouaient. J'aurais bien voulu les rejoindre. La tristesse vespérale me remplissait le cœur.

Tout à coup, grand-père sortit je ne sais d'où un livre neuf dont il frappa bruyamment la paume de sa main et m'appela d'une voix alerte :

— Eh ! gamin, arrive ici ! Oreilles salées, pommettes de Kalmouck, vois-tu ce dessin ? C'est un a. Dis : a ! b ! c ! Qu'est-ce que cela ?

— B.

— C'est juste. Et ça ?

— C.

— Non, c'est a ! Regarde : d, e, f ; qu'est-ce que cela ?

— E.

— C'est juste. Et ça ?

— F.

— C'est juste. Et ça ?

— A.

Grand'mère intervint :

— Tu devrais rester tranquille, père...

— Tais-toi ! Cela me distrait. Continue, Alexis !

Il avait posé sur mon cou son bras moite et, par-dessus mon épaule, tenant le livre sous mon nez, il désignait du doigt les lettres. Il sentait très fort le vinaigre, la sueur et l'oignon frit, et j'étouffais presque. La colère l'envahissait peu à peu, il vociférait d'une voix rauque :

— L ! M !

Le son des lettres m'était connu, mais non les signes : L ressemblait à un ver ; G à Grigory, M à grand'mère et à moi réunis, tandis que grand-père avait quelque chose de commun avec toutes les lettres à la fois. Longtemps, il me promena sur l'alphabet, me questionnant et reprenant tous les caractères par série ou au hasard. Son emportement m'avait gagné : je transpirais moi aussi et je criais de toutes mes forces. Il s'en amusait, se frottait la poitrine, toussait, pétrissait le livre entre ses doigts et râlait :

— Regarde donc comme il s'échauffe, mère ! Ah ! peste d'Astrakhan, pourquoi hurles-tu ainsi ?

— C'est vous qui hurlez...

Je riais en regardant mes grands-parents : grand'mère, accoudée, les poings aux pommettes, nous surveillait en souriant ; elle remarqua :

— Vous êtes assez éreintés, tous les deux !

Grand-père amicalement s'excusait :

— Je crie parce que je suis malade ; mais toi, pantin, pourquoi brailles-tu ?

Et, secouant sa tête ruisselante, il déclara à grand'mère :

— Elle s'est trompée, la pauvre Nathalie. Cet enfant a une mémoire de cheval, Dieu merci ! Continue, clampin !

Enfin, il me poussa gaîment en bas du lit :

— C'est assez ! Garde le livre. Demain, tu me réciteras tout l'alphabet sans te tromper et je te donnerai cinq copecks.

Lorsque je tendis la main pour prendre le livre, il m'attira de nouveau à lui et, d'une voix attristée, me confia :

— Ta mère t'a jeté à l'abandon par le monde, mon petit.

Grand'mère s'effara :

— Ah ! père, pourquoi parles-tu de la sorte ?

— Je ne l'aurais pas fait si le chagrin ne m'y avait forcé... Ah ! cette fille-là, se perdre ainsi !

Il me repoussa brusquement.

— Va te promener ! Je te défends d'aller dans la rue ; reste au jardin ou dans la cour.

C'était justement au jardin que j'avais affaire : dès que j'y parus, les gamins massés dans le ravin commencèrent à me lancer des pierres et je leur rendis la pareille avec le plus vif plaisir.

— Voilà le voisin ! criaient-ils en m'apercevant, et ils s'armaient à la hâte.

Leurs clameurs ne m'effrayaient pas. Il m'était agréable de me défendre seul contre beaucoup ; de voir l'ennemi fuir et se cacher dans les buissons, pour éviter mes projectiles. Ces combats, d'ailleurs, étaient dépourvus de malveillance et se terminaient presque toujours bien.

J'apprenais à lire avec facilité ; grand-père me considérait avec une attention croissante, me corrigeant moins souvent qu'auparavant, alors, qu'à mon avis, j'aurais dû l'être davantage. Car, en grandissant, je devenais audacieux et j'enfreignais beaucoup plus souvent les ordres et les règlements de mon aïeul, qui se contentait de gronder et de menacer.

Je pensais alors qu'il me fouettait inutilement quand j'étais plus petit et je le lui fis remarquer.

D'une légère chiquenaude au menton, il m'obligea à lever la tête :

— Hein ? s'écria-t-il en clignant de l'œil malicieusement.

Puis avec un rire saccadé, il reprit :

— Ah ! petit hérétique ! Comment peux-tu calculer combien de fois tu as mérité les verges et qui peut le savoir, sinon moi ? Va-t'en, polisson !

Mais aussitôt, il me prit à l'épaule et, me regardant droit dans les yeux, me demanda :

— Es-tu rusé ou bien naïf ?

— Je ne sais pas...

— Tu ne sais pas ? Eh bien, écoute, mon ami, sois rusé, c'est préférable, car la naïveté et la bêtise, c'est la même chose ; as-tu saisi ? Les moutons sont naïfs. Souviens-toi de cela ! Et maintenant, va t'amuser...

Bientôt, je sus épeler le livre des Psaumes ; on consacrait généralement à l'étude l'heure qui suivait le thé du soir et chaque jour je devais en lire un passage.

— H-e-u-, heu, r-e-u-x, heureux... L'-h-o-m-, l'homm-e. Heureux, l'homme... épelais-je, en promenant mon crayon sur la page ; et je demandais pour égayer la leçon :

— L'homme heureux, c'est l'oncle Jacob ?

— Je vais te calotter, et alors tu sauras qui est l'homme heureux, répliquait grand-père en reniflant furieusement ; mais je sentais bien qu'il ne se fâchait que par habitude, et pour le maintien de la discipline.

Et je ne me trompais presque jamais : au bout d'un instant, mon aïeul semblait m'avoir oublié et il grommelait :

— Oui, pour ce qui est de s'amuser et de chanter, il ressemble au roi David ; mais il agit comme Absalon ; il est plein de fiel, ce chansonnier, ce bouffon, cet histrion... Ah ! vous...

J'interrompais ma lecture, et j'écoutais en jetant de temps à autre un coup d'œil sur le visage rembruni et soucieux du vieillard ; ses yeux à demi fermés semblaient me transpercer ; un sentiment de tristesse et d'affection y étincelait et je savais qu'alors sa sévérité coutumière s'amollissait. Il tambourinait sur la table, ses ongles teints brillaient et ses sourcils dorés tremblaient.

— Grand-père...

— Quoi ?

— Raconte-moi quelque chose...

— Tu ferais mieux de lire, petit paresseux, bougonnait-il, et, comme s'il venait de se réveiller, il se frottait les yeux. Tu aimes les histoires, et tu n'aimes pas le livre des Psaumes.

Mais je le soupçonnais de préférer, lui aussi, les histoires aux Psaumes qu'il savait presque par cœur, car il avait fait vœu de lire à haute voix chaque soir avant de s'endormir un des vingt chapitres de ce recueil.

Je revenais à la charge et le vieillard, gagné par l'attendrissement, finissait par céder.

— Eh bien, c'est entendu !

Affalé contre le dossier du vieux fauteuil de tapisserie, dans lequel il s'enfonçait toujours davantage, la tête rejetée en arrière en une attitude pensive et les yeux au plafond, il se mettait à parler d'une voix basse de son père et de l'ancien temps. Certain jour, des brigands étaient venus à Balakhan pour piller la maison du marchand Zaitzef ; le père de mon aïeul monta au clocher pour sonner le tocsin ; mais les brigands, s'emparant de lui, le tuèrent à coups de sabre et le précipitèrent en bas.

— Je n'étais alors qu'un tout petit enfant et je n'ai pas été témoin de cet événement, je ne me le rappelle même pas ; mes premiers souvenirs remontent seulement à l'arrivée des Français ; je venais alors d'atteindre mes douze ans. On avait employé chez nous, à Balakhan, une trentaine de prisonniers, tous petits et maigres, plus déguenillés que nos mendiants. Ils étaient transis et quelques-uns qui avaient les pieds gelés ne pouvaient même plus se tenir debout. Les paysans voulaient d'abord les massacrer, mais l'escorte et la garnison s'y opposèrent et on obligea les exaltés à rentrer chez eux. Ensuite tout a bien marché, on s'est habitué aux Français qui sont des gens adroits, débrouillards et gais. Parfois ils chantaient des chansons qu'on venait écouter avec intérêt. La noblesse de Nijni-Novgorod, en troïkas, leur faisait assez souvent des visites ; parmi les nobles, les uns les menaçaient du poing, et même les frappaient, mais d'autres conversaient gentiment avec eux dans leur langue, leur donnaient de l'argent et toutes sortes de hardes. Je me souviens plus particulièrement d'un petit vieux qui, en les voyant, s'est caché le visage dans les mains et s'est mis à pleurer : « Ah ! a-t-il déclaré, ce malfaiteur de Bonaparte a mené la France à la ruine ! » Tu vois, c'était un Russe et même un noble ; pourtant, il était bon et il a eu pitié d'un peuple étranger...

Grand-père se taisait un instant, fermait les yeux, lissait ses cheveux et puis il continuait, réveillant le passé avec précaution :

— En hiver, la neige tourbillonnait dans les rues ; le gel semblait ratatiner les chaumières et parfois nous voyions les Français accourir sous nos fenêtres, car ma mère vendait des petits pains. Les prisonniers frappaient au carreau, criaient, sautaient et demandaient des pains chauds. Ma mère ne les laissait pas pénétrer dans la chaumière et leur passait les pains par la fenêtre ; ils s'en emparaient et les enfilaient sous leurs blouses, tout contre la peau. Nous ne comprenions pas comment ils pouvaient résister à cette chaleur ! Beaucoup d'entre eux moururent de froid ; cela se comprend ; ils venaient d'un pays chaud et n'étaient pas habitués à de telles températures. Nous avions chez nous deux de ces malheureux : un officier et son ordonnance qui s'appelait Miron ; on les avait logés dans la chambre à lessive, au fond du jardin. L'officier, grand et mince, n'avait que la peau et les os. Il était vêtu d'un manteau de femme qui lui allait aux genoux. C'était un homme très sympathique, mais qui aimait boire ; comme ma mère fabriquait et vendait de la bière en cachette, il en achetait, et quand il était ivre, il se mettait à chanter. Il apprit un peu le russe ; parfois, il baragouinait : « Votre pays pas blanc ; il est noir, méchant ! » Il parlait mal et pourtant parvenait très bien à se faire comprendre. Ce qu'il disait d'ailleurs est juste, le pays du Nord n'a rien de plaisant ; quand on descend le Volga, il fait plus chaud, on dit même qu'au delà de la Caspienne on ne voit jamais de neige. Cette assertion est fort plausible : nulle part, dans les Évangiles, ni dans les Actes des Apôtres et encore moins dans les Psaumes, il n'est fait mention de la neige et de l'hiver ; et Jésus a vécu dans ces pays-là... Quand nous aurons terminé la lecture des Psaumes, je commencerai l'Évangile avec toi...

Grand-père se tait de nouveau, comme s'il sommeillait, puis il regarde en louchant par la fenêtre, et toute sa physionomie prend un air étriqué et pointu...

— Raconte encore, lui dis-je tout bas.

— Nous en étions donc aux Français, reprend-il en tressaillant. Ce sont aussi des êtres humains, tout comme nous. Parfois, je les entendais interpeller la femme de notre maître : « Madame ! Madame ! » c'est ainsi qu'on appelle les femmes nobles ; mais cette madame-là pouvait s'en venir de la meunerie avec un sac de farine de cent kilos sur son dos. Elle était d'une force incroyable. Jusqu'à ma vingtième année, elle me secouait comme un galopin et pourtant, à vingt ans, je n'étais certes pas un avorton ! Miron, l'ordonnance, aimait beaucoup les chevaux ; il rôdait dans les cours et par gestes demandait la permission de panser les bêtes. D'abord, on eut peur qu'il les estropiât, puisqu'il était un ennemi ; mais quand ils l'eurent vu à l'œuvre, les paysans vinrent eux-mêmes l'appeler : « Viens donc, Miron ! » Il souriait, secouait la tête et obéissait docilement. Il savait très bien soigner les chevaux et les guérissait comme par miracle. Il est resté à Nijni-Novgorod où il s'était établi vétérinaire ; mais il a perdu la raison et les pompiers un certain jour l'ont tellement rossé qu'il en est mort. L'officier est tombé malade au printemps, et, vers la fin de mars, il s'est éteint tout doucement : il était assis dans sa chambre, à la fenêtre ; il réfléchissait et il est mort ainsi. Je l'ai bien regretté ; je l'ai même pleuré, mais en cachette ;

il était si affectueux. Souvent il me prenait par l'oreille et me disait des choses que je ne comprenais guère sans doute, mais qui étaient bien agréables à entendre ! Des amitiés pareilles, on n'en trouve pas souvent, et cela ne s'achète pas au marché. L'excellent homme avait commencé à m'apprendre sa langue, mais ma mère me défendit de poursuivre cette étude et me conduisit même chez le prêtre qui lui ordonna de me fouetter et porta plainte contre mon professeur. À cette époque-là, mon petit, on ne plaisantait pas ; tu ne passeras pas par là, sans doute ; ce sont les autres qui ont supporté pour toi ces épreuves, souviens-t'en !

Le soir tombait. Dans la pénombre, grand-père grandissait étrangement ; ses yeux luisaient comme ceux d'un chat. En général, il s'exprimait avec prudence, d'un ton contenu et pensif ; mais, dès qu'il était question de lui-même, il parlait avec une vivacité et une ardeur pleines de suffisance. Cela m'était antipathique et j'exécrais ses sempiternelles recommandations :

— Souviens-t'en ! Rappelle-toi !

Non, certes, je n'avais nulle envie de me rappeler certaines choses qu'il racontait ; et cependant, quoi que je fisse, elles s'implantaient dans ma mémoire comme des échardes douloureuses. Ses récits n'étaient pas des contes de fées, mais se rapportaient toujours au passé. J'avais remarqué qu'il n'aimait pas les questions, c'est pourquoi je l'interrogeais sans me lasser.

— Qui est-ce qui vaut le mieux du Russe ou du Français ?

— Eh, comment le savoir ? J'ignore tout à fait comment les Français se conduisent chez eux, marmotte-t-il d'un air bourru.

Et il ajoute :

— Le putois lui-même est supportable quand il est dans son trou.

— Et les Russes, sont-ils bons ?

— Il y en a de bons et de mauvais. Au temps du servage, les gens étaient meilleurs qu'aujourd'hui : ils portaient des chaînes. Maintenant que tout le monde est libre, nul n'observe plus les vieilles coutumes. Les seigneurs ne sont pas très tendres, sans doute, mais au moins, ils ont un brin de raison ; et puis, il y a des exceptions, et quand un seigneur est bon, il l'est vraiment, et on ne se lasse pas de l'admirer ! Il y a aussi des nobles qui sont bêtes comme des sacs et gardent en eux tout ce qu'on y met. En Russie, il y a beaucoup d'écorces, de coquilles ; on croit voir un homme et, quand on regarde de près, on s'aperçoit qu'il n'en a plus que le dehors, le noyau manque, on l'a rongé. Il faut qu'on nous instruise, qu'on aiguise notre intelligence, mais la véritable pierre à aiguiser, celle qui serait nécessaire, nous fait défaut aussi...

— Les Russes sont-ils forts ?

— Il y en a qui sont des hercules ; mais ce n'est pas la force qui importe, c'est l'adresse ; tu peux être aussi fort que tu voudras, un cheval sera toujours plus fort que toi.

— Pourquoi les Français nous ont-ils fait la guerre ?

— Ah ! la guerre, c'est l'affaire des gouvernements, des empereurs ; nous ne pouvons pas comprendre ces choses-là...

Mais lorsque je demandai qui était Bonaparte, grand-père me répondit en me donnant beaucoup de détails qui se gravèrent dans ma mémoire :

— C'était un malin qui voulait conquérir l'univers pour qu'ensuite tout le monde vive de la même manière, sans maîtres ni fonctionnaires, sans distinction de classes, tout bonnement. Les noms également auraient été les mêmes pour tous. Et il n'y aurait eu qu'une seule religion. Évidemment, c'était une idée stupide ; il n'y a que les écrevisses qu'on ne peut distinguer entre elles. Les poissons, eux, sont tous différents et le silure et l'esturgeon ne sont pas plus camarades que le hareng et le sterlet ne s'aiment. En Russie aussi il y a eu des Bonaparte : Stenka Razine, Emelian Pougatchef, par exemple ; je te raconterai leur histoire plus tard...

Parfois, il m'examinait longuement, sans mot dire, les yeux arrondis comme s'il me voyait pour la première fois. Cette attitude m'était désagréable.

Et il ne me parlait jamais de mon père ni de ma mère.

Souvent, grand'mère survenait au cours de ces entretiens ; elle s'asseyait dans un coin où elle demeurait silencieuse, invisible et, tout à coup, demandait d'une voix qui m'étreignait doucement :

— Te rappelles-tu, père, le beau pèlerinage que nous avons fait ensemble à Mourome ? En quelle année était-ce ?

Après un instant de réflexion, grand-père répondait avec beaucoup de détails :

— Je ne sais plus au juste la date, mais c'était avant le choléra, l'année où l'on traquait les « olontchane » dans la forêt...

— C'est vrai ! Nous en avions encore peur !

— Tu vois !

Je demandais qui étaient ces « olontchane » et pourquoi ils erraient dans la forêt ; grand-père sans enthousiasme me donnait l'explication :

— C'étaient tout simplement des paysans qui s'étaient enfuis des usines et des champs, des paysans appartenant à la couronne.

— Et comment est-ce qu'on les traquait ?

— Comment ? Mais on faisait comme les enfants quand ils jouent : les uns se sauvent et se cachent ; les autres pourchassent et cherchent les premiers. Quand on attrapait un de ces malheureux, on le fustigeait, on lui donnait des coups de bâton, on lui déchirait les narines et on le marquait au front, pour bien montrer qu'il avait été châtié.

— Pourquoi ?

— Qui sait ! Ces affaires-là sont très compliquées et on n'a jamais pu comprendre qui était le coupable : de celui qui se sauvait ou de celui qui lui donnait la chasse.

— Te rappelles-tu, père, reprenait grand'mère, qu'après le grand incendie...

Mon aïeul, qui aimait la précision, l'interrompit sévèrement :

— Quel grand incendie ?

Mes grands-parents m'oubliaient en retournant dans le passé. Ils parlaient à mi-voix, leurs phrases se succédaient avec une telle harmonie qu'ils semblaient chanter une chanson, la mélancolique chanson des maladies, des incendies, des rixes, des morts subites et des adroites friponneries, des seigneurs méchants et des mendiants estropiés.

— Que de choses nous avons vues ! murmurait tout bas grand-père.

— Avons-nous mal vécu ? disait sa femme. Rappelle-toi le beau printemps qui a suivi la naissance de Varioucha !

— C'était en 1848, en pleine campagne de Hongrie ; le lendemain du baptême, le parrain Tikhon a dû partir pour la guerre...

— Et il n'est jamais revenu ! soupirait grand'mère.

— Non, il n'est jamais revenu ! Et c'est à dater de ce temps que la bénédiction de Dieu s'est étendue sur notre maison comme l'eau sur un désert. Ah ! Varioucha...

— Tais-toi donc, père !

Il se fâchait et fronçait les sourcils.

— Pourquoi me tairais-je ? Nos enfants ont mal tourné, de quelque côté qu'on les regarde. Où donc a été notre force, notre sève ?

Il glapissait et courait dans la pièce comme un chat échaudé, invectivant ses fils et menaçant grand'mère de son petit poing décharné.

— Et tu as toujours soutenu ces voleurs et tu les as gâtés. Oui, toi, sorcière que tu es !

Son émotion et son amertume le faisaient larmoyer ; en arrêt devant le coin où les images saintes brillaient, il frappait à grands coups de poing sa poitrine maigre et sonore en invoquant :

— Seigneur ! Suis-je plus criminel que les autres ? Pourquoi me châties-tu pareillement ?

Il était alors tout tremblant et ses yeux mouillés de larmes luisaient de colère et d'humiliation.

Assise dans l'obscurité, grand'mère se signait sans mot dire ; ensuite, elle s'approchait de lui avec précaution et le consolait :

— Voyons, à quoi bon t'affliger ainsi ? Dieu sait ce qu'il fait. Les autres gens ont-ils des enfants meilleurs que les nôtres ? C'est partout la même chose, père : des querelles, de la discorde, des coups. Tous les péchés des parents s'effacent dans leurs larmes : tu n'es pas le seul...

Parfois, il se tranquillisait et sans répondre s'étendait sur son lit, tandis que grand'mère et moi, nous montions sur la pointe du pied jusqu'à notre galetas.

Mais une fois, comme elle s'approchait de lui avec une parole amicale sur les lèvres, il fit brusquement un demi-tour, et, de toutes ses forces, lui asséna en plein visage un formidable coup de poing. Grand'mère recula, chancela, porta la main à sa bouche, puis, se redressant, elle dit simplement d'une voix paisible :

— Que tu es bête !...

Et elle cracha du sang aux pieds de grand-père qui, par deux fois encore, glapit, en levant les deux bras :

— File ! File ! ou je te tue !

— Que tu es bête ! répéta-t-elle de nouveau en tirant le loquet ; grand-père s'élança à sa poursuite, mais, sans se hâter, elle franchit le seuil et lui ferma la porte au nez.

— Vieille coquine ! siffla le vieillard, pourpre comme un charbon incandescent, et il se retenait au montant de la porte qu'il égratignait de l'ongle.

J'étais assis sur le poêle, plus mort que vif, n'en pouvant croire mes yeux. Pour la première fois grand-père avait battu sa femme devant moi ; c'était infâme et cette constatation me bouleversa. Je ne pouvais me résigner à accepter ce fait qui m'accablait. L'aïeul était toujours là, agrippé au montant de la porte ; mais il se recroquevillait et devenait grisâtre, comme si une invisible main l'eût recouvert de cendres. Tout à coup il revint au milieu de la pièce et se mit à genoux, mais il faiblit et tomba en avant ; sa main toucha le plancher. Il se redressa immédiatement et, tout en se frappant la poitrine, il murmura :

— Seigneur...

Je glissai sur les tièdes carreaux de faïence comme sur de la glace et m'enfuis à toutes jambes. En haut, grand'mère allait et venait dans notre chambre et se gargarisait.

— As-tu mal ?

Elle alla cracher dans un seau de toilette et répondit tranquillement :

— Non, pas trop ; il ne m'a pas cassé de dents ; la lèvre seule est fendue...

— Pourquoi a-t-il fait cela ?

Après avoir regardé dans la rue, elle expliqua :

— Il s'ennuie, il est vieux, il n'a que des désagréments... Va te coucher, mon petit, et ne pense plus à ces choses.

Je lui posai encore une question ; mais elle cria avec une sévérité inaccoutumée ;

— Je t'ai dit de te coucher ! Que tu es désobéissant !...

Elle s'assit à la fenêtre, se suçant la lèvre et crachant de temps à autre dans son mouchoir. Je la contemplais tout en me déshabillant : au-dessus de sa tête noire, dans le bleu rectangle de la fenêtre, les étoiles scintillaient. La rue était paisible et notre chambre plongée dans l'obscurité.

Lorsque je fus au lit, grand'mère s'approcha de moi et, après m'avoir caressé doucement, elle m'exhorta :

— Dors, je vais redescendre près de lui... Ne t'inquiète pas à mon sujet ; j'ai eu tort, moi aussi... Dors bien !

Elle m'embrassa et sortit. Une indicible tristesse m'envahit ; je sautai à bas du large lit moelleux et chaud et m'en allai à la fenêtre d'où je contemplai la rue déserte. J'étais comme pétrifié par une angoisse insupportable.

7

Je compris très vite que le Dieu de grand-père n'était pas le même que celui de grand'mère ; impossible de s'y tromper : la différence était flagrante.

Le matin, quand grand'mère se réveillait, elle s'asseyait sur son lit et commençait par peigner, en maugréant, ses étonnants cheveux.

La chose faite, tant bien que mal, elle les nattait en grosses tresses, se débarbouillait à la hâte, en s'ébrouant avec rage ; et, sans avoir effacé de son grand visage fripé par le sommeil l'irritation qui y était peinte, se tournait vers les icônes. C'est alors que commençait la véritable ablution matinale qui la rafraîchissait tout à coup et tout entière.

Grand'mère redressait son dos voûté, rejetait sa tête en arrière, regardait avec affection la figure ronde de Notre Dame de Kazan, puis, se signant à grands gestes, murmurait avec ardeur :

— Glorieuse Vierge, Sainte Mère, accorde-nous Ta grâce pour le jour qui vient !

Elle se prosternait jusqu'à terre et se relevait lentement ; ensuite elle reprenait avec un attendrissement toujours croissant :

— Source de joie, Beauté si pure, pommier en fleur....

Presque chaque jour, elle trouvait de nouveaux termes de louange, aussi j'écoutais sa prière avec une attention soutenue :

— Mon petit cœur céleste et pur ! Ma défense et mon soutien ! petit soleil d'or, Mère de Dieu, préserve-nous de la tentation mauvaise, ne me laisse offenser personne et ne permets à personne de m'offenser inutilement !

Ses yeux noirs souriaient ; elle semblait rajeunie ; d'une main pesante, elle se signait encore, mais plus lentement :

— Seigneur Jésus, Fils de Dieu, sois miséricordieux envers la pécheresse que je suis : je T'en supplie au nom de Ta mère...

Sa prière était toujours une action de grâces, un dithyrambe sincère.

Le matin, mon aïeule ne priait pas longtemps : il fallait chauffer le samovar, car nous n'avions plus de servante ; et si le thé n'était pas prêt à l'heure fixée, grand-père récriminait rageusement.

Parfois, il se réveillait avant sa femme et, montant au grenier, il la trouvait en train de prier. Il écoutait un moment les oraisons, ses lèvres minces grimaçaient dédaigneusement, et au cours du déjeuner, il l'attrapait :

— Combien de fois t'ai-je appris à prier, vieille sotte ! Et tu continues quand même à réciter des âneries de ton invention ! Je ne sais vraiment comment le Seigneur peut encore te supporter !

— Il comprendra ! répliquait grand'mère avec assurance. On peut dire à Dieu tout ce qu'on veut. Il comprend toujours.

— Ah ! maudite bourrique !

Le Dieu de grand'mère était toute la journée avec elle : même aux animaux elle parlait de Lui. Je sentais que les gens, les chiens, les oiseaux, les abeilles, les plantes, tout obéissait avec soumission et sans effort à ce souverain omnipotent qui était également bon pour n'importe laquelle de ses créatures.

Un jour, le chat de la cabaretière, une bête rusée, gourmande, sournoise et fort populaire parmi les habitants de la cour, apporta du jardin un petit étourneau. Grand'mère prit l'oiseau et se mit à gourmander le matou aux prunelles dorées :

— Tu n'as donc pas peur de Dieu, vilain malfaiteur ?

La cabaretière et le portier, en entendant ces paroles, se mirent à rire, mais grand'mère les apostropha avec colère :

— Vous croyez peut-être que les animaux ne savent pas ce que c'est que Dieu ? Toutes les créatures Le connaissent et Le comprennent, aussi bien que vous, gens sans cœur...

Quand elle attelait Charap elle ne manquait pas de converser avec lui.

— Pourquoi as-tu l'air si triste, serviteur de Dieu ? Tu vieillis, n'est-ce pas ?

Le cheval soupirait et hochait la tête.

Et pourtant grand'mère ne prononçait pas aussi souvent que grand-père le nom du Seigneur. Son Dieu à elle m'était accessible et ne m'effrayait pas, mais on ne pouvait Lui mentir, car c'était une honte. Il m'inspirait une sorte de pudeur invincible et je ne mentais jamais à grand'mère. Pas plus à elle qu'à ce bon Dieu, d'ailleurs, je n'avais envie de rien cacher.

Certain jour, la cabaretière, s'étant querellée avec grand-père, injuria du même coup grand'mère qui n'avait pas pris part à la dispute, la couvrit d'invectives et lui lança même une carotte.

— Ma chère, vous êtes une sotte ! lui répliqua fort tranquillement mon aïeule.

Mais j'étais très vexé de l'attitude de la cabaretière et je résolus de tirer vengeance de la détestable commère.

Longtemps, je me creusai la tête pour découvrir ce qui blesserait le plus douloureusement cette grosse femme aux cheveux roux, au double menton et dont on ne voyait pas les yeux.

Ayant observé toutes les phases des querelles intestines qui éclataient entre nos locataires, je savais que, lorsqu'ils voulaient se livrer à des représailles, ils coupaient la queue des chats, empoisonnaient les chiens, tuaient les poules et les coqs ; ou bien se glissaient la nuit dans la cave de l'ennemi, versaient du pétrole dans les cuves où l'on conservait la choucroute et les concombres, ou bien encore ouvraient les robinets des tonnelets de kwass. Mais rien de tout cela ne me convenait ; je voulais quelque chose de plus saisissant, de plus terrible.

Et voici ce que j'inventai : je guettai le moment où la cabaretière descendit dans sa cave ; j'abaissai la trappe sur elle, la fermai à double tour et, après avoir dansé sur la porte horizontale la danse du scalp, je lançai la clef sur le toit ; puis je m'enfuis à toutes jambes à la cuisine, où grand'mère préparait le repas. Elle ne comprit pas immédiatement la cause de mon enthousiasme ; mais quand je lui eus tout expliqué, elle me gratifia de quelques claques vigoureuses et, me traînant vers le lieu de mon forfait, m'envoya sur le toit à la recherche de la clef. Étonné d'un tel dénouement, je lui tendis la clef sans mot dire, et je me sauvai dans un coin d'où je pus la voir remettre en liberté la captive. Les deux femmes traversèrent ensuite la cour en riant ensemble comme de bonnes amies.

— Ah ! Le petit vaurien !

La cabaretière brandit vers moi son poing bouffi ; mais son visage aux jeux noyés souriait. Grand'mère, m'ayant saisi au collet, me fit rentrer à la cuisine où elle m'interrogea :

— Pourquoi as-tu tourné la clef ?

— Elle t'avait lancé une carotte...

— C'est donc à cause de moi que tu l'as enfermée ! Vraiment ? Ah ! petit dogue, je vais te jeter sous le poêle, en compagnie des souris, et tu reviendras à la raison. Le beau défenseur que j'ai là ! Voyez-vous cet enflé ! Je raconterai la chose à grand-père qui te corrigera comme tu le mérites ! Allez, file au grenier ; va apprendre tes leçons !

De toute la journée, elle ne me parla pas ; mais, le soir, avant de se mettre à prier, elle s'assit sur le lit et prononça des paroles que je n'ai jamais oubliées depuis :

— Écoute, mon enfant : rappelle-toi que tu ne dois jamais te mêler des affaires des grandes personnes ! Les grandes personnes sont méchantes. Agis donc selon ton cœur d'enfant. Attends que le Seigneur t'indique ta mission et te montre ton sentier. As-tu compris ? Quant aux fautes des autres, ce n'est pas ton affaire. C'est à Dieu à juger et à punir. C'est à lui et non à nous !

Elle se tut ; puis, après avoir prisé, elle ajouta, clignant de l'œil :

— Et je t'assure que souvent Dieu lui-même n'est pas capable de distinguer l'innocent du coupable !

— Est-ce que Dieu ne sait pas tout ? demandai-je avec étonnement. Elle me répondit, d'une voix basse et mélancolique :

— S'il savait tout, il y a bien des choses que les gens ne feraient pas. Dieu nous regarde du haut du ciel, il nous voit tous et souvent il doit s'écrier en sanglotant : « Ah ! mes enfants, mes pauvres enfants ! Que vous me faites pitié ! »

Grand'mère éclata elle-même en sanglots, et, sans essuyer ses larmes, se mit en devoir de prier.

À dater de cette heure, son Dieu me devint plus proche encore et plus accessible.

Grand-père m'enseignait que Dieu est un être tout-puissant, omniscient, omniprésent, toujours prêt à venir en aide aux hommes, mais grand-père ne priait pas comme sa femme.

Le matin, avant de réciter ses oraisons devant les icônes, il se lavait longuement, puis s'habillait avec soin, peignait ses cheveux roux, lissait sa barbe et se regardait dans le miroir. C'était seulement après avoir tiré sa blouse et arrangé son foulard noir sur son gilet, qu'il s'en allait vers les images saintes, et furtivement, semblait-il. Il s'arrêtait toujours au même nœud du plancher, restait silencieux un instant, baissait la tête et laissait pendre les bras le long de son corps, comme un soldat. Puis, mince et droit, pareil à un grand clou, il articulait d'un ton posé :

— Au nom du Père, du Fils et du Saint-Esprit !

Il me semblait, qu'après ces paroles, un silence spécial régnait dans la pièce et que les mouches elles-mêmes bourdonnaient plus doucement.

Grand-père est debout : la tête rejetée en arrière, les sourcils haussés et la barbe d'or horizontale, il récite ses prières avec assurance et comme s'il répondait à un professeur. Sa voix est nette et impérieuse.

— Le Juge viendra et les œuvres de chacun seront dévoilées...

Il se frappe la poitrine, sans ardeur, et affirme avec insistance :

— J'ai péché envers Toi seul ; détourne Ton visage de mes crimes...

Il récite le *Credo* en martelant les mots, et sa jambe gauche frémit, comme si elle se mouvait au rythme de la prière. Tout son corps se tend vers les icônes, s'allonge, devient toujours plus mince, plus sec, tandis qu'il achève d'une voix exigeante :

— Guéris mon âme de ses passions séculaires ! Je t'apporte sans cesse les gémissements de mon cœur ; sois miséricordieux, ô Seigneur !

Et il implore à haute voix la miséricorde divine, tandis que ses yeux se remplissent de larmes :

— Que la foi me tienne lieu d'œuvres, ô mon Dieu ; et ne recherche pas celles de mes actions qui ne me justifient pas...

Pour terminer, il se signe d'une manière convulsive et secoue la tête comme s'il voulait donner des coups de corne ; sa voix devient glapissante et larmoyante. Plus tard, quand je fréquentai les synagogues, je compris que grand-père priait comme un Israélite.

Depuis longtemps, le samovar chante sur la table ; l'odeur tiède des galettes de seigle et de la caillebotte flotte dans la pièce. J'ai faim. Grand'-mère s'appuie d'un air maussade au montant de la porte et soupire longuement. À la fenêtre qui donne sur le jardin, le soleil brille gaîment et les gouttes de rosée étincellent comme des perles aux branches de nos arbres. L'air matinal est imprégné de la bonne senteur du fenouil, des groseilliers et des pommes mûrissantes. Grand-père qui prie toujours se balance, et glapit :

— ... Éteins la flamme de mes passions, car je suis misérable et maudit !

Je sais par cœur toutes les prières du matin et toutes celles du soir ; aussi j'écoute avec attention pour reconnaître si d'aventure grand-père ne se trompera pas ? N'oubliera-t-il point quelque chose, ne fût-ce qu'un mot ?

Le fait se produisait très rarement d'ailleurs, mais chaque fois cette omission me remplissait le cœur d'une joie malveillante.

Ses oraisons achevées, grand-père nous souhaitait le bonjour.

Nous lui répondions, et nous nous mettions enfin à table. Alors, j'annonçais gravement :

— Tu sais, aujourd'hui, tu as oublié de dire : « suffit ».

— Vraiment ? s'inquiétait-il d'un accent incrédule.

— Oui, j'en suis sûr. Il faut dire : « Mais ma foi me suffit et me tient lieu de toutes les autres. » Tu as oublié « me suffit ».

— Eh bien, c'est du joli ! s'exclamait-il tout troublé.

Il me faisait payer très cher mes observations ; mais, tant que je le voyais confus et gêné, je triomphais.

Un jour, grand'mère, en plaisantant, lui dit :

— Ta prière doit ennuyer le bon Dieu, tu lui répètes toujours la même chose...

— Hein ? répliqua-t-il d'une voix traînante et irritée. Qu'est-ce que tu jacasses ?

— Je dis que, depuis le temps que je t'écoute, tu n'as jamais adressé au Seigneur un mot qui te sorte du cœur.

La figure du grand-père s'empourpra ; il se mit à trembler et à danser sur sa chaise ; puis il lança une soucoupe à la tête de sa femme, et sa voix grinça comme une scie qui rencontre un nœud :

— Va-t'en, vieille sorcière !

Quand il me parlait de la force invincible de Dieu, avant toute chose et toujours, il en soulignait la cruauté : les hommes se sont livrés au péché et Dieu a provoqué le déluge ; ils pèchent de nouveau, Dieu les réduit en cendres et leurs villes aussi sont détruites ; Dieu châtie les hommes par le froid et par la famine. C'est le glaive toujours suspendu au-dessus de la terre ; c'est le fléau des pécheurs.

— Tous ceux qui, par désobéissance, violent les commandements de Dieu, seront punis ; les malheurs et la ruine s'acharneront sur leur maison, pontifiait grand-père cependant que les os de ses doigts décharnés tambourinaient sur la table.

J'avais peine à croire à la cruauté de Dieu. Je soupçonnais mon aïeul d'inventer toutes ces horreurs pour m'inspirer non pas la crainte de l'Éternel, mais la sienne propre ; je l'interrogeais avec franchise :

— Est-ce que tu me dis ça pour que je t'obéisse ? Et il me répondait, tout aussi ouvertement :

— Mais bien sûr ! Il ferait beau voir que tu ne m'obéisses pas !

— Mais alors, grand'mère...

— Ne va pas croire cette vieille sotte ! ordonnait-il avec sévérité. Elle a toujours été stupide ; elle n'a pas le sens commun et ne sait ni lire ni écrire. Je vais lui défendre de te parler de ces choses-là. Réponds-moi : combien y a-t-il de catégories d'anges et quelles sont leurs attributions ?

Je répondais et j'interrogeais à mon tour :

— Qu'est-ce que c'est qu'un fonctionnaire ?

— Ah ? quelle cervelle de linotte ! s'écriait-il avec un sourire et en se mordillant les lèvres, et il expliquait ensuite à contre-cœur :

— Cela n'a rien à voir avec l'histoire sainte, c'est quelque chose d'humain ! Le fonctionnaire est un homme qui vit des lois et qui les dévore !

— Quelles lois ? Qu'est-ce que c'est qu'une loi ?

— Les lois, ce sont les coutumes, expliquait le vieillard, d'une voix gaie et avenante ; en même temps son regard perçant devenait plus aigu. Les gens vivent en commun et ils se mettent d'accord pour reconnaître que telle ou telle manière d'agir les uns envers les autres est la meilleure, qu'elle deviendra une coutume, une règle, une loi ! Ainsi, par exemple, les enfants qui se réunissent pour jouer se concertent d'abord pour mener le jeu de telle ou telle façon ! Eh bien, la loi, c'est un accord entre grandes personnes !

— Et les fonctionnaires ?

— Le fonctionnaire, c'est le méchant polisson qui a la garde et qui abuse de toutes les lois.

— Pourquoi ?

— Tu es trop jeune pour comprendre ! affirmait grand-père d'un ton sévère en fronçant le sourcil.

Puis il reprenait la leçon :

— Le Seigneur est au-dessus de tout. Si les hommes désirent une chose, Dieu, lui, en veut une autre. Ce qui est humain est instable et fragile. Le Seigneur souffle dessus et aussitôt tout se réduit en poussière ou en cendres.

J'avais beaucoup de raisons de m'intéresser aux fonctionnaires, c'est pourquoi je revins à la charge :

— L'oncle Jacob chante : « Les anges lumineux sont les serviteurs de Dieu, et les fonctionnaires sont les valets de Satan !»

De la main, grand-père relève sa barbiche, la fourre dans sa bouche et ferme les yeux. Ses joues tremblent et je sens qu'il rit intérieurement.

— On ne ferait pas mal de vous attacher ensemble par la jambe, Jacob et toi, et de vous jeter à l'eau. Il ne devrait pas chanter ces chansons-là, et toi tu ne devrais pas les écouter. Ce sont des plaisanteries inventées par les schismatiques, par les hérétiques.

Il se mettait à réfléchir, les yeux fixés au loin, et soupirait tout bas.

Mais, bien que plaçant son Dieu menaçant très haut au-dessus des hommes, il le faisait néanmoins participer à toutes ses affaires, ainsi qu'une innombrable quantité de saints. Grand'mère agissait de même pour le sien à elle, cependant elle semblait ignorer les saints, sauf saint Nicolas, saint Georges, saint Frola et saint Labre, bonnes gens, très familiers, qui parcourent les villages et interviennent dans la vie des hommes dont ils ne se différencient pas beaucoup. Les saints de grand-père, eux, étaient presque tous des martyrs : ils avaient brisé des idoles ou résisté aux empereurs de Rome ; aussi les avait-on mis à la torture, brûlés ou écorchés vifs.

Parfois, mon aïeul rêvait tout haut :

— Ah ! si le Seigneur m'aidait à vendre cette maison, ne serait-ce qu'avec cinq cents roubles de bénéfice, je ferais célébrer une messe en l'honneur de saint Nicolas...

Et grand'mère en riant me confiait :

— Le vieux nigaud ! Il s'imagine que saint Nicolas va aider à vendre la maison ; comme si ce brave saint n'avait rien de mieux à faire !

Longtemps, je conservai le calendrier ecclésiastique de grand-père enrichi de nombreuses annotations de sa main. Ainsi, en face du jour consacré à Anne et à Joachim, il avait écrit en lettres droites, à l'encre brune : « Les saints miséricordieux nous ont préservés d'un malheur. »

Je me souviens de ce « malheur » : pour aider ses enfants dont les affaires tournaient mal, grand-père s'était mis à pratiquer l'usure ; il prêtait sur gages. Mais on l'avait dénoncé, et la police, une belle nuit, était tombée chez nous pour perquisitionner. Il y eut dans l'appartement un tohu-bohu formidable, mais tout se termina bien, heureusement : grand-père pria jusqu'au lever du soleil et ce fut le matin, avant le déjeuner, en ma présence, qu'il traça ces mots dans son calendrier.

Avant le souper il lisait avec moi les psaumes, le bréviaire, ou le gros bouquin d'Efrène Sirine ; sitôt le repas terminé, il recommençait à prier ; dans le silence du soir, les paroles de désolation et de pénitence s'égrenaient longtemps, longtemps :

— Que pourrais-je T'apporter ou que pourrais-je Te rendre, ô Roi immortel et magnanime... Et préserve-nous de toute illusion... Et défends-moi contre certaines personnes... Vois mes larmes et mes remords !

Mon aïeul me menait à l'église, aux premières vêpres le samedi, et à la grand'messe le dimanche. Même au temple je savais distinguer à quel Dieu j'avais affaire ; tout ce que le prêtre et le diacre récitaient s'adressait au Dieu de grand-père, tandis que les chantres célébraient les louanges de celui de grand'mère.

J'exprime évidemment d'une façon très rudimentaire cette distinction enfantine établie par moi entre les Dieux, distinction qui partageait et alarmait alors mon âme. Le Seigneur de grand-père m'inspirait de l'effroi et de la haine. Il n'aimait personne, surveillait toutes les créatures d'un œil sévère ; et ce qu'Il voyait et cherchait avant tout en nous, c'était le mal, le péché, la méchanceté. J'avais le sentiment très net qu'Il ne croyait pas en l'homme, qu'Il attendait sans cesse les confessions de ses fautes et qu'il se plaisait à punir.

À cette époque, la pensée de Dieu composait la principale nourriture de mon âme ; c'était ce que j'avais de plus beau dans ma vie. Toutes les autres impressions m'offusquaient par leur cruauté, leur vilenie, et ne réussissaient qu'à m'inspirer du dégoût et de l'irritation. Dans mon entourage, Dieu était ce qu'il y avait de plus lumineux et de meilleur, je veux dire le Dieu de grand'mère, l'ami de la création. Et, naturellement, je me demandais comment il pouvait se faire que mon aïeul ne vît pas ce bon Dieu-là ?

On m'interdisait la rue, qui m'excitait trop, qui me grisait littéralement et où, presque toujours, je provoquais des scandales par mon attitude batailleuse. Je n'avais point de camarades et les enfants du voisinage me traitaient avec hostilité ; comme ils avaient remarqué qu'il m'était désagréable d'être appelé Kachirine, ils prenaient une joie méchante à me désigner par ce nom.

— Voyez, voyez ! Voilà le petit-fils du vieux grigou Kachirine !

— Tombons-lui dessus ! Et la bataille commençait.

J'étais adroit et plus fort que mon âge ne permettait de le supposer ; mes ennemis eux-mêmes le reconnaissaient : ils ne m'attaquaient jamais qu'en masse. Je me défendais vigoureusement ; cependant la bande ennemie finissait toujours par avoir le dessus et je rentrais en général le nez en sang, les lèvres fendues, le visage couvert d'ecchymoses, les vêtements déchirés et poussiéreux.

Grand'mère, effrayée, prenait part à ma défaite :

— Tu t'es encore battu, petit pandour ! Qu'est-ce que cela signifie ? Tu verras, si je m'en mêle, moi aussi...

Elle me débarbouillait, appliquait sur mes meurtrissures une pièce de monnaie ou une compresse et me morigénait :

— Pourquoi vas-tu toujours te battre ? À la maison, tu es tranquille et, dès que tu sors, on ne te reconnaît plus ! C'est honteux ! Je dirai à grand-père de ne plus te laisser descendre dans la rue...

Quand mon aïeul découvrait mes contusions, il ne me grondait pas sévèrement, mais se contentait de crier :

— Ah ! encore des bleus ! Je te défends d'aller t'amuser avec les autres, entends-tu, pendard ?

La rue ne m'attirait guère lorsque la paix y régnait ; en revanche, dès que le joyeux vacarme des gamins s'élevait, je m'évadais de la cour coûte que coûte, malgré les défenses familiales. Les meurtrissures et les écorchures ne comptaient guère à mes yeux ; mais je m'indignais régulièrement de la cruauté imbécile qui présidait aux jeux, cruauté que je ne reconnaissais que trop et qui me rendait furieux. Je me révoltais en voyant les enfants houspiller les chiens et les poules, tourmenter les chats et les chèvres des Juifs et se moquer des ivrognes, des mendiants et surtout d'Igoucha-la-Mort-dans-la-poche.

Celui-là était un homme de haute taille, sec et enfumé, vêtu en tout temps d'un lourd habit de peau de mouton ; des poils raides se hérissaient sur son visage osseux, comme rongé par la rouille. Le dos voûté, il s'en allait en chancelant, les yeux obstinément fixés à terre, devant lui. Son air fermé, ses petits yeux tristes m'inspiraient un respect infini ; il me semblait qu'une grave préoccupation dominait cet homme tout entier, qu'il cherchait quelque chose et qu'il ne fallait pas le déranger.

Les gamins couraient sur ses traces et lui lançaient des pierres. Longtemps, il paraissait ne pas les remarquer ni sentir les coups ; mais quand sa patience était à bout, il s'arrêtait soudain ; la tête redressée, d'un geste convulsif il enfonçait sur son front sa casquette poilue et regardait tout autour de lui comme s'il venait de se réveiller.

— Igoucha, la mort est dans ta poche, Igoucha, où vas-tu ? Regarde : tu as la mort dans ta poche ! criaient les polissons.

Il appliquait la main sur sa poche ; puis, se baissant vivement, il ramassait une pierre, un petit bout de bois, ou une motte de boue sèche, et, son long bras brandi, grommelait un juron. Son répertoire se réduisait à trois mots obscènes, toujours les mêmes ; sous ce rapport, je dois le dire, ses antagonistes étaient infiniment plus riches. Quelquefois, en boitillant, il se jetait à leur poursuite, mais sa longue pelisse l'empêchait de courir et il tombait bientôt sur les genoux, ses mains noires pareilles à du bois mort, appuyées au sol. Les gamins en profitaient pour lui lancer des pierres dans le dos et dans les côtes ; les plus hardis s'approchaient même très près et, après lui avoir versé sur la tête une poignée de poussière, s'enfuyaient au galop.

J'éprouvais une impression plus pénible peut-être encore que celle-ci quand je voyais notre ancien ouvrier Grigory, devenu complètement aveugle, qui s'en allait mendier par les rues. Grand, beau et taciturne, il était conduit par une petite vieille qui s'arrêtait sous les fenêtres et psalmodiait d'une voix glapissante en regardant toujours ailleurs :

— Au nom de Jésus, donnez à un pauvre aveugle.

Grigory ne disait rien. Ses lunettes noires regardaient fixement les murs des maisons, les fenêtres et les visages des passants. Sa main toute rongée par les acides caressait doucement sa large barbe, ses lèvres restaient obstinément serrées. Je le voyais fréquemment, mais je n'entendais jamais sortir un son de sa gorge, et le silence du vieillard m'oppressait et m'accablait. Je ne pouvais pas m'approcher de lui ; bien au contraire, dès que je l'apercevais je rentrais chez nous en courant et je prévenais grand'-mère :

— Grigory est en bas !

— Vraiment ! s'exclamait-elle d'une voix inquiète et pleine de pitié. Tiens, va vite lui porter ceci !

Je refusais d'un ton bourru. Grand'mère alors allait elle-même au portail et conversait longuement avec l'aveugle, debout sur le trottoir. Il riait et sa barbe s'agitait ; mais il parlait peu et toujours par monosyllabes.

Parfois grand'mère l'invitait à entrer dans la cuisine, lui donnait à manger et lui offrait le thé. Un jour, il demanda où j'étais et grand'mère m'appela, mais je m'enfuis pour me cacher dans le bûcher. Il m'était impossible de m'approcher de Grigory, j'étais saisi en le voyant d'une honte insupportable et je savais que grand'mère partageait, elle aussi, le même sentiment. Nous n'avons parlé de Grigory qu'à une seule occasion : elle revenait de l'accompagner au portail et pleurait tout bas, la tête baissée. Je m'approchai d'elle et lui pris la main.

— Pourquoi te sauves-tu quand il vient ? murmura-t-elle. Il t'aime et c'est un brave homme...

— Pourquoi grand-père ne lui donne-t-il pas à manger ? répliquai-je.

— Grand-père ?

Elle s'arrêta, me serra contre sa poitrine, et chuchota d'une voix prophétique :

— Rappelle-toi mes paroles : le Seigneur nous punira durement de notre conduite envers cet homme ! Nous serons châtiés...

Elle ne se trompait pas : dix ans plus tard, alors qu'elle-même reposait à jamais, grand-père, misérable et fou, mendiait lui aussi dans les rues de la ville et geignait lamentablement sous les fenêtres :

— Mes bons cuisiniers, s'il vous plaît, un petit morceau de pâté, un tout petit morceau ! Ah ! vous...

Tout ce qui lui restait d'autrefois, c'était cette semi-exclamation bizarre, amère et émouvante :

— Ah ! vous... Ce qui me chassait aussi de la rue, sans compter Igoucha et Grigory, c'était la Voronikha. La Voronikha était une femme de mauvaise vie qui apparaissait le dimanche, horriblement échevelée, énorme et entièrement soûle. Elle avait une façon extraordinaire d'avancer, non point en remuant les pieds, ni en martelant la terre, mais à la manière d'un tourbillon brumeux qui aurait hurlé des chansons obscènes. Tout le monde se cachait quand elle se montrait ; les passants se dissimulaient sous les portes des maisons, dans les boutiques ou au tournant des ruelles. On eût dit qu'elle balayait la chaussée. Son visage était presque bleu foncé, gonflé comme une outre, et ses grands yeux gris, tout écarquillés, avaient une expression à la fois ironique et terrifiante. Il lui arrivait à certains moments de crier en pleurant :

— Où êtes-vous, mes petits ?

Je demandais à grand'mère pourquoi la Voronikha agissait de la sorte.

— Je ne peux pas te le dire ! grommela-t-elle.

Pourtant, elle me raconta brièvement son histoire. Cette femme avait épousé jadis un certain fonctionnaire nommé Voronof. Celui-ci, souhaitant de l'avancement, avait tout simplement vendu sa femme à un de ses chefs qui l'avait emmenée et, pendant deux ans, elle n'avait pas reparu chez elle. À son retour, ses deux enfants, une fillette et un garçon, étaient morts. Quant au mari, il avait perdu au jeu de l'argent qui appartenait à la caisse de l'État et on l'avait mis en prison. De chagrin la femme s'était mise à boire. Elle menait une vie de débauche et de scandale. Chaque fois qu'elle sortait, la police l'arrêtait...

Décidément, je préférais rester à la maison ; c'était plus agréable que la rue. J'aimais surtout les heures qui suivaient le dîner ; grand-père se rendait à l'atelier de l'oncle Jacob ; grand'mère, assise à la fenêtre, me racontait des légendes ou des histoires intéressantes, et me parlait de mon père.

Elle avait coupé avec beaucoup d'adresse l'aile de l'étourneau rapporté par le chat, et substitué à la patte brisée une petite béquille de bois. Et maintenant que l'oiseau était guéri, elle lui apprenait à parler. Semblable à une bonne grande bête, elle restait des heures entières debout devant la cage accrochée au montant de la fenêtre ; et de sa voix profonde répétait à l'oiseau intelligent :

— Voyons, dis : « Donne-moi du gruau ! »

L'étourneau, posant sur elle son œil rond et vif d'humoriste, sautillait avec sa béquille sur le mince plancher de la cage et là tendait le cou, sifflait comme un loriot, imitait le coucou, essayait de miauler et d'aboyer, mais ne parvenait pas à articuler les mots voulus.

— Ne fais pas l'espiègle ! exhortait gaîment grand'mère. Dis : « Donne-moi du gruau ! »

Et le petit singe emplumé criait d'une manière assourdissante quelque chose qui ressemblait vaguement aux paroles de la bonne femme ; du bout du doigt, elle offrait à l'oiseau du gruau de millet et protestait :

— Ah ! coquin, je te connais : tu sais tout, tu peux dire tout ce que tu veux, seulement, tu fais l'hypocrite ! Ses efforts furent couronnés de succès ; au bout de quelque temps, l'oiseau savait assez distinctement demander du gruau et siffler en apercevant grand'mère :

— Sa-lut, da-me !

Les premiers temps, on l'avait mis dans la chambre de grand-père ; mais mon aïeul l'expulsa bientôt, car l'étourneau s'était mis à l'imiter. Grand-père prononçait nettement les paroles des prières et l'oiseau, passant entre les barreaux de la cage son bec jaune comme de la cire, de siffloter en l'entendant :

— Tiou, tiou, tiou, irre, tiou-irre, ti-rre, tiou-ou, ou !

Grand-père en était extrêmement vexé ; un jour même, il s'interrompit tout à fait, tapa du pied et cria d'une voix féroce :

— Enlevez ce diable, sinon je le tue !

Dès lors l'étourneau partagea notre chambre du grenier.

La maison, somme toute, était amusante ; et pourtant, j'étais accablé parfois d'une invincible tristesse, il me semblait que j'étais comme saturé de quelque chose de pesant, ou que, durant de longues périodes, je m'engloutissais dans un trou profond et sombre, ou encore que mes sens s'abolissaient, que je devenais aveugle et sourd, comparable à un demi-mort...

8
―――

Grand-père, du jour au lendemain, vendit sa maison au cabaretier et en acheta une autre dans la rue des Cordiers. Cette rue-là, propre, paisible, toute envahie par les herbes, n'était point pavée et aboutissait aux champs ; de petites maisonnettes peintes de couleurs vives la bordaient des deux côtés.

Notre nouvelle demeure était plus belle et plus agréable que l'ancienne. Sur la façade au ton framboise, tiède et reposant, se détachaient nettement les volets bleus des trois croisées et le contrevent grillé de la fenêtre du grenier ; à gauche, l'épaisse frondaison d'un orme et d'un peuplier couvrait en partie le toit. Dans le jardin et dans la cour, il y avait une quantité de recoins confortables qui semblaient faits exprès pour jouer à cache-cache. Le jardin surtout me plaisait : assez exigu, il était très touffu et agréablement compliqué : dans un coin se trouvait une petite chambre à lessive, minuscule comme un appartement de poupée : dans un autre, une sorte d'excavation assez profonde, où, parmi les herbes folles, émergeaient des poutres noircies, débris de l'ancienne chambre à lessive consumée par un incendie. À gauche, le jardin était borné par le mur de l'écurie du capitaine Ovsiannikof ; à droite, par la bâtisse de notre voisin Betleng ; tout au fond, il touchait à la ferme de la laitière Petrovna, grosse femme rubiconde et bruyante qui ressemblait à une cloche ; sa maisonnette, noire, délabrée, enfoncée dans le sol mais bien couverte de mousse, avait un air placide et regardait de ses deux fenêtres la campagne toute sillonnée de ravins profonds ; au loin se profilait la pesante masse bleu sombre des forêts.

Toute la journée, des soldats manœuvraient dans les champs et, sous les rayons obliques du soleil d'automne, les baïonnettes lançaient des éclairs blancs.

La maison était entièrement habitée par des gens que je n'avais jamais vus. Sur le devant logeaient un militaire, ainsi qu'un Tatare avec sa femme. Du matin au soir cette petite créature rondelette riait et jouait d'une guitare enrichie d'ornements bizarres. Elle chantait d'une voix aiguë et sonore, et affectionnait tout particulièrement un air fougueux et entraînant dont voici quelques paroles :

> Tu aimes une femme, elle ne veut pas de toi !
> Il faut en chercher une autre, sache la trouver.
> Et la récompense t'attend dans cette voie sûre,
> Une douce récompense !

Quant au militaire, rond lui aussi comme une boule, il passait une grande partie de son temps assis à la fenêtre, gonflant ses joues bleues et roulant gaîment ses yeux roux. Sans arrêt, il fumait la pipe, ce qui le faisait souvent tousser. De temps à autre aussi, on l'entendait rire avec un bruit étrange, pareil à un aboiement :

— Voukh, voukh, voukh...

Dans un petit appartement au-dessus du cellier et de l'écurie, logeaient deux charretiers : l'oncle Piotre, petit bonhomme grisonnant, et son neveu Stépa, garçon très fruste et muet, dont le visage prenait par instants la teinte chaude d'un plateau de cuivre rouge. Un Tatare, nommé Valéy, individu long et maussade qui exerçait la fonction d'ordonnance, habitait avec eux. C'étaient pour moi des gens nouveaux et le mystère d'inconnu qui planait sur eux me captiva tout de suite.

Mais, parmi ces locataires, celui qui me saisit et m'attira le plus, ce fut notre pensionnaire « Bonne-Affaire ». Il avait loué à l'arrière de la maison une longue chambre à deux fenêtres dont l'une donnait sur le jardin, l'autre sur la cour, et qui était contiguë à la cuisine.

C'était un homme maigre et voûté, au teint blanc ; sa barbiche noire se partageait en deux et ses bons yeux étaient protégés par des lunettes. Il était silencieux et discret, et quand on l'appelait pour dîner ou pour prendre le thé, il répondait invariablement ;

— Bonne affaire !

Grand'mère, qu'il fût présent ou absent, se mit à l'appeler ainsi :

— Alexis, va dire à « Bonne-Affaire » de venir prendre le thé ! Bonne-Affaire, pourquoi ne vous servez-vous pas ?

Sa chambre était encombrée de caisses et tapissée de gros livres imprimés en caractères ordinaires que je ne pouvais déchiffrer, car je ne savais lire encore que le vieux russe des livres sacrés. Il y avait aussi dans tous les coins des fioles remplies de liquides multicolores, des morceaux de cuivre, de fer, et des lingots de plomb. Du matin au soir, vêtu d'un veston de cuir roux et d'un pantalon à carreaux noirs, le visage tout barbouillé, échevelé, gauche et malodorant, il fondait du plomb et coulait de petits morceaux de métal qu'il pesait sur une balance de précision. De temps en temps, il poussait un mugissement parce qu'il se brûlait les doigts, et il soufflait à pleins poumons sur ses mains, puis il allait en trébuchant vers les dessins pendus au mur et, après avoir frotté les verres de ses lunettes, il semblait flairer les graphiques, son nez droit et mince, d'une blancheur bizarre touchant presque le papier. Parfois, il s'arrêtait brusquement au milieu de la pièce ou près de la fenêtre, et restait longtemps ainsi immobile, muet, les yeux fermés, le menton levé.

Pour l'observer à mon aise, je grimpais sur le toit du hangar et, à travers la cour, par la fenêtre ouverte, je scrutais la pièce : je voyais devant la flamme de la lampe à esprit-de-vin sa sombre silhouette ; il écrivait quelque chose sur un cahier chiffonné et ses lunettes, avec un reflet bleu et froid, étincelaient comme des glaçons ; pendant des heures entières, le labeur magique de cet homme enflammait ma curiosité et me retenait immobile à mon poste.

Parfois, les mains cachées derrière le dos, encadré par la fenêtre, il avait l'air de me fixer, mais sans me reconnaître ni me voir, ce qui m'humiliait profondément. Soudain, il bondissait vers la table, se courbait en deux et fouillait dans ses papiers entassés.

Je crois que j'aurais eu peur de lui s'il avait été plus riche et mieux vêtu. Mais il était pauvre : le col de son veston laissait passer le haut d'une chemise sale et chiffonnée ; son pantalon taché était rapiécé et l'on apercevait ses pieds nus dans ses pantoufles éculées. Les pauvres ne sont ni dangereux ni effrayants : la pitié qu'ils inspiraient à grand'mère et le mépris que leur témoignait mon aïeul m'en avaient peu à peu convaincu.

Dans la maison, personne n'aimait Bonne-Affaire et on ne le prenait pas au sérieux. La folâtre épouse du militaire l'appelait « Nez-de-craie » ; l'oncle Piotre, « apothicaire et sorcier » ; grand-père, « magicien noir et franc-maçon ».

— Que fait-il ? demandai-je un jour à grand'mère.

Elle répliqua d'un ton sévère :

— Cela ne te regarde pas ! Je ne veux pas que tu m'en parles, entends-tu ?

Plus intrigué que jamais, je rassemblai tout mon courage et profitant de ce qu'on ne me voyait point, je m'approchai de la fenêtre de Bonne-Affaire et le questionnai, en comprimant à grand'peine mon émotion :

— Qu'est-ce que tu fais ?

Il tressaillit, me regarda longuement par-dessus ses lunettes, et, d'un geste de sa main couverte de plaies, de cicatrices et de brûlures, m'invita :

— Entre...

Il m'autorisait à pénétrer chez lui, non point par la porte, mais par la fenêtre ! Cette attitude le rehaussa encore à mes yeux. S'asseyant sur une caisse, il m'installa devant lui, m'écarta, m'attira de nouveau, et enfin, à mi-voix, m'interrogea :

— D'où viens-tu ?

Cette question était pour le moins bizarre ; quatre fois par jour, nous nous attablions à la cuisine côte à côte. Je répondis :

— Je suis le petit-fils de la maison.

— Ah, oui ! reconnut-il en examinant son doigt, et il se tut.

Je jugeai alors utile de lui expliquer :

— Je ne m'appelle pas Kachirine, mais Pechkof... Alexis Pechkof...

— Pechkof ? répéta-t-il, et il accentua mon nom d'une manière défectueuse. Alexis Pechkof ? Bonne affaire.

Il me poussa de côté, se leva et se dirigeant vers la table :

— Reste tranquille, ordonna-t-il.

Je restai assis longtemps, très longtemps, le regardant agir : il râpait un morceau de cuivre maintenu entre les mâchoires d'un étau et la limaille dorée tombait en poussière sur un carton placé au-dessous. Bonne-Affaire prit une assez forte pincée de cette substance et la versa dans un bol épais avec une poudre blanche comme du sel qu'il sortit d'un petit pot. Ces préparatifs achevés, il aspergea le tout d'un liquide contenu dans une bouteille noire. Il y eut dans le récipient des bouillonnements et des sifflements en même temps qu'une odeur caractéristique se répandait par la pièce. Elle me chatouilla le nez et je me mis à tousser et à secouer la tête, tandis que le sorcier me demandait d'une voix satisfaite :

— Ça sent mauvais ?

— Oh ! oui !

— C'est bien, mon ami ! C'est fort bien !

« Il n'y a pas de quoi être fier ! » pensais-je, et je déclarais avec sévérité :

— Du moment que ça sent mauvais, ce que vous faites ne peut pas être bien !

— Vraiment ? s'exclama-t-il en clignant l'œil. Ce que tu dis n'est pas toujours exact, mon ami ! Sais-tu jouer aux osselets ?

— Oui.

— Veux-tu que je te fasse un osselet de plomb ? Ce sera un bon battoir.

— Je veux bien.

— Donne-moi ton osselet.

Il s'approcha de nouveau de moi, un œil cligné et l'autre fixant le bol fumant qu'il tenait à la main :

— Je te ferai un osselet de plomb, mais, en échange, tu ne reviendras plus ici. Cela te va-t-il ?

Cette proposition m'offensa cruellement.

— Je n'ai pas besoin de cela pour ne plus revenir.

Très vexé, je retournai au jardin. Grand-père s'y trouvait, garnissant de fumier les racines des pommiers ; on était en automne et depuis longtemps les feuilles tombaient.

— Tiens, va tailler les framboisiers ! me dit-il, et il me tendit le sécateur.

Je lui demandai :

— Qu'est-ce que peut bien fabriquer Bonne-Affaire ?

— Il abîme la chambre, répondit mon aïeul avec irritation. Il a déjà brûlé le plancher, sali et déchiré la tapisserie : je vais lui dire qu'il ferait mieux de déménager !

— Tu feras bien, en effet, acquiesçai-je, et je me mis à tailler les branches sèches des framboisiers.

Mais j'avais parlé trop vite.

Par les soirs de pluie, lorsque grand-père sortait, mon aïeule organisait à la cuisine des réunions extrêmement intéressantes, auxquelles tous les locataires étaient conviés : charretiers et ordonnances venaient prendre le thé avec nous. On y voyait aussi la pétulante Petrovna, et, parfois même, la joyeuse femme du militaire. Quant à Bonne-Affaire, il était toujours présent, muet et immobile dans son coin, près du poêle, tandis que Stépa le simple jouait aux cartes avec le Tatare Valéy.

L'oncle Piotre, en venant, ne manquait pas d'apporter une grosse miche de pain blanc avec un pot de confitures dont il recouvrait généreusement le pain coupé en petits morceaux. Ensuite, s'inclinant très bas, la paume de la main servant de plateau, il offrait à chacun une ou plusieurs de ses tartines :

— Je vous en prie, servez-vous ! disait-il d'une voix affable.

Quand on avait accepté une tranche de pain, il examinait avec attention sa main noire et, s'il y apercevait une goutte de confiture, il s'empressait de la lécher.

Petrovna, elle, s'était munie d'eau-de-cerises et la joyeuse petite dame, de noix et de bonbons. Alors le festin commençait, pour la plus grande joie de grand'mère.

Quelque temps après que Bonne-Affaire eut tenté de me soudoyer, afin que je ne vinsse plus lui rendre visite, mon aïeule organisa une soirée de ce genre. La pluie d'automne tombait et rejaillissait sans répit : le vent gémissait dans les arbres, dont les branches agitées venaient griffer le mur. Dans la cuisine, il faisait bon ; nous étions assis côte à côte, affectueux et paisibles, et grand'mère ne tarissait pas de raconter des histoires toutes plus belles les unes que les autres.

Assise sur le rebord du poêle, les pieds sur une marche, elle se penchait vers l'auditoire éclairé par une petite lampe de fer-blanc. D'habitude, quand elle était en veine de narrer, elle ne manquait pas de se hisser sur le poêle en prétextant :

— Il faut que je parle de haut ! Les paroles portent mieux et c'est plus beau !

Je m'installais à ses pieds sur une large marche, dominant presque la tête de Bonne-Affaire. Grand'mère contait la belle histoire d'Ivan le guerrier et de Mirone l'ermite, et ses paroles nettes et savoureuses nous arrivaient en cadence.

... « *Il était une fois un méchant voïvode nommé Gordion.*
Il avait une âme noire et une conscience de pierre
Il traquait les justes, il torturait les gens.
Et vivait dans le mal comme une chouette dans le creux d'un arbre.
Mais celui que Gordion détestait le plus,
C'était le moine Mirone, l'ermite,
Un paisible défenseur de la foi,
Qui faisait le bien sans avoir peur.
Le voïvode appelle son serviteur fidèle,
Le vaillant Ivan le guerrier :
— Va-t'en, Ivan, va-t'en tuer le moine,
Le présomptueux moinillon Mirone,
Va, et tranche-lui la tête,
Va, et prends-le par sa barbe grise,
Apporte-la-moi, que je la jette en pâture aux chiens !
Ivan s'en va, obéissant,
Ivan s'en va et pense avec amertume :
« Je ne vais pas de ma propre volonté, c'est la nécessité qui me pousse.
» Il faut croire que c'est le sort que Dieu m'a assigné ! »
Ivan a caché son glaive tranchant sous sa tunique.
Il arrive et salue l'ermite :

— Es-tu toujours en bonne santé, honnête petit vieux ? Dieu t'a-t-il toujours en Sa sainte garde ?

Mais le moine sagace se met à rire,
Et ses lèvres sages laissent tomber ces mots :
— Ivan, n'essaie pas de mentir,
Le Seigneur Dieu connaît tout, le bien et le mal sont dans Sa main !
Je sais pourquoi tu es venu !
Ivan eut honte.
Mais il craignait aussi de désobéir. Alors, tirant le glaive de son fourreau de cuir,
Il essuya la lame au revers de son habit :
— Mirone, dit-il, je voulais faire en sorte
De te tuer sans que tu voies le glaive ! Mais maintenant,
Prie Dieu, Prie-Le pour la dernière fois !
Prie-le pour toi, pour moi, pour toute la race humaine,
Après quoi je te trancherai la tête !
Le moine Miron se mit à genoux, à genoux sous un jeune chêne.
L'arbre devant lui s'inclina et le moine en souriant parla :
— Oh ! Ivan, ton attente sera longue ! Car la prière pour la race humaine durera longtemps,
Et tu ferais mieux de me tuer tout de suite, que de t'exténuer à attendre en vain !
Alors, Ivan a froncé le sourcil et il s'est rengorgé, le nigaud :
— Non, ce qui est dit est dit ! Tu n'as qu'à prier, j'attendrai, fût-ce un siècle !
Le moine pria jusqu'au soir ; et du soir jusqu'à l'aurore suivante il continua.
Et de l'aurore jusqu'à la nuit, il pria encore et de l'été jusqu'à l'autre printemps sa prière dura.
Et les ans aux ans s'ajoutaient et Mirone priait toujours.
Le jeune chêne arriva aux nuages.
Une forêt épaisse était née de ses glands, que la sainte prière n'était pas encore terminée.
Et aujourd'hui encore, le moine tout bas, murmure les paroles rédemptrices.
Il demande à Dieu d'assister les hommes ; à la Vierge, de leur accorder le bonheur.
Ivan le guerrier est debout près de lui. Depuis longtemps son épée est tombée
En poussière et son armure de fer est rongée par la rouille.
Ses beaux habits sont en loques et en pourriture.
Hiver comme été Ivan reste nu. Et le gel le mord et la chaleur le brûle, et il demeure quand même.
Son sang décomposé court encore dans ses veines.
Et les loups et les ours le regardent à peine.
Il n'a pas la force de quitter cet endroit, ni de lever le bras, ni de dire un mot !

Car c'est là son châtiment : il n'aurait pas dû exécuter l'ordre abominable,
Ni se dissimuler derrière la conscience d'autrui. Mais la prière que le moine
Adresse à Dieu pour les pauvres pécheurs que nous sommes, coule toujours sereine
Comme une rivière resplendissante qui s'épanche vers l'Océan ! » . . . .
. . . .

Dès le commencement du récit, j'avais remarqué que Bonne-Affaire s'agitait. Pour quel motif, je l'ignorais, mais il remuait les bras d'une façon bizarre, comme convulsive ; il enlevait ses lunettes, les remettait, puis les secouait selon le rythme des paroles chantantes ; il hochait la tête, touchait ses yeux, les pressait du doigt avec force et, d'un rapide mouvement de la main, s'essuyait le front et les joues, comme quelqu'un qui transpirerait très fort. Quand l'un des auditeurs remuait, toussait, traînait le pied, notre pensionnaire sifflait avec sévérité :

— Chut ! Chut !

Lorsque mon aïeule se tut et passa sa manche sur son visage en sueur, Bonne-Affaire bondit impétueusement et, les bras étendus, tourna tout confus autour de grand'mère en murmurant :

— Vous savez, c'est extraordinaire... il faut que vous dictiez à quelqu'un cette légende. C'est effroyablement vrai... c'est bien russe.

On s'aperçut que ses yeux étaient baignés de larmes. Et c'était à la fois bizarre et très pathétique que le spectacle de cet homme courant par la cuisine, avec de petits bonds gauches et risibles et qui, dans son émotion, n'arrivait pas à accrocher derrière ses oreilles les branches de ses lunettes. L'oncle Piotre riait ; les autres gardaient un silence embarrassé, tandis que grand'mère disait précipitamment :

— Mettez cela par écrit, si vous voulez, je n'y vois pas d'inconvénient... Je connais d'ailleurs beaucoup d'histoires du même genre...

— Non, non, c'est celle-là que je veux noter ! Elle est terriblement russe ! s'exclama encore notre pensionnaire.

Mais tout à coup, il s'arrêta au milieu de la cuisine et se mit à parler tout haut en fendant l'air de sa main droite, tandis que, dans la gauche, ses lunettes tremblaient. Il parla longtemps, avec exaltation, poussant de temps en temps une sorte de plainte et tapant du pied ; je remarquai qu'il répéta à plusieurs reprises les mêmes paroles :

« On ne peut pas vivre de la conscience d'autrui, non, non ! »

Soudain, la voix lui manqua, il se tut, promena son regard sur les assistants et se retira sans bruit, la tête penchée, d'un air décontenancé. On se mit à rire, on échangea des coups d'œil gênés, grand'mère se dissimula dans l'ombre du poêle où je l'entendis soupirer.

Petrovna passa la main sur ses grosses lèvres rouges et déclara :
— On dirait qu'il est fâché !
— Mais non, répliqua l'oncle Piotre. Il est parti, comme ça...

Grand'mère descendit du poêle et, sans mot dire, alluma le samovar ; l'oncle Piotre déclara alors posément :
— Les gens instruits, les nobles, sont tous capricieux comme lui !

Valéy bougonna d'une voix maussade :
— Les célibataires font toujours des bêtises !

On se mit à rire de nouveau et l'oncle Piotre reprit :
— Notre histoire l'a fait pleurer.

Je commençais à m'ennuyer ; une sorte de désespérance me serrait le cœur. Bonne-Affaire m'étonnait beaucoup ; et, quand je me remémorais ses yeux pleins de larmes, une invincible pitié m'envahissait.

Il découcha et ne rentra que le lendemain après dîner, tout fripé, apaisé et visiblement confus.

— J'ai fait du tapage hier, s'excusa-t-il auprès de grand'mère d'un ton embarrassé, comme un petit enfant. Êtes-vous fâchée contre moi ?

— Pourquoi serais-je fâchée ?

— Mais parce que j'ai parlé, que je vous ai interrompue...

— Vous n'avez offensé personne...

Je sentais que grand'mère avait peur de lui ; elle ne le regardait pas en face et ne lui parlait pas comme de coutume.

Il s'approcha tout près d'elle, et, avec une simplicité extraordinaire, expliqua :
— Voyez-vous, je suis effroyablement seul, je n'ai personne au monde... On se tait, on se tait longtemps, puis un beau jour, tout se met à bouillonner dans l'âme et cela déborde... Dans ces moments-là, je serais capable de parler à un arbre, à un caillou.

Grand'mère s'écarta de lui.
— Vous devriez vous marier.

— Oh ! s'exclama-t-il, puis son visage se rida et il sortit en levant les bras.

Mon aïeule se rembrunit encore en suivant du regard sa silhouette qui s'éloignait. Humant pensivement une prise, elle m'ordonna d'une voix sévère :
— Ne tourne pas trop autour de lui, entends-tu ? Dieu seul sait ce que c'est que cet homme !

Et cela suffit pour que je fusse de nouveau attiré vers lui.

J'avais remarqué la transformation, le bouleversement de son visage, quand il avait dit : « Je suis terriblement seul. » Il y avait dans ces paroles quelque chose que je comprenais, qui me touchait au cœur et je me mis à rechercher la société de Bonne-Affaire.

De la cour, je jetai par la fenêtre un regard dans sa chambre : elle était vide et ressemblait à un débarras où l'on aurait entassé en désordre et à la hâte quantité de choses inutiles, aussi inutiles et bizarres que leur propriétaire. Je me rendis ensuite au jardin et j'aperçus Bonne-Affaire : le dos voûté, les mains jointes derrière la tête, les coudes appuyés aux genoux, il était inconfortablement assis au bout d'une poutre à demi calcinée. La poutre était couverte de terre et son extrémité charbonneuse se dressait parmi les orties, les bardanes et les absinthes. Et le fait que Bonne-Affaire était si mal installé me disposait encore plus en sa faveur.

Longtemps, il ne me remarqua pas ; ses yeux de hibou aveugle regardaient au loin par delà moi-même. Soudain, semblant sortir de son rêve il me demanda avec ennui, me sembla-t-il :

— Tu viens me chercher ?

— Non.

— Alors, que fais-tu là ?

— Rien, je viens comme ça.

Il enleva ses lunettes, qu'il essuya avec son mouchoir maculé de taches rouges et noires, et continua :

— Eh bien, viens ici.

Lorsque je fus assis à côté de lui, il passa son bras autour de mes épaules et m'étreignit avec force.

— Nous allons rester là sans rien dire. Veux-tu ?... Voilà, c'est parfait ! Tu es têtu ?

— Oui !

— Bonne affaire !

Nous demeurâmes longtemps silencieux. Le crépuscule était paisible et doux ; c'était une de ces mélancoliques soirées de l'été de la Saint-Martin, où tout est si nuancé, où tout se ternit et s'appauvrit si visiblement d'heure en heure ; la terre qui a déjà épuisé ses enivrants parfums d'été n'exhale plus que la froide humidité ; mais l'air est étrangement transparent et dans le ciel rougeâtre tournoient les freux affairés, évocateurs de lugubres pensées. Tout est silencieux et muet. Chaque bruit, frôlement d'oiseau, froissement de feuille qui tombe, semble étrangement sonore et vous fait tressaillir ; mais on s'engourdit bientôt dans le silence qui étreint la terre entière et oppresse les poitrines.

Ces minutes divines favorisent l'envol des pensées délicates et épurées, mais elles sont fragiles et fines comme des toiles d'araignée et les mots sont impuissants à les fixer. À peine apparues, elles s'évanouissent, telles

les étoiles filantes, en brûlant l'âme qu'elles caressent, et alarment à la fois d'une vague nostalgie. C'est alors que l'être intérieur se met à bouillonner, des orientations se précisent ; l'âme, si l'on peut dire, prend la forme qu'elle conservera toute sa vie et son visage se crée.

Serré contre le flanc tiède de notre pensionnaire, je regardais avec lui le ciel rouge entre les branches noires des pommiers ; je suivais le vol des linottes caquetantes et les mouvements secs des chardonnerets secouant les têtes des bardanes fanées pour en faire sortir les graines. Des nuages bleus effilochés aux bords écarlates accouraient des champs jusqu'à nous, et les corbeaux voletaient pesamment vers le cimetière où se trouvaient leurs nids. Tout revêtait une beauté particulière, et les choses familières prenaient avec une sorte de recul une gravité inconnue.

Parfois Bonne-Affaire demandait, après un soupir :

— C'est beau, n'est-ce pas, frérot ? Je crois bien ! Tu n'as pas froid ? Il ne fait pas trop humide ?

Mais lorsque le ciel s'assombrit et que le paysage se gonfla comme une éponge imbibée de ténèbres, il décida :

— Maintenant, c'est assez ! Rentrons !

Près du portail du jardin, il s'arrêta et murmura encore :

— Tu as une délicieuse grand'mère, mon petit ! Ah ! quel pays !

Fermant les yeux et souriant, il récita à mi-voix, mais très distinctement :

« Car c'est là son châtiment : il n'aurait pas dû exécuter l'ordre abominable,

» Ni se dissimuler derrière la conscience d'autrui. »

— Rappelle-toi bien cela, frérot ! Souviens-t'en toujours !

Tandis qu'il me poussait en avant, il me demanda :

— Sais-tu écrire ?

— Non.

— Eh bien, apprends ! Et quand tu sauras, note soigneusement tout ce que ta grand'mère te raconte ; cela te servira...

Nous nous liâmes d'amitié. À partir de ce jour, j'entrai chez Bonne-Affaire, quand je voulus. Dès qu'il m'en prenait fantaisie, j'arrivais, je m'asseyais sur une caisse et je le regardais travailler. Il fondait du plomb, chauffait du cuivre et, quand le métal était incandescent, forgeait sur une enclume minuscule, au moyen d'un léger marteau, de petites pièces plates. Bonne-Affaire se servait aussi de râpes, de limes, d'émeri, de scies fines comme du fil et d'une balance de cuivre, très sensible. Après avoir versé dans d'épais bols blancs divers liquides, il regardait la fumée qui s'en dégageait et remplissait la pièce d'une odeur acre ; les sourcils froncés, il consultait un gros bouquin et rugissait en se mordillant les lèvres, ou bien fredonnait doucement d'une voix enrouée :

Ô Rose de Saron...

— Qu'est-ce que tu fabriques ?
— Quelque chose, petit frère.
— Mais quoi ?
— Je ne puis t'expliquer cela d'une façon intelligible pour toi.
— Grand-père dit que tu fais peut-être de la fausse monnaie...
— Il dit cela... Hum ! Eh bien, ton grand-père se trompe... L'argent, frérot, l'argent n'a pas d'importance...
— Et pour acheter du pain ?
— Tu as raison, frérot, il faut payer le pain, tu as raison...
— Tu vois ! Et la viande aussi !
— Et la viande aussi !

Il se mit à rire tout bas, d'un rire étonnamment affectueux, puis, me chatouillant derrière l'oreille, comme si j'étais un petit chat, il ajouta :

— Il n'y a pas moyen de discuter avec toi... tu me cloues le bec, frérot... taisons-nous, cela vaudra mieux...

Parfois, il interrompait sa besogne et s'asseyait à côté de moi ; nous regardions longtemps par la fenêtre : la pluie cinglait les toits et ruisselait dans la cour semée d'herbe ; les pommiers se dénudaient. Avare de paroles, Bonne-Affaire n'employait que les mots indispensables ; la plupart du temps, quand il voulait attirer mon attention sur quelque chose, il me poussait doucement du coude et clignait de l'œil dans la direction voulue.

Je ne distinguais dans la cour rien de particulier, mais ces coups de coude et ces brèves paroles rendaient le tableau très intéressant et tout finissait par se graver profondément dans ma mémoire. Un chat surgissait, trottinant, s'arrêtait devant une flaque lumineuse et, apercevant son image, levait sa souple patte comme s'il se fût préparé à frapper. Bonne-Affaire, à mi-voix, observait :

— Les chats sont fiers et méfiants...

Mamaï, le coq au plumage d'or roux, juché sur la haie du jardin, battait des ailes pour s'affermir sur ses pattes ; ayant manqué de tomber, il se fâchait et caquetait avec colère, le cou tendu.

— Il se rengorge, le général, continuait mon compagnon, mais il n'est guère malin...

Valéy, le maladroit, pénétrait dans la cour, piétinant lourdement comme un vieux cheval. Un blanc rayon de soleil automnal, lui tombant droit sur la poitrine, faisait flamboyer le bouton de cuivre de sa veste. Le Tatare ému s'arrêtait et longuement le tâtait de ses doigts tordus.

— Il contemple ce bouton comme une médaille qu'on lui aurait donnée, remarquait encore mon ami.

Je m'attachai très vite et très profondément à Bonne-Affaire ; nous devînmes inséparables dans la joie comme dans la douleur. Quoique taciturne, il ne m'interdisait pas de parler et, devant lui, je pouvais dire tout ce qui me passait par la tête, alors que grand-père régulièrement me coupait la parole chaque fois que j'ouvrais la bouche :

— Tais-toi donc, crécelle du diable !

Quant à grand'mère, ses propres impressions occupaient tellement son esprit qu'elle était incapable de prêter la moindre attention à celles d'autrui.

Bonne-Affaire écoutait toujours mon babil avec complaisance ; souvent en souriant il me reprenait :

— Mon frérot, ce n'est pas ainsi, c'est toi qui viens d'inventer cela.

Et ces brèves observations tombaient toujours à propos ; il ne prononçait que les paroles nécessaires, mais il semblait voir comme à travers une vitre tout ce qui se passait dans mon cœur et dans ma tête ; il devinait avant même que je les eusse prononcés les mots inexacts que j'allais dire, les erreurs que j'allais commettre et étouffait avant qu'elle fût née une discussion inutile :

— Frérot, tu radotes !

Souvent, je m'amusais à mettre à l'épreuve cette sorte de pouvoir magique qu'il possédait : j'imaginais n'importe quelle histoire et je la narrais le plus sérieusement du monde comme une chose vue. Après m'avoir écouté un instant, Bonne-Affaire hochait la tête :

— Comme tu déraisonnes, frérot !

— Qu'en sais-tu ?

— Ah ! je m'en aperçois bien.

Quand grand'mère s'en allait chercher de l'eau sur la *place au Foin*, elle m'emmenait assez fréquemment avec elle ; un jour, nous y vîmes cinq bourgeois qui rossaient un paysan qu'ils avaient jeté à terre et qu'ils déchiraient comme des chiens dépeçant une proie. Grand'mère détacha les seaux de la planche et, la brandissant sous le nez des bourgeois, elle leur cria d'une voix menaçante :

— Filez !

Bien qu'ayant grand'peur, je courus après elle et je lançai des cailloux aux agresseurs, tandis que, de sa traverse, la vaillante vieille cognait courageusement sur les épaules et sur les têtes. D'autres personnes étant intervenues aussi, les bourgeois s'enfuirent et mon aïeule put laver les plaies de la victime qui avait le visage horriblement piétiné. Maintenant encore, je revois avec un sentiment de répulsion cet homme qui, d'un doigt sale, maintenait sa narine arrachée, tandis que, par-dessous le doigt, le sang jaillissait jusque sur la figure et la poitrine de grand'mère. Elle criait aussi, mais de colère, et des frissons la secouaient.

Lorsqu'en rentrant je courus chez notre pensionnaire pour lui raconter ce que j'avais vu, il abandonna sa besogne et s'arrêta devant moi ; il tenait une lime longue comme un sabre ; après m'avoir regardé fixement et d'un air sévère par-dessus ses lunettes, il m'interrompit tout à coup et d'un ton plus grave et significatif que d'habitude acquiesça :

— Très bien, c'est bien comme cela que les choses se sont passées ! C'est parfait !

Encore tout bouleversé, je n'eus pas le temps de m'étonner de ses propos et je continuai à m'expliquer ; mais il me serra dans ses bras et, s'étant mis à arpenter la pièce en trébuchant, me coupa de nouveau la parole :

— Cela suffit, frérot, inutile de poursuivre. Tu as déjà dit tout ce qu'il fallait, comprends-tu ? Tout !

Je me tus, assez vexé ; mais, après un instant de réflexion, je compris avec une stupéfaction dont je me souviens très bien qu'il m'avait interrompu juste au bon moment.

— Ne t'arrête pas à ces choses-là, frérot ; il vaut mieux ne pas te les rappeler !

Il lui arriva souvent de proférer des phrases qui, toute la vie, restèrent présentes à mon esprit. Ainsi, comme je lui parlais de mon ennemi, un gros garçon à tête énorme nommé Kliouchnikof, le champion de la rue Neuve, qui n'arrivait pas plus à me vaincre que je ne parvenais à le battre, Bonne-Affaire écouta avec attention le récit de mes malheurs et m'expliqua :

— Tout ça, c'est de la sottise : la force comme tu la conçois n'est pas de la force. La vraie force est dans la rapidité des mouvements : plus on est agile, plus on est fort, as-tu compris ?

Le dimanche suivant, je jouai des poings avec vélocité et j'obtins la victoire sans peine, ce qui me détermina à suivre plus que jamais les enseignements de notre locataire.

— Il faut savoir prendre les choses, comprends-tu ? Et c'est très difficile.

Je n'avais pas compris, mais inconsciemment je me souvins de ces paroles et d'autres analogues, parce qu'il y avait dans leur simplicité quelque chose de mystérieux et de vexant à la fois : car, enfin, il n'était pas nécessaire d'être très malin pour savoir prendre une pierre, un marteau, un chanteau de pain ou une tasse.

Dans la maison, on aimait de moins en moins notre pensionnaire ; le chat de la joyeuse locataire lui-même, qui grimpait sur les genoux de tout le monde, exceptait Bonne-Affaire de ce témoignage de confiance et l'animal, si obéissant et si caressant d'habitude, ne répondait pas à son appel. Je l'en punissais en lui tirant les oreilles, et les larmes aux yeux, je le suppliais de ne pas avoir peur de mon ami.

— Mes habits sentent l'acide, c'est pourquoi le chat m'évite, m'expliqua Bonne-Affaire.

Mais je savais que tout le monde, et même grand'mère, avait sur ce point des idées différentes, fausses d'ailleurs et très injustes à mon sens.

— Pourquoi rôdes-tu toujours dans sa chambre ? grommelait grand'mère. Prends garde qu'il ne t'enseigne Dieu sait quoi...

Grand-père me rossait cruellement chaque fois qu'il apprenait que j'avais rendu visite à notre pensionnaire. Je me gardais de rapporter à Bonne-Affaire qu'on m'avait interdit de le fréquenter, mais je lui racontais en toute franchise ce que les gens pensaient de lui :

— Grand'mère a peur de toi ; elle dit que tu es un magicien noir ; grand-père, lui, croit que tu es l'ennemi de Dieu et que tu es dangereux pour les hommes...

Il secouait la tête comme pour se débarrasser d'une mouche ; un sourire empourprait sa figure crayeuse, et mon cœur se serrait cependant que s'embuaient mes yeux :

— Ah ! je vois bien ce que c'est ! concluait-il tout bas. C'est triste, frérot, n'est-ce pas ?

— Oui...

— C'est bien triste, frérot...

On finit par lui donner congé.

Un matin, après le déjeuner, j'allai chez lui et le trouvai assis sur le plancher, en train d'emballer dans des caisses ses effets et ses livres ; il chantonnait l'air de la Rose de Saron.

— Tu vois, frérot, je m'en vais ailleurs !

— Pourquoi ?

Il me regarda fixement en disant :

— Tu ne le sais donc pas ? On a besoin de la chambre pour ta mère...

— Qui est-ce qui t'a dit cela ?

— Ton grand-père...

— Il ment !

Bonne-Affaire me prit la main et m'attira à lui, lorsque je fus aussi assis sur le sol, il me calma et d'une voix plus basse :

— Ne te fâche pas... J'ai cru que tu connaissais ces manigances et que tu me les avais cachées ; et je trouvais que ce n'était pas bien...

J'étais à la fois triste et vexé contre lui et ne pouvais découvrir les causes de cet état d'esprit.

— Écoute, chuchota-t-il en souriant. Te rappelles-tu que je t'ai dit une fois de ne plus revenir ?

Je secouai la tête en signe d'affirmation.

— Et ça t'avait offensé ?

— Oui...

— Je ne voulais pas te faire de la peine, frérot : je savais bien, vois-tu, que si nous devenions amis tu serais grondé. N'avais-je pas raison ? Et comprends-tu maintenant pourquoi je t'ai parlé de la sorte ?

Il s'exprimait comme si j'eusse été son égal, comme s'il avait été du même âge que moi, et ses paroles me remplissaient d'une joie douloureuse et intense. Il me sembla que depuis longtemps j'avais compris ce qu'il avait voulu me faire entendre. Je le lui dis :

— Il y a longtemps que j'ai compris cela !

— Tant mieux ! mon ami... Tant mieux, frérot... Une souffrance atroce me serra le cœur...

— Pourquoi est-ce que personne ne t'aime ?

Il passa le bras autour de mon corps, m'attira à lui et répondit avec un clignement des paupières :

— Je ne suis pas de leur race, comprends-tu ? C'est pour cette raison qu'ils ne m'aiment pas. Je ne suis pas comme eux...

Je le tirai par le bras, car je ne savais que répondre, ni comment m'exprimer...

— Ne te fâche pas, répéta-t-il, et il ajouta tout bas, dans le tuyau de mon oreille : Et il ne faut pas non plus que nous pleurions.

Mais les larmes coulaient déjà de dessous ses lunettes.

Ensuite, comme toujours, nous restâmes longtemps assis en silence, échangeant de temps à autre quelques paroles brèves.

Il partit le soir, après avoir amicalement pris congé de tout le monde. Il me serra très fort sur son cœur. Je sortis de la cour et je le regardai s'éloigner, assis dans la télègue qui le secouait et dont les roues écrasaient les mottes de boue gelée. Immédiatement après son départ, grand'mère se mit à laver et à nettoyer la chambre qu'il occupait, mais j'y vins avec elle et m'y promenai de long en large pour la gêner dans sa besogne.

— Ôte-toi de là, criait-elle en se cognant contre moi.

— Pourquoi l'avez-vous mis à la porte ?
— Petit curieux, ne jase donc pas tant !
— Vous êtes tous des imbéciles, déclarai-je.
Elle essaya de me fouailler avec son torchon mouillé.
— Mais tu deviens fou, polisson !
— Pas toi, tous les autres sont des imbéciles ! repris-je, mais ce correctif n'apaisa pas grand'mère.

Au souper, grand-père s'épanouit :
— Dieu merci, le voilà parti ! Toutes les fois que je le voyais, c'était comme si on m'avait donné un coup de poignard et je pensais : « Il faut absolument s'en débarrasser ! »

De rage, je cassai une cuiller et je fus corrigé, une fois de plus.

C'est ainsi que prit fin ma première liaison avec l'un de ces innombrables hommes qui sont des étrangers dans leur propre patrie bien qu'ils soient les meilleurs de ses fils...

9

Je me fais assez l'effet d'avoir été dans mon enfance comme une de ces ruches où des gens sans culture ni prétentions apportaient le miel de leur expérience et de leur connaissance de la vie, enrichissant mon âme avec générosité selon leurs moyens. Souvent ce miel était impur et amer ; néanmoins, la connaissance est toujours un butin.

Après le départ de Bonne-Affaire, ce fut l'oncle Piotre qui se lia avec moi. Il était aussi propret, aussi sec et aussi soigneux que grand-père auquel il ressemblait d'ailleurs, bien que plus faible et de moindres proportions ; on eût dit un adolescent qui, pour s'amuser, aurait endossé les vêtements d'un vieillard. Il avait un visage ridé, strié, un peu comme une grille, avec de minces replis de chair entre lesquels sautillaient, pareils à des serins dans une cage, des yeux amusants et vifs, à la cornée jaunâtre. Ses cheveux gris étaient longs et bouclés et sa barbe s'enroulait en anneaux ; il fumait la pipe, et la fumée du tabac, du même ton que ses cheveux, s'élevait de sa bouche en volutes blanchâtres. Il avait une façon très particulière de s'exprimer en phrases entortillées et sa voix bourdonnante paraissait amicale, mais il me semblait toujours que cet homme se moquait de tout le monde :

— Lorsque j'étais petit, racontait-il, la comtesse Tatiana Alexiévna, à qui j'appartenais, m'a ordonné : « Tu seras forgeron ! » Quelque temps après, elle a changé d'avis : « Tu aideras le jardinier. » C'est bon, je fus jardinier ; mais on a beau faire, les gens ne sont jamais contents ! Plus tard, elle m'a dit : « Piotre, tu iras pêcher ! » Cela m'était bien égal ; j'allai donc pêcher... À peine avais-je pris goût à ce travail-là qu'il a fallu dire adieu aux poissons ! Elle m'envoie en ville, comme cocher de fiacre ; quitte à lui payer une redevance en argent. Il faut faire le cocher ? Très bien ! Et après, madame ! Mais nous n'avons plus eu le temps de changer, ma comtesse et moi, car on a affranchi les serfs. Je suis donc resté avec mon cheval ; c'est lui qui remplace ma maîtresse.

Son cheval était très vieux ; on eût dit qu'il avait été blanc jadis et qu'un peintre ivre s'était amusé à le barbouiller de différentes couleurs, mais n'avait pas eu le loisir d'achever sa besogne. La bête avait les genoux cagneux, et sa tête osseuse aux yeux troubles pendait tristement, rattachée au poitrail par des veines gonflées et un peu de vieille peau élimée. L'oncle Piotre traitait avec respect l'animal qui évoquait un assemblage de guenilles disparates ; il ne le battait jamais et l'appelait Tanka.

Grand-père lui demanda un jour :

— Pourquoi as-tu donné à cette bête un nom chrétien ?

— Moi, monsieur ? mais pas du tout. Tanka n'est pas un nom chrétien ; c'est Tatiana qui est un nom chrétien.

L'oncle Piotre, lui aussi, avait fréquenté l'école ; très versé dans les Saintes Écritures, il discutait souvent avec mon aïeul, et leur controverse portait sur le point de savoir lequel des saints était le plus saint. Les deux hommes condamnaient à l'envi les pécheurs de l'antiquité, Absalon surtout ; mais parfois, leur débat prenait un caractère violent :

— Laisse-nous, Alexis ! criait alors grand-père furieux, et ses yeux verts lançaient des éclairs.

Piotre aimait beaucoup l'ordre et la propreté ; quand il traversait la cour, il ne manquait pas de repousser du pied les os, les copeaux et les tessons qui traînaient, en murmurant à leur adresse :

— Tu es inutile et tu gênes !...

Il était loquace et semblait bon et joyeux ; mais parfois ses yeux s'injectaient de sang, se brouillaient et s'immobilisaient comme ceux d'un mort. Il s'asseyait alors n'importe où, dans un recoin obscur, pelotonné sur lui-même, sombre et muet.

— Qu'est-ce que tu as, oncle Piotre ?

— Va-t'en ! répondait-il d'une voix sourde et sévère.

Dans une des maisonnettes de notre rue habitait un monsieur affligé d'une loupe sur le front. Cet être avait une habitude pour le moins bizarre : le dimanche, il s'asseyait à sa fenêtre et tirait de la grenaille sur les chiens, les chats, les poules, les corbeaux et aussi sur les passants dont le visage ne lui plaisait pas. C'est ainsi, qu'une fois, il farcit de petit plomb la hanche de Bonne-Affaire ; la grenaille, heureusement, n'avait pu traverser la veste de cuir, mais quelques petits grains avaient roulé dans la poche de notre pensionnaire et je me rappelle avec quelle attention il les examina à travers ses lunettes. Grand-père lui conseilla de porter plainte, mais il répondit en jetant les petites perles grises dans un coin de la cuisine :

— Cela n'en vaut pas la peine !

Une autre fois, le tireur envoya quelques plombs dans la jambe de mon aïeul qui se fâcha, se rendit chez le juge de paix et se mit en quête de rassembler les autres victimes ainsi que des témoins. Mais l'individu disparut brusquement.

Chaque fois que les détonations retentissaient dans la rue, l'oncle Piotre, s'il était à la maison, se hâtait de couvrir ses cheveux gris de sa vieille casquette des dimanches qui avait une immense visière ; et il sortait aussitôt, traversant la cour à grandes enjambées. Les mains cachées derrière le dos, sous son cafetan qu'il soulevait comme une queue de cob, le ventre bombé, il passait posément sur le trottoir, devant le tireur, puis rebroussait chemin et recommençait ce manège. Tout le monde, chez nous, se tenait au portail ; à la fenêtre apparaissait le visage bleu du militaire et, au-dessus, la tête blonde de sa femme ; de la cour des Betleng, les locataires sortaient aussi ; seule, la maison Ovsiannikof, grise et morte, ne montrait personne.

Parfois, l'oncle Piotre se promenait sans succès ; le chasseur ne le considérait probablement pas comme un gibier digne d'un coup de fusil ; mais tout à coup, deux crépitements successifs se faisaient entendre.

— Boukh ! Boukh !...

Sans hâter le pas, l'oncle Piotre revenait vers nous et s'écriait d'un air satisfait :

— Il a tapé dans le pan de ma veste !

Une fois, cependant, la grenaille l'atteignit au cou et à l'épaule ; grand'-mère se mit en devoir de lui extraire avec une aiguille les grains qui avaient pénétré sous la peau et, ce faisant, elle le morigénait :

— Pourquoi l'excites-tu ainsi, ce sauvage ? Il finira bien par te crever les yeux !

— Mais non, mais non, Akoulina Ivanovna, répondait Piotre d'une voix traînante et dédaigneuse. Ce n'est pas un tireur, cela !

— Et pourquoi fais-tu le fou avec lui ?

— Moi, je fais le fou ? Pas du tout. Ce que je fais, c'est simplement histoire de le taquiner, ce monsieur...

Et, tout en regardant les grains de plomb extraits de ses habits et qu'il tenait dans le creux de sa main, il continua :

— Non, ce n'est pas un tireur ! La comtesse Tatiana Alexiévna a eu un certain temps en qualité de mari, car elle changeait de maris comme de valets de chambre, elle eut, dis-je, un militaire qui s'appelait Mamonte Ilitch. Voilà quelqu'un qui savait tirer. Et jamais autrement qu'à balle, grand'mère ! Il faisait placer Ignachka le bouffon à quarante pas de lui environ, après lui avoir attaché à la ceinture une bouteille qui pendait entre les jambes écartées. Le bouffon riait ; Mamonte Ilitch pressait sur la détente, et pan ! la bouteille volait en éclats. Seulement, un jour, Ignachka a bougé, peut-être un moustique le piquait-il, et la balle lui est entrée dans le genou en lui fracassant la rotule ! On a appelé le médecin, qui a tout de suite coupé la jambe qu'on a enterrée...

— Pauvre bouffon !

— Lui, il s'en est bien tiré ! Les idiots n'ont besoin ni de bras, ni de jambes ; leur stupidité suffit à les nourrir. Tout le monde les aime, car la bêtise est inoffensive. On le dit d'ailleurs : le diacre ni le greffier ne sont dangereux s'ils sont bêtes.

Piotre me traitait avec gentillesse ; il me parlait d'une manière plus simple qu'aux grandes personnes sans me cacher ses yeux, et malgré tout il y avait cependant en lui quelque chose qui me déplaisait. Quand il offrait sa confiture préférée, il en mettait une couche plus épaisse sur la tranche de pain qu'il me destinait ; il me rapportait de la ville des pastilles de réglisse, des gâteaux de graines de pavot, et m'interrogeait d'un ton sérieux et confidentiel ;

— Que ferons-nous plus tard, mon petit monsieur ? Seras-tu soldat ou fonctionnaire ?

— Soldat !

— C'est très bien. Maintenant le métier n'est plus très dur. D'ailleurs il l'est encore moins pour les popes qui n'ont, eux, qu'à, crier de temps en temps : « Seigneur, aie pitié de nous » et c'est tout. Mais la profession la plus agréable, c'est encore la pêche, car le pêcheur n'a pas besoin de savoir quoi que ce soit, pourvu qu'il ait l'habitude...

Et il me montrait avec des gestes amusants comment les poissons tournaient autour de l'appât, comment les perches, les mulets se débattaient quand ils avaient mordu à l'hameçon.

— Tu te fâches lorsque ton grand-père te fouette, disait-il, à d'autres moments. Tu as tort. On ne te fouette que pour ton bien et ce n'est pas très douloureux. C'était ma maîtresse Tatiana Alexiévna qui savait vous faire fouetter ! Elle entretenait même à cet effet un homme qui ne s'occupait que de cela ; il s'appelait Khristofore et était si réputé que les propriétaires des domaines voisins demandaient parfois à ma comtesse : « Tatiana

Alexiévna, prêtez-moi donc votre Khristofore pour fouetter la valetaille ! »
Et elle accédait volontiers à ce désir.

Il racontait avec beaucoup de détail, mais sans ressentiment, la façon dont la comtesse, vêtue d'une robe de mousseline blanche et la tête couverte d'un vaporeux fichu bleu ciel, s'installait dans un fauteuil rouge sur le perron à colonnades pour regarder Khristofore fouetter les serfs et les paysannes.

— Bien qu'il fût originaire de Riazan, ce Khristofore ressemblait à un tzigane ou à un Petit-Russien : des moustaches jusqu'aux oreilles, le menton rasé et un museau bleuâtre. Je ne sais pas s'il était vraiment idiot ou s'il faisait semblant de l'être pour qu'on le laissât tranquille, Parfois, à la cuisine, il versait de l'eau dans un bol, attrapait une mouche, une blatte ou un scarabée et s'amusait à les noyer en les enfonçant dans l'eau avec un petit brin d'osier. Je connaissais déjà quantité d'histoires de ce genre que m'avaient racontées mes grands-parents. Quoiqu'elles fussent différentes, elles se ressemblaient étrangement ; dans chacune d'elles, on tourmentait quelqu'un, on se moquait d'un serf et on le persécutait. Ces anecdotes m'ennuyaient ; je ne voulais plus les entendre et je demandais au charretier :

— Parle-moi d'autre chose !

Ses rides s'abaissaient vers la bouche, puis se relevaient vers le nez et Piotre acquiesçait :

— C'est bon, petit malcontent ; en voici une autre. Nous avions un cuisinier...

— Chez qui ?

— Chez la comtesse Tatiana Alexiévna. Il y avait donc un cuisinier... Ah ! ça, c'est une histoire amusante...

L'amusant consistait en ceci que le cuisinier, n'ayant pas réussi un pâté de poisson, avait été obligé de le manger tout entier, en une seule fois. Il en était naturellement tombé malade...

Je me fâchais :

— Ce n'est pas drôle du tout !

— Qu'est-ce qui est drôle alors ? dis-moi.

— Je ne sais pas...

— Dans ce cas, tu ferais mieux de te taire...

Quelquefois, le dimanche ou les jours de fête, mes cousins venaient en visite ; Sacha, mélancolique et paresseux, et Sachka, correct, minutieux et au courant de tout. Un jour, en voyageant tous trois sur les toits, nous aperçûmes dans la cour des Betleng un monsieur chauve en habit vert doublé de fourrure ; assis sur une pile de bois entassée contre le mur, il jouait avec des petits chiens. L'un de mes cousins fit la proposition, acceptée d'emblée, de voler un chien et aussitôt un plan très ingénieux fut arrêté : mes cousins allaient immédiatement se rendre dans la rue, devant le portail des Betleng, moi, je ferais peur au monsieur qui se sauverait, et Sacha et Sachka, profitant de ce désarroi, se rueraient dans la cour et s'empareraient de l'un des animaux.

— Comment faut-il faire pour l'effrayer ?

L'un de mes cousins proposa :

— Crache-lui sur la tête !

Est-ce un si grand péché que de cracher sur le crâne de quelqu'un ? J'avais pu juger qu'il existe bien d'autres manières de causer du tort à son prochain, aussi je n'hésitai guère à exécuter honnêtement la mission dont je m'étais chargé.

Cela souleva un beau tapage, et fit un vrai scandale ; toute une armée d'hommes et de femmes, conduite par un jeune et bel officier, sortit de la maison Betleng et pénétra dans notre cour. Et comme, au moment du crime, mes cousins se promenaient tranquillement dans la rue, sans rien savoir, semblait-il, de mon horrible forfait, grand-père ne fouetta que moi et satisfit ainsi tous les locataires de la maison voisine.

Les membres endoloris, j'étais couché dans la soupente, à la cuisine, lorsque l'oncle Piotre, vêtu de ses habits du dimanche, grimpa vers moi, l'air joyeux :

— Tu as eu une riche idée, mon petit ami ! me chuchota-t-il, de cracher sur ce vieux bouc ! Mais c'est des cailloux qu'il faudrait lancer sur sa cabochhe pourrie !

Je revoyais le visage rond, glabre et enfantin du monsieur ; je me rappelais qu'il avait glapi tout doucement, plaintivement, comme les petits chiens, en essuyant son crâne chauve avec ses petites mains jaunes. J'éprouvais une honte insupportable, je haïssais mes cousins, mais j'oubliai tout lorsque je vis le vieux charretier, dont le visage ridé avait un aspect aussi effrayant et aussi repoussant que celui de grand-père pendant qu'il me fustigeait.

— Va-t'en ! hurlai-je, en repoussant Piotre des pieds et des mains.

Il se mit à ricaner, cligna de l'œil et s'éloigna.

Depuis lors, je perdis toute envie de converser avec lui ; je l'évitai même, mais en même temps, je me mis à le surveiller, comme si je me fusse attendu vaguement à quelque chose.

Bientôt après cette aventure, il en arriva une autre. Depuis fort longtemps, la paisible maison Ovsiannikof me préoccupait. Cette demeure aux murs gris me semblait mystérieuse comme certains castels des contes de fée.

Chez les Betleng, on vivait bruyamment, gaîment ; quantité de belles dames habitaient là ; des officiers et des étudiants venaient leur rendre visite ; on riait, on criait, on chantait, on faisait de la musique. La façade de la maison elle-même était joyeuse ; les vitres des fenêtres étincelaient et on distinguait nettement le feuillage des plantes fleuries placées près des croisées. Grand-père n'aimait pas cette maison.

Les visiteurs, pour lui, n'étaient que des hérétiques et des impies ! et quant aux belles dames, il les qualifiait d'un vilain nom dont l'oncle Piotre m'avait certain jour expliqué le sens.

La demeure silencieuse et sévère des Ovsiannikof inspirait du respect à mon aïeul.

Cette habitation, très élevée quoiqu'elle n'eût qu'un étage, s'érigeait au fond d'une cour gazonnée, propre et vide ; au milieu, sous un toit supporté par deux colonnettes, se trouvait un puits. La maison semblait s'être retirée en arrière de la rue comme pour se dissimuler aux regards. Ses trois fenêtres, étroites et cintrées, s'ouvraient très haut au-dessus du sol et le soleil revêtait leurs vitres troubles de toutes les couleurs de l'arc-en-ciel. De l'autre côté du portail s'élevait une dépendance, d'aspect absolument identique à la demeure principale, mais dont les trois fenêtres étaient seulement simulées au moyen de cadres cloués au mur et dont on avait peint les traverses en blanc. Ces fenêtres aveugles offraient un aspect déplaisant et la dépendance tout entière accentuait encore le caractère mystérieux et dissimulé de la maison. Il y avait quelque chose de paisible et d'humilié ou de fier dans cette propriété aux écuries vides, dont les remises aux grandes portes étaient vides également.

Parfois, un vieillard de haute taille, aux joues glabres, aux moustaches blanches et dont les poils se raidissaient comme des aiguilles, se promenait dans la cour en boitillant. Un autre vieillard, qui avait des favoris et un nez tordu, faisait de temps à autre sortir de l'écurie un cheval gris, aux jambes fines et longues, à la poitrine étroite, qui avait l'air de saluer de tous côtés en arrivant dans la cour. Le boiteux lui donnait, sur la croupe et sur le garrot, des tapes sonores, sifflait, soufflait bruyamment, puis on rentrait de nouveau la bête à l'écurie. Et j'avais l'impression que le vieillard aurait voulu sortir, se promener, mais qu'il ne pouvait pas le faire parce qu'il était ensorcelé.

Presque tous les jours, de midi jusqu'à la tombée de la nuit, trois petits garçons jouaient dans la cour : vêtus tous trois du même costume sombre et coiffés de petits chapeaux exactement pareils, ils avaient la figure ronde et les yeux gris et se ressemblaient à un tel point que je ne les distinguai d'abord que par leur taille.

Je les regardais par une fente de la clôture, mais eux ne me remarquaient pas, et cela m'ennuyait fort. J'aimais à les voir jouer gentiment, gaîment, à des jeux que j'ignorais. Leurs costumes me plaisaient, mais ce qui me ravissait, c'était la sollicitude qu'ils se témoignaient réciproquement ; le cadet, surtout, petit bonhomme vif et amusant, était l'objet de l'attention des deux aînés. S'il tombait, les autres riaient, car on rit toujours quand quelqu'un tombe, mais leurs rires n'avaient rien de malveillant ; ils aidaient leur frère à se relever et, s'il s'était sali les mains ou les genoux, tous deux essuyaient doigts et culotte avec des feuilles de fenouil ou avec leurs mouchoirs.

— Que tu es amusant ! disait seulement d'une voix placide et zézayante le second.

Jamais ils ne se querellaient, jamais ils ne se faisaient de niches, et ils étaient tous trois très adroits, robustes et infatigables.

Un jour, je grimpai à un arbre et je sifflai pour attirer leur attention. Ils s'arrêtèrent net, puis, s'étant réunis, se mirent à discuter à mi-voix en me regardant de temps à autre. Je pensai qu'ils allaient me lancer des pierres et je descendis de mon perchoir, pour y remonter bientôt, mes poches et ma blouse bourrées de cailloux. Mais les enfants étaient loin : ils jouaient dans un autre coin de la cour et m'avaient déjà oublié. C'était triste ; je ne voulais pourtant pas commencer moi-même les hostilités ; mais bientôt, un vasistas s'ouvrit et quelqu'un leur cria :

— Rentrez, enfants !

Ils s'en allèrent docilement, sans se presser, comme des canards.

Bien des fois, je me hissai sur l'arbre dominant la clôture, dans l'espoir qu'ils m'appelleraient pour jouer avec eux. Mais ils n'en faisaient rien. En pensée pourtant je participais déjà à leurs jeux et je m'y intéressais au point de pousser de temps à autre un cri ou un éclat de rire. Ils me regardaient alors tous trois et chuchotaient entre eux, tandis que je me laissais glisser à terre, gauche et embarrassé.

Certain jour, ils commencèrent une partie de cache-cache ; le deuxième garçonnet devait chercher ses frères : il se mit dans un coin près de la dépendance et, les mains sur les yeux, sans regarder, il resta honnêtement là pendant que les autres se cachaient. L'aîné grimpa avec des mouvements prestes et adroits dans un large traîneau placé sous l'auvent, tandis que le cadet courait drôlement autour du puits, ne sachant où aller.

— Un, cria l'aîné, deux...

Le petit, affolé, sauta sur la margelle, saisit la corde et mit les pieds dans le seau vide qui disparut et se heurta avec un bruit sourd contre la paroi du puits.

Une seconde, je restai pétrifié en voyant la roue bien graissée tourner en silence avec une rapidité vertigineuse ; mais je compris aussitôt ce qui allait advenir et je bondis dans la cour voisine en criant :

— Il est tombé dans le puits...

Le deuxième garçon arriva sur le lieu du drame en même temps que moi et s'accrocha à la corde qui le souleva et lui brûla les mains. Je réussis à la saisir à mon tour et l'aîné, qui survint alors, m'aida à remonter le seau.

— Doucement, s'il te plaît... recommandait-il.

Nous eûmes bientôt tiré dehors l'imprudent qui était fort effrayé, lui aussi : le sang coulait des doigts de sa main droite ; sa joue était meurtrie, ses jambes mouillées jusqu'aux genoux. Quoique blême, presque bleu, tout frissonnant, les yeux écarquillés, il trouvait la force de sourire et disait d'une voix traînante :

— Comme je suis tombé...

— Tu as perdu la tête, voilà tout ! déclara le second des frères en l'étreignant, et avec son mouchoir il essuya le visage ensanglanté du cadet ; l'aîné reprit, l'air rembruni :

— Rentrons, il faudra tout de même dire ce qui s'est passé...

— Vous serez fouettés ? m'informai-je.

Il hocha la tête et me tendant la main ;

— Comme tu as été vite là !

Enchanté de cet éloge, je n'eus pas le temps de serrer sa main, qu'il s'adressait de nouveau à son frère :

— Dépêchons-nous de rentrer, il va prendre froid ! Nous dirons qu'il est tombé, mais pas dans le puits...

— Non, non, acquiesça le petit, en frémissant. Disons que je suis tombé dans une flaque d'eau...

Et ils partirent.

Tout cela s'était passé si rapidement que, lorsque je jetai un coup d'œil sur la branche que je chevauchais avant de sauter dans la cour, elle se balançait encore et abandonnait au vent ses feuilles jaunies.

Pendant une semaine, les garçonnets ne reparurent pas ; mais quand ils revinrent, ils étaient plus bruyants qu'auparavant. L'aîné m'aperçut sur mon arbre et m'appela gentiment :

— Viens vers nous !

Nous nous installâmes sous l'auvent, dans un vieux traîneau et, tout en nous examinant les uns les autres, nous causâmes longtemps.

— Avez-vous été battus ? demandai-je

— Oui, répondit l'aîné.

Il m'était difficile de croire que l'on fustigeait comme moi ces petits garçons ; j'en fus vexé pour eux.

— Pourquoi attrapes-tu des oiseaux ? s'informa le cadet.

— Parce qu'ils chantent bien.

— Laisse-les donc voler à leur guise ; c'est mieux...

— C'est entendu, je n'en prendrai plus...

— Mais avant, tu en attraperas un que tu me donneras...

— Lequel préfères-tu ?

— J'en veux un qui soit gai, de ceux qui acceptent d'être en cage.

— Alors, c'est un serin que tu désires.

— Le çat le manzera, zézaya le cadet. Et papa ne nous permettra pas de le garder...

L'aîné confirma :

— Il ne le permettra pas !...

— Vous avez une mère ?

— Non, dit l'aîné ; mais son puîné le reprit :

— Si, seulement, c'est une autre, ce n'est pas la nôtre, tu comprends ; la nôtre est morte...

— L'autre s'appelle belle-mère, expliquai-je ; l'aîné secoua la tête :

— C'est vrai.

Tous trois se mirent à réfléchir et devinrent tout tristes.

D'après les récits que m'avait faits mon aïeule, je savais ce que c'est qu'une belle-mère et je comprenais la mélancolie de mes compagnons. Serrés les uns contre les autres, ils se ressemblaient comme des poussins. Et me rappelant l'histoire de la belle-mère sorcière qui s'était emparée par ruse de la place de la vraie mère, je leur promis :

— Votre vraie mère reviendra, vous verrez...

L'aîné haussa les épaules :

— Puisqu'elle est morte ! Cela ne peut pas arriver...

Cela ne pouvait pas arriver ? Allons donc ! Que de fois n'avais-je pas vu, dans les histoires de mon aïeule, les morts ressusciter, même ceux qui avaient été coupés en morceaux ; il suffisait de les asperger d'eau vive, car, dans ces cas-là, la mort qui n'avait pas été ordonnée par Dieu, mais provenait des sorciers et de leurs maléfices, n'était pas réelle.

Et je me mis à narrer avec ardeur certaines histoires de grand'mère. Au début l'aîné souriait et disait doucement :

— Nous connaissons tout cela ; ce sont des contes...

Ses compagnons écoutaient en silence ; le cadet avait les joues gonflées et les lèvres serrées : l'autre, le coude appuyé sur le genou, se penchait vers moi un bras passé autour du cou de son frère.

Le soir tombait et les nuages rouges planaient au-dessus des toits lorsque surgit près de nous le vieillard à moustache blanche.

— Qui est-ce ? demanda-t-il en me désignant du doigt.

L'aîné se leva et, d'un mouvement du menton, indiqua la maison de grand-père.

— Il vient de là...

— Qui est-ce qui l'a appelé ?

Tous ensemble, les garçonnets se glissèrent hors du traîneau et se dirigèrent vers leur demeure, d'une allure qui me fit de nouveau penser à des canards obéissants...

Le vieillard me prit à l'épaule sans douceur et me mena au portail. J'aurais voulu pleurer tant il me faisait peur ; mais il marchait à si grandes enjambées, qu'avant d'avoir eu le temps d'éclater en sanglots, je me trouvai dans la rue. Sur le seuil, l'homme farouche s'arrêta et, me menaçant du doigt, trancha d'une voix sévère :

— Je te défends de venir chez moi !

Je me fâchai :

— Ce n'est pas chez toi que je vais, vieux diable !

Sa longue main me saisit de nouveau, cette fois il me conduisait jusque chez nous et ses paroles tombaient sur ma tête comme des coups de marteau :

— Ton grand-père est-il à la maison ?

Pour mon malheur, grand-père était rentré ; quand le vieillard menaçant se trouva devant lui, mon aïeul leva la tête et, tout en fixant les yeux ternes du voisin, balbutia d'une voix précipitée :

— Sa mère est loin ; je suis très occupé et personne ne le surveille ; pardonnez-lui, colonel !

Le colonel brailla de telle sorte que toute la maison l'entendit ; puis, raide comme un poteau, il pivota sur ses talons et se retira. Un moment après, j'étais rossé d'importance et j'allais cacher mes larmes sur la télègue de l'oncle Piotre, dans la cour.

— Eh bien, tu as encore écopé, mon petit Alexis ? demanda-t-il en dételant son cheval. Qu'as-tu fait pour être battu ?

Lorsque je lui eus raconté l'aventure, il s'emporta et siffla :

— Pourquoi te lies-tu avec ces gens-là ? Ces petits nobles, vois-tu, sont de vrais serpents ; tu vois comme tu as été rossé à cause d'eux ! Mais tu vas leur rendre la pareille sans te gêner, j'espère !

Il parla longtemps ainsi ; irrité par les coups que j'avais reçus, je l'écoutais d'abord avec sympathie, mais son visage ridé tremblait d'une manière si déplaisante, que je lui rappelai que les garçonnets avaient été fouettés eux aussi et qu'ils n'étaient pas plus coupables que moi :

— Il ne faut pas les battre, ce sont de braves enfants, et tu ne dis que des bêtises...

Il me regarda ahuri et furieux, et tout à coup se mit à crier :

— Descends du char !

— Tu es un imbécile ! ripostai-je à mon tour, en sautant à bas de la télègue.

Il se mit à ma poursuite, essayant en vain de m'attraper, et il courait en vociférant d'une voix bizarre :

— Moi, un imbécile ? Moi je dis des bêtises ? Ah ! tu vas voir...

Grand'mère apparut sur le perron de la cuisine ; je me précipitai dans ses jambes. Piotre se répandit en doléances :

— Il me rend la vie dure, le polisson ! Je suis cinq fois plus vieux que lui, et il m'injurie, il ose m'appeler menteur... et me traiter de toutes sortes de choses...

Lorsqu'on disait des mensonges devant moi, je perdais la tête et l'étonnement me rendait stupide ; c'est ce qui m'arriva alors, mais grand'mère répliqua avec fermeté :

— C'est toi, Piotre, qui mens pour l'instant ; il ne t'a pas dit de vilaines injures !

Grand-père, lui, aurait cru le charretier.

À dater de ce jour, Piotre me déclara une guerre silencieuse et acharnée. Il essayait de me pousser, comme par hasard, ou bien de m'atteindre avec les rênes de son attelage. Il lâchait mes oiseaux ; une fois, il les mit même aux prises avec le chat. À tout propos, il se plaignait de moi à grand-père, en grossissant les choses. Et cet homme m'apparaissait de plus en plus comme un gamin qui se serait déguisé en vieillard. De mon côté je m'ingéniais à me venger : je défaisais ses chaussures de tille ; j'entaillais les liens des bandes de toile qui lui servaient de bas et ils se déchiraient quand Piotre voulait les nouer ; un matin, je versai du poivre dans sa casquette, ce qui le fit éternuer pendant une heure entière. En général, je m'efforçais de ne pas demeurer en reste avec lui. Les dimanches, toute la journée, il me surveillait d'un œil vigilant et chaque fois qu'il me prenait en flagrant délit de désobéissance, à bavarder avec les petits nobles, il ne manquait pas d'aller immédiatement me dénoncer à grand-père.

Mes relations avec les trois garçonnets continuaient cependant et devenaient de plus en plus cordiales. Dans un étroit passage entre le mur de notre maison et la clôture des Ovsiannikof avaient poussé un orme, un tilleul et un gros massif de sureau ; profitant de ce retrait abrité, j'avais percé dans la palissade une ouverture exiguë en demi-cercle. L'un après l'autre, ou deux par deux, les frères s'en approchaient et nous causions, accroupis ou agenouillés. L'un d'entre eux montait toujours la garde afin que le colonel ne nous surprît pas.

Ils me racontaient leur vie monotone, me questionnaient à propos des oiseaux que j'avais attrapés, mais jamais ne prononçaient un mot au sujet de leur père ou de leur belle-mère. La plupart du temps, ils me priaient tout simplement de leur raconter une histoire ; je répétais les légendes et les contes de fée de grand'mère et, si j'oubliais quelque détail, je leur demandais d'attendre un instant. Je courais alors en hâte à la cuisine me renseigner auprès de mon aïeule, ce qui lui faisait toujours le plus vif plaisir.

Je parlais aussi beaucoup de grand'mère à mes petits camarades ; l'aîné, un jour, après avoir poussé un profond soupir, déclara :

— Les grand'mères sont probablement toutes très bonnes ; nous en avions aussi une que nous aimions beaucoup.

Il parlait souvent au passé et d'une voix si mélancolique qu'on lui eût donné cent ans et non pas onze. Je me rappelle qu'il avait des mains étroites et des doigts effilés ; toute sa personne était mince et fragile ; ses yeux très clairs mais très doux faisaient penser à la clarté des lampes éternelles qui brûlent à l'église. Ses frères, aussi sympathiques que lui, m'inspiraient le même sentiment de confiance illimitée ; je me sentais toujours prêt à leur faire plaisir ; mais c'était l'aîné surtout qui m'attirait.

Absorbé par la conversation, je ne voyais presque jamais venir l'oncle Piotre qui nous dispersait en clamant d'une voix traînante :

— En-co-re !

Ses accès de torpeur maussade devenaient de plus en plus fréquents ; j'appris, rien qu'à sa façon de pousser le portail, s'il était bien ou mal tourné quand il rentrait après son travail ; en général, il l'ouvrait sans se presser et elle grinçait avec lenteur ; mais quand il était de mauvaise humeur, les gonds lançaient un cri bref, comme un gémissement.

Depuis longtemps, le muet, le neveu de Piotre, était parti à la campagne pour se marier. Le charretier vivait seul maintenant et son appartement mal tenu était devenu une sorte de taudis où stagnait une nauséabonde odeur de cuir pourri, de sueur et de tabac. En outre, il n'éteignait plus la lampe quand il se couchait, et cela déplaisait fort à grand-père :

— Prends garde, Piotre, tu mettras le feu !

— Non, non, soyez tranquille ! Je place toujours la lampe dans un bol rempli d'eau, répondait-il en regardant de côté.

Maintenant, il ne jetait plus que des coups d'œil obliques sur les gens et les choses ; il avait également cessé de venir aux soirées de grand'mère et ne m'offrait plus de confitures. Son visage s'était desséché, ce qui rendait ses rides plus profondes ; il marchait en trébuchant, les jambes traînantes comme un malade.

Un matin que nous étions en train, grand-père et moi, de déblayer la neige qui était tombée abondamment pendant la nuit, le loquet de la porte basse s'ouvrit avec un bruit insolite et sonore, et un agent de police pénétra dans la cour. Il ferma la porte en s'y adossant et, de son gros doigt, fit signe à grand-père d'approcher. Lorsque mon aïeul fut tout près de lui, l'autre pencha son visage au nez proéminent et, comme s'il eût martelé le front de grand-père, il lui confia quelque chose que je n'entendis pas, cependant que mon aïeul donnait la réplique avec précipitation :

— Oui, ici ! Quand ?

Et soudain, il sursauta drôlement et s'exclama :

— Seigneur ! Est-ce possible ?

— Ne criez pas ! ordonna l'agent de police d'un ton sévère.

Grand-père promena un regard circulaire autour de lui et m'aperçut :

— Serre les pelles et rentre à la maison !

Je me cachai dans un coin ; les deux hommes se rendirent au logis du charretier ; l'agent avait enlevé le gant de sa main droite et il en frappait sa main gauche en expliquant :

— Il a compris ! Il a abandonné son cheval et a pris la fuite !...

Je courus à la cuisine pour raconter à grand'mère tout ce que j'avais vu et entendu ; je la trouvai pétrissant la pâte pour le pain et secouant sa tête enfarinée. Après m'avoir écouté, elle conclut tranquillement :

— Il aura sans doute commis un vol... Va t'amuser, mon enfant !

Lorsque je descendis dans la cour, grand-père était debout, tête nue, près de la porte basse et se signait en regardant le ciel. Une de ses jambes tremblait et il avait l'air très irrité :

— Je t'ai dit de rentrer ! cria-t-il en tapant du pied.

Il me suivit ; dès qu'il fut dans la cuisine, il appela grand'mère :

— Mère, viens ici !

Tous deux passèrent dans la pièce voisine où ils chuchotèrent longtemps. Lorsque mon aïeule revint, je sentis nettement qu'il s'était passé quelque chose d'épouvantable.

— Qu'est-ce qui t'a fait peur ?

— Tais-toi ; entends-tu ? répondit-elle tout bas.

Pendant toute la journée, on se sentit mal à l'aise ; mes grands-parents échangeaient des regards inquiets tout en parlant bas ; je ne comprenais pas ce qu'ils voulaient dire et leurs phrases brèves augmentaient encore mon anxiété.

— Mère, allume les lampes partout devant les images saintes ! ordonna grand-père en toussotant.

On dîna sans appétit et très vite, comme si on attendait quelqu'un ; mon aïeul gonflait les joues avec lassitude et grommelait :

— Le diable est plus fort que l'homme ! On croyait qu'il était pieux, qu'il aimait l'église et voilà, voilà ! Hein ?

Grand'mère poussait un soupir.

Cette journée d'hiver, couleur d'argent terne, s'achevait dans une langueur accablante ; l'angoisse et les alarmes emplissaient la maison.

Vers le soir, un autre agent de police arriva, gros gaillard à cheveux roux qui s'installa sur le banc à la cuisine ; il somnolait, reniflait, et quand grand'mère demandait :

— Comment a-t-on su la chose ?

Il répondait d'une voix grasse, après un instant de silence :

— Chez nous, on sait tout, ne vous inquiétez pas de ça !

J'étais assis près de la fenêtre, chauffant dans ma bouche un vieux demi-kopeck, pour essayer d'imprimer sur le givre de la vitre l'effigie de saint Georges combattant le dragon.

Tout à coup, il y eut un brouhaha dans le corridor ; la porte s'ouvrit toute grande et Petrovna parut en criant d'une voix assourdissante :

— Regardez donc ce qu'il y a derrière votre maison !

En apercevant le sergent de ville, elle voulut s'enfuir, mais celui-ci la retint par sa jupe en demandant :

— Attends ! Qui es-tu ? Que faut-il regarder ?

Petrovna trébucha sur le seuil et, tombant à genoux, se mit à balbutier, avalant ses mots et ses larmes :

— Je m'en allais traire mes vaches quand j'ai aperçu dans le jardin des Kachirine quelque chose comme une botte...

Ce fut au tour de grand-père de vociférer en tapant du pied :

— Tu mens, vieille bête ! Tu n'as rien pu voir dans mon jardin ; la clôture est trop haute, et il n'y a point de fentes ! Tu mens ! Il n'y a rien dans mon jardin...

— Mon petit père ! gémit Petrovna, tendant une main vers lui, tandis que de l'autre elle se prenait la tête, vous l'avez deviné, c'est un mensonge que je viens de dire. En allant traire, j'ai remarqué près de votre clôture des traces de pas ; à un endroit la neige toute piétinée m'a intriguée ; alors, j'ai regardé pardessus la clôture, et je l'ai vu...

— Qu-i-i ?

Ce cri dura terriblement longtemps, il était tout à fait indéfinissable ; soudain, comme s'ils eussent perdu la tête, tous les assistants se précipitèrent hors de la cuisine, en se poussant les uns les autres ; on courut au jardin et là, dans le bas fond tapissé par la neige, on aperçut l'oncle Piotre qui gisait, le dos appuyé à la poutre calcinée, la tête pendante sur la poitrine ; sous l'oreille droite il avait une profonde entaille, rouge comme une bouche, d'où sortaient, en guise de dents, des petites choses violacées. Terrifié, je fermai à demi les yeux et, à travers mes cils, je vis sur les genoux du charretier le couteau que je connaissais bien et que serraient encore les doigts noirs et recroquevillés de sa main droite. Quant à la gauche, écartée du tronc, elle était cachée dans la neige qui avait fondu sous le cadavre, et tout ce petit corps, profondément enfoncé dans ce duvet lumineux et douillet, semblait plus enfantin encore. À la droite de Piotre, un étrange dessin rouge qui figurait comme un oiseau se détachait sur la neige ; à sa gauche, la couche blanche était immaculée. La tête penchée s'appuyait du menton sur la poitrine nue et, sous l'épaisse barbe annelée tout en désordre, on apercevait une grosse croix de cuivre entre des filets de sang figé.

Le bruit des voix m'incommodait et me donnait le vertige ; Petrovna beuglait sans s'arrêter ; l'agent de police hurlait en envoyant Valéy je ne sais où ; grand-père, enfin, criait :

— Ne marchez pas sur les traces de pas !

Mais, soudain, il fronça les sourcils et, regardant à terre, devant ses pieds, il dit tout haut et d'une voix autoritaire qui s'adressait à l'agent :

— Ce n'est pas la peine de discuter ! Dieu seul peut juger cette affaire-là. Et toi, tu nous racontes toutes sortes de choses ! Ah ! vous !..

Tout le monde se tut ; les regards se fixèrent sur le mort ; on se mit à soupirer ; et chacun se signa.

D'autres gens, sautant par-dessus la haie de Petrovna, arrivèrent dans le jardin ; ils tombaient en grommelant ; cependant le calme régna jusqu'au moment où grand-père, se retournant, cria d'une voix désespérée :

— Mais vous cassez mes framboisiers ! Faites donc attention, voisins !

Grand'mère me prit par la main et me ramena à la maison. Elle sanglotait.

— Qu'a-t-il fait ? demandai-je.

Elle répondit :

— Tu n'as donc pas vu ?

Pendant toute la soirée et très tard dans la nuit, des gens étrangers s'attroupèrent et argumentèrent dans la cuisine et dans la pièce contiguë ; les agents de police donnaient des ordres, et un individu qui ressemblait à un diacre écrivait après avoir demandé en croassant comme un corbeau :

— Quoi ? Quoi ?

À la cuisine, grand'mère offrait du thé à tout le monde, tandis qu'un homme moustachu, grêle et rond, racontait d'une voix éraillée :

— On ignore ses véritables nom et prénoms. On sait seulement qu'il était originaire d'Elatma. Le Muet n'est pas muet du tout ; c'est seulement son sobriquet. Il a tout avoué d'ailleurs et le troisième aussi, car ils étaient trois. Depuis longtemps leur principal métier consistait à dévaliser les églises.

— Oh ! Seigneur ! soupirait Petrovna, toute rouge et moite.

Étendu dans la soupente, je regardais d'en haut l'assistance, et les gens me semblaient tous petits et terrifiants.

10

Un samedi, je m'étais installé de très bonne heure dans le jardin potager de Petrovna pour prendre des bouvreuils. Je restai là longtemps, mais les jolis oiselets à gorge rouge ne voulaient pas donner dans le piège : faisant parade de leur beauté, comme pour me taquiner, ils se promenaient sur la croûte de neige durcie, se perchaient sur les rameaux des arbustes richement revêtus de givre et s'y balançaient, pareils à des fleurs vivantes, en faisant tomber les étincelles bleuâtres de la neige. C'était si beau que je n'éprouvais aucun dépit de mon insuccès : je n'étais pas un chasseur très passionné ; la distraction me plaisait plus que le résultat, j'aimais à me rendre compte de la façon dont vivent les oiselets et je pensais souvent à eux...

Il est si agréable de s'asseoir, seul, au bord d'un champ neigeux et d'entendre les oiseaux gazouiller dans le silence cristallin d'une journée d'hiver. Au loin, chante en s'enfuyant la clochette d'une troïka qui passe, mélancolique alouette de l'hiver russe.

Transi de froid, sentant que j'avais les oreilles gelées, je ramassai cages et pièges, sautai par-dessus la clôture, et, après avoir traversé notre jardin, je rentrai chez nous précipitamment. Le portail était grand ouvert ; un énorme paysan faisait sortir de la cour trois chevaux attelés à un vaste traîneau couvert et une épaisse vapeur se dégageait de ses bêtes.

L'homme sifflotait gaîment ; mon cœur tressaillit :

— Qui as-tu amené ?

Il se retourna, me regarda, sauta sur le rebord extérieur du traîneau et répondit :

— Le pope !

L'événement ne m'intéressait guère ; si c'était le pope, sa visite n'était pas pour nous, mais pour un des locataires, sans doute.

— Allons, petites poules ! se mit à chantonner et à siffler l'homme en touchant de ses rênes les chevaux, et sa gaîté communicative sembla remplir le silence.

Les trois bêtes, obéissant avec ensemble, prirent leur élan vers les champs où je les suivis longtemps de l'œil. Ayant pénétré dans la cuisine déserte, j'entendis dans la chambre voisine la voix de ma mère qui prononçait distinctement ces paroles :

— Que vas-tu faire ? Me tuer, peut-être ?

Sans prendre le temps de retirer mon manteau, je lançai mes cages dans un coin et me précipitai dans le corridor où je me heurtai à mon grand-père. Le vieillard me prit par l'épaule, me regarda d'un air féroce et, après avoir avalé avec difficulté quelque chose qu'il avait dans la gorge, me déclara d'une voix rauque :

— Va voir ta mère qui vient d'arriver ; il me secoua si fort que j'en faillis tomber et me poussa vers la porte de la chambre.

— Vas-y, vas-y !...

Je me cognai contre les panneaux garnis de feutre et de toile cirée ; mes doigts tremblaient de froid et d'émotion et je ne parvenais pas à trouver la poignée ; enfin, j'ouvris tout doucement et m'arrêtai sur le seuil, ébloui.

— Ah ! le voilà ! s'exclama ma mère. Mon Dieu, qu'il est grandi ! Tu ne me reconnais pas ? Comme vous l'habillez ! Enfin... Mais il a les oreilles toutes blanches ! Maman, donnez-moi vite de la graisse d'oie.

Debout, au milieu de la pièce, elle se penchait sur moi et me déshabillait en me faisant tourner comme une toupie. Son grand corps était enveloppé d'une robe rouge soyeuse et chaude, aussi large qu'une pèlerine d'homme, et ornée depuis le haut de l'épaule jusqu'au bas de la jupe d'une rangée oblique de gros boutons noirs. Jamais je n'avais vu de robe comme celle-là.

Le visage de ma mère me parut plus petit qu'auparavant, plus petit et aussi plus blanc ; ses yeux, par contre, s'étaient agrandis ; ils étaient devenus plus profonds et ses cheveux plus dorés. Elle lançait mes vêtements vers le seuil de la pièce ; ses lèvres pourpres se retroussaient en une grimace de dédain et sa voix impérieuse résonnait sans cesse :

— Pourquoi ne dis-tu rien ? Es-tu content ? Fi, quelle blouse sale !...

Ensuite, elle me frictionna les oreilles avec de la graisse d'oie ; j'avais mal, mais le parfum frais et doux qui émanait d'elle semblait atténuer mes souffrances. Tout bouleversé par l'émotion, je me serrais contre elle, la regardant droit dans les yeux ; j'entendais aussi grand'mère qui disait d'une voix contenue et morne :

— Il est volontaire, je ne puis plus rien faire de lui ; il ne craint personne, pas même son grand-père... Ah ! Varioucha ! Varioucha !

— Ne pleurnichez pas, maman, tout s'arrangera !

En comparaison de ma mère, tout apparaissait petit, mesquin et vieillot ; moi-même je me sentais aussi vieux que grand père. Mère me serrait entre ses genoux vigoureux et, tout en me caressant la tête de sa main tiède et pesante, elle disait :

— Il faut lui couper les cheveux et l'envoyer à l'école. Est-ce que tu veux apprendre ?

— J'ai déjà pris beaucoup de leçons !

— Il faut que tu étudies encore. Mais que tu es fort !

Elle riait d'un rire velouté et réchauffant en jouant avec moi.

Les yeux rougis, les poils hérissés, le teint blême, grand-père pénétra dans la pièce. Ma mère m'écarta d'un geste et demanda très haut :

— Eh bien, quoi, papa ? Faut-il que je reparte ?

Il s'arrêta à la fenêtre, égratigna de l'ongle le givre qui recouvrait la vitre et garda longtemps le silence. Autour de nous, tout semblait aux écoutes, prêt à vibrer au moindre choc ; et comme toujours en ces moments-là, il me poussa sur tout le corps des yeux et des oreilles ; ma poitrine se dilata tellement que j'eus envie de crier.

— Va-t'en, Alexis ! commanda grand-père d'une voix sourde.

— Pourquoi ? interrogea ma mère en m'attirant de nouveau à elle. Tu ne partiras pas, je te le défends.

Elle se leva, flotta parmi la chambre comme un nuage crépusculaire et s'arrêta derrière mon aïeul.

— Papa, écoutez...

Il se tourna vers elle et glapit :

— Tais-toi !

— Eh bien, moi, je ne vous permets pas de grogner avec moi ! articula-t-elle tout bas.

Grand'mère quitta le canapé et la menaça du doigt :

— Varioucha !

— Attends ! grommela grand-père en se laissant tomber sur une chaise... Qui suis-je, moi ? Hein ? Comment oses-tu ?...

Et soudain, il se mit à hurler d'une voix qui n'était pas la sienne :

— Tu m'as déshonoré !

— Va t'en, m'ordonna grand'mère, et cette fois j'obéis.

Mais je grimpai sur le poêle de la cuisine et j'écoutai ce qui se passait derrière la cloison ; tantôt, ils parlaient tous ensemble et s'interrompaient mutuellement, tantôt ils se taisaient comme des gens qui s'endorment. Il était question d'un enfant que ma mère avait eu et qu'elle avait remis à quelqu'un. Mais je ne parvenais pas à comprendre en quoi cela pouvait si fort irriter grand-père. Était-ce parce que ma mère avait eu un enfant sans lui en demander la permission qu'il tempêtait, ou simplement parce qu'elle ne lui avait pas apporté ce poupon ?

Il rentra à la cuisine, échevelé, écarlate et épuisé. Grand'mère le suivit, essuyant ses larmes avec la basque de sa blouse. Le vieillard, le dos voûté, s'assit sur le banc : il tressaillait et mordillait ses lèvres blêmes. Grand'mère se mit à genoux devant lui, en disant d'une voix basse et ardente :

— Père, pardonne-lui ; au nom du Seigneur, pardonne-lui ! Il n'est si bon cheval qui ne bronche ! Est-ce que des choses pareilles n'arrivent pas aussi chez les nobles et chez les marchands ! Regarde la femme que c'est et pardonne-lui ! Nous avons tous nos péchés !

Grand-père se rejeta contre le mur, regarda son épouse en face et ricana avec un sanglot :

— Mais, oui, naturellement ! Pourquoi pas ! Que ne pardonnerais-tu pas ? Tu pardonnes à tout le monde, toi ; ah ! vous !...

Il se pencha vers elle, la prit aux épaules et se mit à la secouer en murmurant précipitamment :

— Et le Seigneur, Lui, nous pardonnera-t-il ? Nous voilà au bord de la tombe, et Il nous châtie durement... Dans nos derniers jours, nous n'avons ni joie ni repos et nous n'en aurons pas ! Rappelle-toi ce que je te dis : nous finirons par mendier !

Grand'mère lui prit la main, s'assit à ses côtés et se mit à rire doucement et gaîment :

— Le beau malheur ! Si c'est cela qui t'effraye ! Mendier, ce n'est pas si triste. Tu n'auras qu'à rester à la maison et c'est moi qui irai demander la charité ; n'aie pas peur, on me fera l'aumône à moi et nous aurons toujours de quoi manger ! Ne t'occupe pas de cela !

Il eut aussi un petit rire et, tournant la tête comme une chèvre, saisit grand'mère par le cou. Tout minuscule et fripé, il se serra contre elle et sanglota :

— Eh ! nigaude ! Ma grosse nigaude, tu es la seule personne qui me reste au monde ! Tu ne regrettes rien, nigaude, tu ne comprends rien ! Mais, rappelle-toi ! n'avons-nous pas travaillé pour eux ? N'est-ce pas pour eux que j'ai commis des péchés... Ah ! si seulement ils nous rendaient à l'heure actuelle un tout petit peu de ce que j'ai fait pour eux !

Tout ruisselant de larmes, je n'y pus tenir plus longtemps, je sautai à bas du poêle, et me précipitai vers mes grands-parents, en sanglotant de joie parce qu'ils avaient prononcé de si belles paroles, et de chagrin parce que je participais à leur douleur. Ils m'enlacèrent tous deux et me pressèrent sur leur cœur en m'arrosant de leurs larmes. Grand-père me chuchota dans les yeux et dans les oreilles :

— Ah ! petit brigand, tu es là aussi ! Maintenant que ta mère est revenue, tu vas rester dans ses jupes et tu feras fi de ton vieux et méchant diable de grand-père ! Et tu négligeras aussi ta grand'mère, qui t'a dorloté, qui t'a gâté, n'est-ce pas ? Ah ! vous...

Il nous écarta d'un geste et se calma en concluant d'un ton irrité :

— Chacun va de son côté, tout le monde se sépare ; on ne cherche plus que son propre intérêt... Va, appelle-la, va vite !

Grand'mère sortit de la cuisine ; il baissa la tête et pria en se tournant vers le coin des icônes :

— Seigneur miséricordieux, Tu vois ce que je fais, Tu le vois !

Et il se frappa la poitrine ; le coup vigoureux résonna, ce qui me déplut. En général, je n'aimais pas sa manière de s'adresser à son Dieu ; il avait toujours l'air de se vanter.

Ma mère arriva et sa robe rouge rendit la cuisine plus claire. Elle prit place sur le banc, près de la table, entre mes grands-parents. Les larges manches de son corsage reposaient sur leurs épaules ; d'une voix grave et contenue, elle leur raconta quelque chose et ils l'écoutèrent en silence, sans l'interrompre. Ils étaient devenus tout petits et on aurait dit qu'elle était leur mère.

Fatigué par l'émotion, je m'endormis profondément dans la soupente.

Le soir, les deux vieillards revêtirent leurs habits du dimanche et se rendirent à vêpres ; grand'mère cligna gaîment de l'œil pour attirer notre attention sur son mari qui avait endossé son uniforme de président de corporation de teinturerie : pantalon à passe-poil et pelisse de civette ; elle dit même à ma mère :

— Regarde donc comme il a bonne façon ! Il est propret comme une chevrette !

Ma mère eut un rire amusé.

Restée seule avec moi dans sa chambre, elle s'assit sur le canapé les jambes repliées à la turque, tapant du plat de la main sur le meuble, elle m'appela :

— Viens vers moi ! Comment vis-tu ? Mal, n'est-ce pas ?

Comment je vivais ?

— Je ne sais pas.

— Est-ce que grand-père te fouette ?

— Pas beaucoup, maintenant.

— Vraiment ? Dis-moi ce que tu voudrais !... Allons !

Je n'avais pas envie de parler de grand-père et je me mis à lui raconter que dans cette même chambre avait habité un homme très sympathique, mais que personne n'aimait et auquel grand-père avait donné congé. Cette histoire déplut visiblement à ma mère ; elle continua :

— Et puis quoi, que sais-tu encore ?

Je parlai des trois petits garçons, ainsi que du colonel qui m'avait renvoyé ; alors, elle me serra énergiquement dans ses bras.

— Quelle fripouille !

Un silence plana ; les paupières baissées, elle hochait la tête. Je la questionnai à mon tour :

— Pourquoi grand-père est-il si furieux contre toi ?

— Parce que j'ai mal agi envers lui.

— Tu aurais mieux fait de lui amener l'enfant...

Elle sursauta, fronça le sourcil et se mordit les lèvres ; puis soudain, elle se mit à rire aux éclats en me serrant de nouveau contre sa poitrine :

— Ah ! petit monstre ! Ne parle pas de cela, entends-tu ? N'en parle pas, je ne veux même pas que tu y penses !

Longtemps, elle discourut à mi-voix, d'un ton sévère, en proférant des paroles incompréhensibles pour moi. Elle se leva ensuite et, tout en arpentant la chambre, elle tambourinait de ses doigts sur son menton.

Une chandelle de suif qui brûlait sur la table se reflétait dans le vide du miroir ; des ombres sales rampaient sur le sol ; dans un coin, devant l'icône, scintillait la petite lampe éternelle. La clarté de la lune argentait la fenêtre givrée. Ma mère, les sourcils froncés, inspectait la pièce, comme si elle eût cherché quelque chose au plafond ou sur les parois nues.

— Quand te couches-tu ?

— Dans un petit moment !

— Du reste, tu as dormi toute la journée ! remarqua-t-elle, et elle soupira.

Je demandai :

— Tu veux t'en aller ?

— Où irais-je ? interrogea-t-elle à son tour avec étonnement, et elle me prit au menton et me regarda si longtemps que les larmes me montèrent aux yeux.

— Qu'as-tu ?

— J'ai mal au cou...

J'avais aussi le cœur serré ; je sentais qu'elle ne demeurerait pas longtemps dans cette maison et qu'elle s'en irait encore.

— Tu ressembleras à ton père ! observa-t-elle, en repoussant du pied le tapis. Grand'mère t'a-t-elle parlé de lui ?

— Oui.

— Elle l'aimait beaucoup, beaucoup) ! Et il le lui rendait bien !

— Je le sais...

Ma mère jeta un coup d'œil sur la chandelle, fit une grimace et souffla sur la petite flamme en disant :

— On est mieux ainsi !

Oui, c'était plus agréable ; les ombres noires cessèrent de s'agiter ; des taches bleu pâle se couchèrent sur le sol et des étincelles d'or flamboyèrent aux vitres.

— Et toi, où as-tu vécu ?

Comme si elle évoquait un passé lointain, elle me cita le nom de quelques villes et, tout en parlant, elle tournoyait toujours dans la pièce, comme un épervier dont on n'entendrait pas le vol.

— Où as-tu pris cette robe ?

— C'est moi qui l'ai faite. Je me fais tout moi-même...

J'étais très content de ce qu'elle ne ressemblait à personne, mais je regrettais qu'elle parlât si peu ; si je ne la questionnais pas, elle ne me disait plus rien.

Bientôt, elle s'assit de nouveau à côté de moi sur le canapé et nous restâmes silencieux, serrés l'un contre l'autre jusqu'à l'heure où mes grands-parents revinrent de l'office, imprégnés de l'odeur de la cire et de l'encens, solennels, apaisés et affectueux.

Le souper fut cérémonieux, comme il convenait à la veille d'une fête ; on parla peu et avec discrétion ; il semblait qu'on eût peur de réveiller quelqu'un dont le sommeil aurait été léger.

Quelques jours plus tard, ma mère se mit en devoir de m'inculquer vigoureusement les notions d'écriture et de lecture profanes. Elle acheta des livres et ce fut dans l'un d'eux, *la Parole maternelle*, que je surmontai en quelques jours les difficultés de l'alphabet. Ma mère me proposa d'apprendre des poésies par cœur ; et ce fut de ce jour-là que datèrent nos réciproques afflictions.

L'une de ces poésies était ainsi conçue :

>   Route longue, route droite,
>   Que d'espace Dieu t'a donné !

> La hache ni la pelle ne t'ont égalisée,
> Tu es douce au sabot et riche de poussière

J'articulais d'une manière défectueuse et ma mère me reprenait, mais je persistais dans mes errements.

Elle s'irritait, me traitant de benêt et de têtu, et ces paroles étaient dures à entendre. J'essayais très consciencieusement de me rappeler les vers maudits ; mentalement je les récitais sans faute, mais dès que je voulais les dire à haute voix, je me trompais. Je me mis à haïr ces insaisissables phrases et, de rage, je les mutilai de propos délibéré, en disposant à la file l'un de l'autre des mots stupides qui avaient à peu près le même son ; j'étais enchanté quand ces vers ensorcelés ne présentaient plus aucun sens.

Mais ce plaisir me coûta cher : un jour, après une leçon qui avait satisfait ma mère, elle me demanda si je pouvais enfin lui réciter les vers ; et sans le vouloir, je me mis à murmurer :

> Route, voûte, droite, roide,
> Sabot, rabot, radeau.

Je me repris, mais trop tard ; ma mère, les mains appuyées à la table, se leva et scanda :
— Qu'est-ce que cela signifie ?
— Je ne sais pas, avouai-je.
— Dis-moi ce que cela signifie !
— Je dis ça comme ça...
— Pourquoi ?
— C'est amusant !
— File dans le coin !
— Pourquoi ?
Elle répéta tout bas mais d'un ton menaçant :
— Au coin !
— Dans lequel ?
Sans me répondre, elle me dévisagea de telle sorte que je perdis totalement la tête, ne comprenant pas du tout ce qu'elle voulait. Dans l'angle des icônes, il y avait une petite table ronde qui supportait un vase garni d'herbes et de fleurs sèches ; l'autre coin était occupé par le lit ; le troisième, par une malle recouverte d'un tapis ; le quatrième coin, occupé par la porte, n'existait pas.

— Je ne sais pas ce que tu veux ! – déclarai-je, désespérant de la comprendre.

Elle se rassit, garda le silence et s'essuya le front et les joues ; puis elle demanda :

— Grand-père t'a-t-il déjà mis au piquet dans un coin ?

— Quand ?

— Mais, peu importe : un jour ou un autre ! – cria-t-elle, en frappant à deux reprises sur la table.

— Non, je ne me rappelle pas.

— Sais-tu que c'est une punition que d'être relégué dans un coin ?

— Non. Pourquoi est-ce une punition ?

Elle poussa un soupir.

— Hou ! Viens ici !

Je m'approchai d'elle et demandai :

— Pourquoi te fâches-tu contre moi ?

— Et pourquoi estropies-tu volontairement les vers que je te donne à apprendre ?

Tant bien que mal, je lui expliquai que, lorsque je fermais les yeux, je me rappelais les vers tels qu'ils étaient imprimés, mais dès que je récitais, d'autres mots me venaient à l'esprit.

— Ne jouerais-tu pas la comédie ?

Je répondis négativement, mais aussitôt, je me demandai si, en effet, il n'y avait pas là quelque hypocrisie de ma part. Et soudainement, sans me hâter, je récitai les vers d'une façon si correcte que j'en restai étonné et anéanti.

Sentant que mon visage s'empourprait, que mes oreilles s'alourdissaient et s'injectaient de sang et qu'un bourdonnement désagréable résonnait dans mon cerveau, je demeurai debout devant ma mère, écrasé de honte ; à travers mes larmes, je vis que sa figure s'était assombrie et attristée, que ses sourcils se fronçaient et qu'elle pinçait les lèvres.

— Qu'est-ce que cela veut dire ? demanda-t-elle d'une voix changée. Tu le faisais donc bien exprès...

— Je ne sais pas. C'est sans le vouloir...

— Que tu es pénible ! conclut-elle en baissant la tête. Va-t'en !

Elle exigea que j'apprisse tous les jours de nouvelles poésies, et ma mémoire se faisait de plus en plus rebelle en même temps que l'invincible désir de mutiler ces lignes égales en y ajoutant d'autres mots s'intensifiait en mon esprit. J'y parvenais sans difficulté ; les vocables inutiles venaient à mes lèvres par essaims, embrouillant très vite ce qui était écrit dans le livre. Souvent, il arrivait qu'une ligne tout entière m'était invisible, et quelques efforts que je fisse pour la saisir, elle se dérobait tout à fait à ma mémoire. Une plaintive élégie du prince Viazemsky, je crois, me causa beaucoup d'ennuis :

> À l'heure matinale et à l'heure vespérale,
> Beaucoup de vieillards, de veuves et d'orphelins...
> . . . .
> Demandent la charité au nom du Christ.

J'oubliais régulièrement le troisième vers :

> Passent sous les fenêtres avec leur besace.

Fort mécontente, ma mère racontait mes exploits à mon aïeul, qui disait d'un ton menaçant :
— C'est de l'espièglerie ! Il sait les prières mieux que moi ! Il ruse, il a une mémoire extraordinaire ; quand quelque chose s'est gravé en lui, c'est indéracinable. Tu devrais le fouetter !

Grand'mère me confondait aussi :
— Il se rappelle les contes, il se rappelle les chansons, et les chansons, n'est-ce pas aussi de la poésie ?

Tout cela était exact et je me sentais coupable ; mais dès que je me mettais à apprendre des vers, d'autres mots surgis on ne sait d'où rampaient comme des blattes et venaient s'assembler d'eux-mêmes en lignes plus ou moins rythmées :

> À notre portail, beaucoup de vieillards et d'orphelins
> Viennent, pleurnichent, demandent du pain,
> Ils le prennent et le portent à Petrovna.
> Ils le lui vendent pour ses vaches
> Et s'en vont boire de l'eau-de-vie dans le ravin !

La nuit, couché dans la soupente avec grand'mère, je la fatiguais en lui répétant ce que je me rappelais de mes leçons et aussi tout ce que j'avais composé moi-même. Parfois, elle riait de bon cœur, mais la plupart du temps, elle me grondait :
— Tu vois, tu sais tes poésies, tu peux donc les apprendre par cœur quand tu veux ! Mais il ne faut pas te moquer des mendiants ! Que Dieu soit avec eux ! Jésus était pauvre et les saints aussi...

Je murmurai :

> Je n'aime pas les pauvres, ni grand-père non plus !
> Que faire ? Dieu me pardonne,
> Grand-père cherche toujours des prétextes pour me
> > battre !

— Que chantes-tu là ? Que ta langue se dessèche ! se fâchait alors l'aïeule. Si ton grand-père t'entendait parler ainsi !

— Tant pis !

— Tu as tort de faire le polisson et de chagriner ta mère ! Elle a bien assez de soucis sans cela ! m'exhortait la bonne vieille, d'une voix affectueuse et mélancolique.

— Quels soucis a-t-elle ?

— Tu ne peux pas comprendre... Tais-toi !

— Je sais ! C'est grand-père qui la...

— Tais-toi, te dis-je !

J'étais malheureux ; j'éprouvais un sentiment proche du désespoir ; mais, comme pour une raison inconnue, je voulais le dissimuler, j'accumulais équipées sur insolences. Les leçons de ma mère devenaient de plus en plus fréquentes et de plus en plus incompréhensibles ; si j'apprenais sans peine l'arithmétique, je détestais la dictée et ne saisissais rien à la grammaire. Mais ce qui m'accablait surtout, c'était que ma mère souffrait de vivre chez grand-père ; je le voyais et je le sentais ; elle devenait sombre, ses yeux se faisaient lointains ; pendant de longs moments, elle restait assise, silencieuse, à la fenêtre qui donnait sur le jardin. Elle semblait s'être fanée. À son arrivée, elle était fraîche et alerte ; maintenant, des cernes entouraient ses yeux ; durant des journées entières, elle restait dépeignée, vêtue d'une robe chiffonnée, au corsage mal boutonné. Tout cela me contristait et me vexait : elle aurait dû être toujours belle, sévère, bien habillée, mieux que tout le monde !

À l'heure des leçons, elle fixait sur le mur un regard vague, m'interrogeait d'une voix lassée, oubliait mes réponses, et s'emportait pour des riens. Cela aussi m'offensait : ma mère devait être juste, plus juste que tout le monde, comme dans les contes de fée.

Parfois, je lui demandais :

— Tu n'es pas heureuse avec nous ?

Elle me répondait d'un ton rageur :

— Occupe-toi de tes affaires !

Je voyais aussi que grand-père préparait quelque chose qui effrayait ma mère. Il s'enfermait avec elle assez souvent dans la chambre qu'avait occupée Bonne-Affaire et je l'entendais geindre et piailler comme l'insupportable chalumeau du berger bossu Nicanor. Au cours d'une de ces conférences, ma mère cria si fort que toute la maison l'entendit :

— Non ! Cela ne sera pas !

Elle claqua la porte et grand-père se mit à vociférer.

C'était le soir ; grand'mère, assise près de la table, à la cuisine, fabriquait une blouse pour son mari, murmurant entre ses dents des mots inintelligibles. Lorsque la porte se fut refermée avec fracas, elle s'écria, l'oreille aux écoutes :

— Elle est allée chez les locataires ! Ah ! Seigneur !

Soudain, grand-père se précipita dans la cuisine, courut à grand'mère à qui il asséna un grand coup sur la tête et se mit à siffler en secouant sa main meurtrie :

— Sorcière, tu bavardes toujours et tu racontes tout ce que tu ne devrais pas dire !

— Et toi, tu n'es qu'un vieil imbécile ! déclara paisiblement grand'mère en rajustant sa coiffe qui avait glissé. Non, je ne me tairai pas ! Et chaque fois que j'aurai vent de tes projets, je ne manquerai pas de la prévenir régulièrement.

Il se jeta sur elle et se mit à cogner à coups redoublés sur la grosse tête de sa femme qui, sans se défendre ni le repousser, lui disait :

— Bats-moi ! Bats-moi, imbécile ! Eh bien, oui, bats-moi !

Du haut de la soupente, je lançai sur mes grands-parents les oreillers, les couvertures et même les souliers qui séchaient sur le poêle ; mais mon aïeul, aveuglé par la colère, ne s'en apercevait pas ; grand'mère était tombée par terre et il lui donnait sans répit des coups de pied à la tête ; enfin, il trébucha et tomba en renversant un seau rempli d'eau. S'étant relevé brusquement, crachant et reniflant, il s'enfuit au grenier dans sa chambre. Grand'mère, avec des gémissements, se redressa à son tour, se hissa sur le banc et se mit à épingler ses cheveux en désordre. Je sautai à bas de la soupente.

— Ramasse les oreillers et remets tout en place, commanda-t-elle, d'une voix fâchée. En voilà une idée, de nous lancer la literie ! Est-ce que cela te regarde ? Et l'autre, le vieux démon, était-il sorti de ses gonds... l'imbécile !

Soudain, elle poussa un cri et son visage se rida ; penchant la tête elle m'appela :

— Regarde donc, qu'est-ce que j'ai là qui me fait si mal ?

Je fouillai dans son épaisse toison : une épingle à cheveux était profondément enfoncée sous la peau ; je la tirai et j'en trouvai une autre que je voulus arracher également, mais mes doigts s'engourdissaient :

— J'aime mieux appeler mère, cela me fait peur !

Elle fit un geste :

— Non, non ! Je ne veux pas que tu l'appelles ! C'est un vrai bonheur qu'elle n'ait rien vu ni entendu ! Va-t'en !

Et de ses agiles doigts de dentellière, elle se palpa la tête sous sa luxuriante chevelure noire. M'étant un peu remis, je l'aidai à sortir de la chair deux grosses épingles courbées.

— Cela te fait mal ?

— Ça n'a pas d'importance, demain, je prendrai un bain, je me laverai la tête et il n'y paraîtra plus.

Et elle implora d'une voix caressante :

— Tu ne raconteras pas à ta mère qu'il m'a battue, n'est-ce pas ? Ils sont déjà assez irrités l'un contre l'autre sans cela. Tu ne diras rien, n'est-ce pas, mon petit ?

— Non !

— Bien ; rappelle-toi ta promesse ! Viens, nous allons tout ranger ensemble ! Est-ce que j'ai des marques sur le visage ? Non ? C'est parfait ; comme cela, personne ne s'apercevra de rien !

Elle se mit à nettoyer le plancher et je lui dis avec conviction :

— Tu es une vraie sainte : on te tourmente, on te persécute, et cela ne te fait rien !

— Quelles bêtises tu dis là ! Moi, une sainte ?... Ah ! tu en as des trouvailles !

Longtemps elle grommela en se traînant sur les genoux, tandis qu'assis sur le marchepied du poêle je me creusais la tête pour savoir comment je pourrais bien punir grand-père de sa conduite et la venger du même coup !

C'était la première fois qu'il avait battu sa femme d'une façon aussi infâme et aussi atroce, en ma présence tout au moins. Dans la pénombre je revoyais son visage écarlate et fulminant et ses cheveux qui flottaient en désordre. L'outrage brûlait mon cœur et je souffrais de ne pas imaginer des représailles dignes de l'injure.

Mais deux ou trois jours plus tard, étant entré je ne sais pourquoi dans la chambre qu'il occupait au grenier, je le vis assis sur le plancher devant un coffre ouvert où il rangeait des documents. J'aperçus sur une chaise le calendrier ecclésiastique qu'il aimait tant : c'étaient douze feuilles d'un papier gris assez épais et divisées en autant de carrés qu'il y avait de jours dans le mois ; dans chaque carré, on avait dessiné la silhouette du saint du jour. Grand-père faisait grand cas de son calendrier et ne m'autorisait à le regarder que dans de très rares occasions où il avait été tout particulièrement satisfait de mon travail ou de ma conduite. J'examinais toujours avec un sentiment singulier ces jolies petites images, grises et serrées les unes contre les autres. Je connaissais la vie de quelques-uns des personnages représentés, celle de Kirike d'Oulita, de Varvara la grande martyre, de Pantéléimone et d'autres encore. J'aimais surtout la mélancolique histoire d'Alexis, le saint homme de Dieu, et les beaux vers qui la racontaient. Grand'mère me les récitait souvent et d'un accent qui me touchait. Je regardais parfois ces martyrs, qui se comptaient par centaines et je me consolais un peu en pensant qu'il y a toujours eu des gens persécutés pour leur foi...

Je tenais ma vengeance. Je résolus de couper ce calendrier en mille morceaux, et lorsque grand'père s'en alla vers la lucarne pour déchiffrer un papier, je m'emparai de quelques feuilles. Ceci fait, je descendis vivement, sortis les ciseaux de la table de grand'mère et grimpai dans la soupente où je me mis à taillader la tête des saints. Après avoir décapité une rangée de martyrs, je jugeai dommage d'abîmer le calendrier, et je divisai la feuille en suivant la ligne qui séparait les carrés. Je n'avais pas encore détaché la seconde rangée que grand-père, pénétrant dans la cuisine, montait sur le marchepied et demandait :

— Qui est-ce qui t'a permis de prendre le calendrier ?

En apercevant les petits fragments de papier éparpillés sur les planches, il les ramassa et les porta à son visage, puis les jeta et les ramassa de nouveau. Son menton tremblait, sa barbe avait des frémissements et il respirait avec une telle force que les débris des saints s'envolèrent sur le plancher.

— Qu'as-tu fait, misérable ? s'écria-t-il enfin, et il me tira par le pied ; je fis le saut périlleux en l'air : grand'mère, juste à temps, me reçut dans ses bras et le vieux nous donna une volée de coups de poing en glapissant :

— Je vais l'assommer.

Ma mère parut ; je me retrouvai dans le coin près du poêle ; elle se tenait devant moi, barrant le passage à grand-père, dont elle s'efforçait d'emprisonner les mains menaçantes. Elle s'exclama :

— Quelle abomination ! À quoi pensez-vous ?

Grand-père s'effondra sur le banc près de la fenêtre et se mit à geindre :

— Vous m'avez tué ! Tout le monde est contre moi, tout le monde !

— N'avez-vous pas honte ? reprit la voix sourde de ma mère. Vous jouez constamment la comédie !

Mon aïeul criait, tapait des pieds. Sa barbe se hérissait drôlement et ses paupières étaient baissées. Il me sembla qu'il avait réellement honte, qu'il jouait la comédie et qu'il ne fermait les yeux que pour ne pas se trahir.

— Je vous collerai ces morceaux sur de la toile ; ce sera plus solide qu'avant, promit ma mère, en examinant feuilles et fragments. Vous voyez, c'est déjà tout chiffonné et usé ; il tombait en poussière, ce calendrier...

Elle lui parlait sur le ton sévère qu'elle employait avec moi lorsque je ne comprenais pas les explications au cours des leçons. Tout à coup, grand-père se leva et, après avoir craché, commanda :

— Tu colleras cela aujourd'hui même ! Je vais tout de suite t'apporter les autres feuillets !

Il se dirigea vers la porte ; mais, arrivé sur le seuil, il se retourna et me désignant de son doigt tordu :

— Quant à lui, il faut le fouetter !

— Oui, certes ! acquiesça ma mère en se penchant vers moi. Pourquoi as-tu agi de la sorte ?

— Parce qu'il a battu grand'mère et cela je ne le veux pas, ou bien je lui couperai la barbe !...

Grand'mère, qui enlevait son corsage déchiré, hocha la tête et me blâma.

— Tu ferais mieux de te taire, ainsi que tu me l'avais promis !

Ma mère la regarda, traversa la cuisine et revint vers moi :

— Quand l'a-t-il battue ?

— Toi, Varioucha, tu devrais avoir honte d'interroger cet enfant, et d'abord cela ne te regarde pas, intervint grand'mère, irritée.

Ma mère l'enlaça :

— Ah ! maman, ma chère petite maman...

— Laisse-moi ! Laisse-moi !

Elles se regardèrent et se turent, puis se séparèrent : on entendait grand-père qui piétinait dans le corridor.

Dès son retour, ma mère s'était liée avec la joyeuse petite femme du militaire et, presque tous les soirs, elle se rendait chez cette dernière, qui recevait aussi les belles dames et les officiers de la maison Betleng. Grand-père était mécontent de ces visites : plus d'une fois, pendant le souper, il brandissait sa cuiller en maugréant :

— Les maudits ! Les voilà encore réunis ! Ils m'empêcheront jusqu'au matin de fermer l'œil !

Bientôt, il donna congé au militaire et, dès que l'appartement fut vide, ramena on ne sait d'où deux voitures de meubles dont il garnit les pièces qui donnaient sur la rue. Il les ferma ensuite avec un grand calme et déclara :

— Nous n'avons pas besoin de locataires. C'est moi dorénavant qui recevrai les visites !

Et ce fut ainsi que le dimanche nous eûmes des hôtes ; c'était Matriona Serguiéva, la sœur de grand'mère, une blanchisseuse qui avait un grand nez, une voix criarde et qui portait une robe de soie et une coiffe couleur d'or. Elle était accompagnée de ses fils Vassily et Victor ; le premier, tout en gris, était un bon et joyeux gaillard, qui exerçait la profession de dessinateur ; son frère exhibait un costume plus fantaisiste et son visage étroit était parsemé de taches de rousseur ; sa tête avait la même forme que celle d'un cheval. Dès le corridor, quand il arrivait, on l'entendait fredonner :

— André-papa, André-papa...

L'oncle Jacob avec sa guitare venait aussi et amenait avec lui un horloger chauve et borgne, personnage fort réservé que son long vêtement noir faisait ressembler à un moine. Il s'asseyait toujours dans un coin, penchait la tête de côté et souriait. Il n'avait rien de particulièrement brillant, mais son œil unique se posait sur les gens avec une insistance bizarre. Je ne l'ai guère entendu répéter que ces paroles, toujours les mêmes :

— Ne vous donnez pas la peine, cela n'a pas d'importance...

Lorsque je l'aperçus pour la première fois, je me rappelai tout à coup une chose vue bien longtemps auparavant, à l'époque où nous habitions encore la rue Neuve : au roulement lugubre et sonore des tambours, une haute télègue noire, entourée de soldats et de curieux, avait passé devant notre maison. Elle venait de la prison et se dirigeait vers la place ; à l'intérieur était assis un petit homme coiffé d'une casquette de drap de forme ronde et chargé de chaînes. Une planche noire qui portait une inscription en grosses lettres était pendue sur sa poitrine. L'homme baissait la tête comme pour lire sa pancarte ; ses jambes tremblaient et les chaînes dont il était chargé cliquetaient.

Aussi, lorsque ma mère dit à l'horloger : « Voici mon fils ! » je reculai précipitamment et me cachai les mains derrière le dos.

— Ne vous donnez pas la peine ! fit-il, et sa bouche se tordit en une affreuse grimace ; il me saisit à la ceinture, m'attira à lui, me fit pirouetter sur moi-même avec rapidité et sans aucun effort, me relâcha en me complimentant :

— Il n'y a pas à dire, c'est un robuste gaillard !

Installé dans un fauteuil de cuir, si vaste qu'on pouvait s'y coucher, je pus me rendre compte de quelle façon ennuyeuse les grandes personnes s'amusaient. Le visage de l'horloger se transformait sans cesse et je trouvais la chose à la fois suspecte et bizarre ; on aurait dit que cette physionomie adipeuse fondait ; quand l'homme souriait, ses grosses lèvres s'en allaient sur la joue droite et le nez aussi voyageait, comme un petit pâté sur une assiette. Les grandes oreilles écarquillées remuaient drôlement ; tantôt elles se soulevaient en même temps que le sourcil de l'œil sain, tantôt elles se rabattaient vers les pommettes ; il me semblait que si l'horloger avait voulu, il aurait pu en couvrir son nez. Parfois, après avoir poussé un profond soupir, il sortait une langue aussi ronde qu'un pilon, et lui faisait décrire un cercle régulier en léchant ses épaisses lèvres huileuses. Tout cela, sans me divertir beaucoup, m'intéressait cependant et m'incitait à le guetter sans cesse.

On prenait du thé additionné de rhum, on buvait les liqueurs de grand'mère, des ratafias verts ou jaunes comme de l'or. On mangeait de succulents beignets à la crème et des galettes au miel saupoudrées de graines de pavot. On avait chaud, on transpirait, on soufflait pour s'éventer et on faisait des compliments à mon aïeule. Lorsque les convives étaient rassasiés, ils allaient gravement s'asseoir sur d'autres chaises et, sans trop insister, on demandait à l'oncle Jacob de faire un peu de musique.

Il s'exécutait : penché sur sa guitare, et pinçant les cordes, il chantonnait d'une voix désagréable et obsédante :

> Eh ! nous avons vécu comme nous avons pu, en
>   criant par la ville.
> On a tout raconté en détail à la dame de Kazan.

Je trouvais cette mélodie très triste ; grand'mère aussi, sans doute, car elle disait :

— Jacob, si tu nous jouais autre chose, une véritable chanson ! Te rappelles-tu, Matriona, les belles chansons qu'on savait dans le temps ?

La blanchisseuse tapotait sa robe et répondait d'un ton sentencieux :

— La mode a changé, ma chère...

Mon oncle, pour regarder grand'mère, plissait les paupières comme si elle avait été très loin de lui, et s'obstinait à émettre des sons lugubres.

Grand-père, énumérant quelque chose sur ses doigts, conversait mystérieusement avec l'horloger ; l'autre, le sourcil haussé, regardait du côté de ma mère et hochait la tête, tandis que son visage huileux tremblotait.

Ma mère, elle, s'asseyait toujours entre les deux Serguiéf : à voix basse et d'un air grave elle s'adressait à Vassily qui soupirait et répondait :

— Oui, il faut réfléchir à cela...

Victor souriait, repu et satisfait, traînant les pieds sur le plancher jusqu'à ce qu'il reprît sa rengaine :

— André-papa, André-papa...

Tout le monde se taisait, on le regardait avec étonnement et sa mère expliquait d'un ton important :

— C'est du théâtre qu'il a rapporté cela ; on chante cet air au théâtre...

Il y eut deux ou trois de ces soirées, et j'en ai conservé le souvenir le plus mortellement ennuyeux qu'il soit possible d'imaginer. L'horloger ensuite vint chez nous de jour.

C'était un dimanche, immédiatement après la dernière messe. Installé dans la chambre de ma mère, je l'aidais à retirer les perles d'une broderie déchirée, lorsque la porte s'entre-bâilla et le visage effrayé de grand'mère apparut :

— Varioucha, il est là ! chuchota-t-elle.

Ma mère ne remua pas, et n'eut pas même un tressaillement ; la porte s'ouvrit de nouveau et grand-père, s'arrêtant sur le seuil, s'écria d'une voix solennelle :

— Varioucha, habille-toi et viens !

Sans se lever ni le regarder, ma mère demanda :

— Où dois-je aller ?

— Viens, te dis-je ! Trêve de discussion ! C'est un homme tranquille, qui connaît bien son métier : ce sera un bon père pour Alexis...

Grand-père parlait d'un ton grave et inusité.

Mère l'interrompit tranquillement :

— Je vous préviens que cela ne se fera pas...

Mon aïeul fit un pas vers sa fille et allongea les bras ; on eût dit qu'il venait de perdre brusquement la vue. Le dos voûté, il râla, tout hérissé de colère :

— Viens ! Sinon, je te traînerai... par les cheveux...

— Vous me traînerez ? répéta ma mère en se levant ; elle avait blêmi et ses yeux s'étaient durcis.

Rapidement, elle enleva jupes et corsage, puis, lorsqu'elle fut en chemise, elle s'approcha de grand-père :

— Eh bien, traînez-moi !

Les dents découvertes, il la menaça du poing :

— Varioucha, habille-toi !

L'écartant d'un geste, ma mère saisit la poignée de la porte :

— Allons, viens donc !

— Je te maudirai ! chuchota grand-père.

— Cela m'est égal. Venez-vous ?

Elle ouvrit la porte ; mais mon aïeul, la retenant par le pan de sa chemise, tomba à genoux, haletant :

— Varioucha, coquine, tu vas me couvrir de honte ! Et tu seras perdue...

Il geignit encore d'une voix plaintive :

— Mère... mère...

Grand'mère, en agitant le bras, comme pour chasser une poule, barrait déjà le passage à ma mère ; elle la fit rentrer dans la pièce et grommela entre ses dents :

— Varioucha, à quoi penses-tu ? Veux-tu bien rester ici, effrontée !

Elle la poussa encore, puis, après avoir mis le verrou, elle se pencha vers grand-père, qu'elle releva d'une main, tout en le menaçant de l'autre :

— Hou, hou ! Vieux démon, vieux nigaud !

L'ayant assis sur le canapé où il s'effondra comme une loque, la bouche ouverte, grand'mère s'adressa à sa fille :

— Et toi, rhabille-toi !

Ramassant ses vêtements épars sur le plancher, ma mère déclara :

— Je n'irai pas vers lui, vous entendez ?

Grand'mère me poussa à bas du canapé :

— Va vite chercher une cruche d'eau !

Elle parlait bas, presque en chuchotant, mais d'un ton calme et autoritaire. Je filai par le corridor ; dans une des pièces sur le devant de la maison, des pas lourds et cadencés résonnaient tandis que, dans la chambre de ma mère, sa voix sonore s'élevait :

— Je partirai demain !

J'entrai dans la cuisine et je m'assis à la fenêtre ; il me semblait que je rêvais.

Grand-père gémissait et sanglotait, grand'mère bougonnait, une porte claqua, puis un silence angoissant plana sur la maison. Je me souvins de ce qu'on m'avait commandé et partis puiser de l'eau avec une jarre de cuivre : en traversant le corridor, je rencontrai l'horloger. La tête baissée, il toussotait et de la main lissait sa casquette de fourrure. Grand'mère, les doigts croisés sur le ventre, le saluait, lui faisait des révérences qu'il ne voyait pas et disait à mi-voix :

— Vous le savez vous-même, l'amour est une chose qui ne se commande pas...

L'horloger trébucha sur le seuil du perron et se précipita dans la cour. Toute tremblante, grand'mère se signa ; je ne savais pas si c'était les sanglots ou le rire qui la secouaient ainsi.

— Qu'as-tu ? m'informai-je en courant à elle.

Elle m'arracha la jarre des mains, si brusquement, qu'elle répandit de l'eau sur mes chaussures et m'apostropha :

— Où donc as-tu été la chercher cette eau ? Ferme la porte !

Elle se rendit dans la chambre de ma mère et, de la cuisine où j'étais rentré, je les écoutai gémir.

La journée était claire ; par les deux fenêtres, à travers les vitres givrées, le soleil hivernal lançait ses rayons obliques ; sur la table dressée pour le dîner, la vaisselle d'étain étincelait, ainsi que les carafes remplies, l'une, de kvass roux, l'autre, d'une infusion d'eau-de-vie, de bétoine et de millepertuis, destinée à grand-père. Par places, les vitres débarrassées du givre laissaient voir sur les toits la neige scintillante ainsi que les petits bonnets d'argent qui coiffaient les pieux de la clôture. Aux montants des fenêtres, dans les cages inondées de soleil, mes oiseaux jasaient : les joyeux serins apprivoisés gazouillaient, les bouvreuils sifflaient, le chardonneret exécutait des roulades. Mais cette gaie et sonore journée ne me réjouissait pas, l'ennui m'envahissait et j'eus envie de donner la liberté à mes oiseaux. J'étais en train de descendre les cages, lorsque grand'mère fit irruption dans la pièce et courut au fourneau en ronchonnant.

— Ah ! les maudits ! Que la peste les emporte tous ! Vieille bête que je suis !

Elle sortit du four une pâte dont elle tapota la croûte avec le doigt ; puis elle cracha à terre avec irritation :

— Le voilà tout sec ! Et moi qui voulais seulement le réchauffer ! Ah ! démons, puissiez-vous donc tous être réduits en miettes ! Et toi, chouette, quand tu auras fini d'ouvrir des yeux grands comme des portes. Ah ! comme j'aimerais à vous casser en morceaux, les uns et les autres !

Retournant le pâté de tous les côtés, pour en tâter la croûte, elle se mit soudain à pleurer à chaudes larmes.

Mon grand-père et ma mère survinrent et elle lança le plat sur la table si brusquement que les assiettes sautèrent :

— Regardez : voilà de quoi vous êtes la cause ! Puissiez-vous n'avoir ni fond ni couvercle !

Tranquille et joyeuse, ma mère l'enlaça et la consola, tandis que grand-père, fatigué et ratatiné, s'asseyait à table, nouait sa serviette autour de son cou et maugréait, tout en fronçant les sourcils pour préserver ses yeux du soleil :

— Qu'importe ! Nous avons déjà mangé de bons pâtés ! Le Seigneur est parcimonieux : il vous fait payer les minutes de bonheur par des années de souffrance et ne prête pas à intérêts fixes... Assieds-toi, Varioucha... C'est fini... n'en parlons plus...

On aurait dit qu'il avait perdu la raison ; durant tout le dîner, il parla de

Dieu, de l'impie Achab, du sort pénible réservé aux parents ; grand'mère l'interrompait avec brusquerie :

— Mange donc, entends-tu ?

Ma mère plaisantait et ses yeux clairs étincelaient :

— Tu as eu peur, tout à l'heure, n'est-ce pas ? me demanda-t-elle en me poussant.

Non, je n'avais pas eu bien peur à ce moment-là. C'était maintenant que je ne me sentais pas à l'aise, que je ne comprenais pas.

Comme d'habitude, le dimanche et les jours de fête, ils mangèrent tant et si longtemps que j'en étais lassé. Il me semblait que je n'avais pas en face de moi ces mêmes personnes qui, une demi-heure auparavant, s'invectivaient, prêtes à se battre. Non, je ne pouvais déjà plus croire qu'ils avaient agi alors pour de bon et qu'ils avaient pleuré. Leurs cris et leurs larmes, les tourments qu'ils s'infligeaient mutuellement, les scènes qui éclataient pour s'éteindre aussitôt, m'étaient devenus si familiers que tout cela ne parvenait plus à me toucher que très faiblement.

Bien longtemps après, j'ai compris que les Russes, obligés de mener une vie indigente, arrivent à chercher dans le chagrin une distraction. Ils s'en amusent comme des enfants, ils s'y complaisent et il est rare qu'ils aient honte d'être malheureux.

Durant les interminables journées de travail, la douleur elle-même est une fête, et l'incendie un divertissement, comme sur un visage insignifiant toute égratignure est un ornement.

11

À la suite de cette aventure, ma mère prit de l'assurance, se redressa et devint la véritable maîtresse de la maison, alors que grand-père, complètement maté, se fit tout petit et rêveur. Il ne sortait presque plus et passait la majeure partie de son temps dans sa chambre, au grenier, où il lisait un livre mystérieux, intitulé *Mémoires de mon père*. Il serrait ce livre dans un coffre fermé à clé et, plus d'une fois, j'avais remarqué qu'avant de l'en retirer mon aïeul se lavait les mains. C'était un épais bouquin d'un format plutôt réduit et relié de cuir fauve ; sur une feuille bleuâtre, au-dessus du titre, on pouvait remarquer cette suscription toute enjolivée :

À L'HONORABLE VASSILY KACHIRINE, AVEC GRATITUDE,
EN SOUVENIR SINCÈRE

Suivait une signature étrange dont le paraphe représentait un oiseau en plein vol. Après les avoir retirées avec précaution de leur gaine, grand-père chaussait ses lunettes à monture d'argent et considérait cette signature en fronçant le nez. Bien des fois, je lui avais demandé quel était ce livre ; il m'avait toujours répondu d'un ton sentencieux :

— Tu n'as pas besoin de le savoir. Quand je mourrai, je te le léguerai, ainsi que ma pelisse de civette.

Il adressait moins souvent la parole à ma mère, la traitait avec plus de douceur et écoutait attentivement ses propos.

— C'est bien, c'est bien ! Fais ce que tu veux...

Il possédait dans ses malles quantité de vêtements extraordinaires : jupes de soie, mantelets de satin doublés de fourrure, longues robes de brocart tissé d'argent, coiffures et diadèmes brodés de perles, fichus et coiffes de teintes vives, lourds colliers, pierreries de toutes couleurs. Il apportait tout cela par brassées dans la chambre de ma mère et étalait ces colifichets sur les chaises et sur les tables. Ma mère admirait et il lui disait :

— Dans mon jeune temps, l'habillement était bien plus riche et plus beau qu'aujourd'hui. On avait des vêtements somptueux, on vivait mieux et il y avait aussi davantage d'harmonie. Ces temps-là sont passés et ne reviendront plus ! Tiens, essaye cela, déguise-toi...

Déférant à son désir, ma mère passa dans la pièce voisine et revint, parée d'une robe princesse bleu foncé brodée d'or et d'un diadème perlé. S'inclinant très bas devant mon aïeul, elle lui demanda :

— Suis-je bien ainsi, monsieur mon père ?

Le visage du grand-père rayonna ; il tourna autour de sa fille, en remuant les doigts, et finit par murmurer d'une voix indistincte, comme s'il rêvait :

— Ah ! Varioucha, si tu avais de l'argent... et si tu avais de braves gens autour de toi...

Maintenant, ma mère habitait deux chambres sur le devant de la maison ; elle recevait souvent des visites : les frères Maximof étaient ses hôtes les plus assidus. L'un, Pierre, un bel officier robuste, aux yeux bleus, à l'immense barbe blonde, avait assisté au châtiment que je subis le jour où je crachai sur la tête du vieux monsieur. L'autre, Evguény, de taille élevée lui aussi, avait des jambes fines, un teint pâle, une petite barbe noire et pointue, et de grands yeux ressemblant à des pruneaux. Il portait un uniforme de couleur verdâtre orné de boutons et de chiffres dorés. Rejetant en arrière ses longs cheveux ondulés qui retombaient sur un haut front poli, il souriait avec condescendance en racontant d'une voix un peu sourde des histoires qui débutaient toujours par des paroles insinuantes :

— Voyez-vous, il me semble que...

Ma mère, les paupières baissées, l'écoutait, riait et l'interrompait souvent :

— Vous êtes un enfant, monsieur Evguény, pardonnez-moi...

L'officier frappait son genou de sa large paume en approuvant :

— Oui, parfaitement, un enfant...

Les fêtes de Noël se passèrent dans une gaîté bruyante. Presque tous les soirs, des gens déguisés venaient chez ma mère. Elle se travestissait elle-même et elle était toujours plus belle que les autres ; puis elle partait avec ses amis.

Chaque fois qu'elle franchissait la porte cochère accompagnée de la bande joyeuse de ses hôtes, il me semblait que la maison s'enfonçait dans la terre ; tout devenait silencieux, angoissant et ennuyeux. Grand'mère, errant par le logis, pareille à une vieille mère-l'oie, remettait tout en ordre tandis que mon aïeul, le dos appuyé aux tièdes carreaux du poêle, monologuait :

— C'est bon, c'est entendu... Nous verrons ce qui en résultera...

Après le jour de l'an, ma mère nous conduisit à l'école, mon cousin Sacha et moi. Mon oncle Mikhaïl s'était remarié et, dès les premiers jours, sa femme, ayant pris son beau-fils en grippe, l'avait férocement battu. Sur les instances de grand'mère, mon aïeul avait offert de se charger de lui. Nous fréquentâmes donc l'école pendant un mois à peu près. De tout ce qu'on m'y enseigna, je me rappelle seulement ceci :

À la demande :

— Comment t'appelles-tu ?

on ne devait pas répondre simplement :

— Pechkof,

mais il fallait dire :

— Mon nom est Pechkof.

Il était également interdit de s'adresser au maître en ces termes :

— Ne crie pas tant, frère, je n'ai pas peur de toi.

L'école me déplut dès l'abord ; mon cousin, lui, s'en déclara très satisfait, les premiers temps du moins : il y trouva sans nulle peine des camarades. Mais, certain jour, s'étant endormi au cours d'une leçon, il poussa tout à coup un rugissement terrifiant :

— Je ne le ferai plus.

On le réveilla et il demanda l'autorisation de sortir ; mais on se moqua cruellement de lui et, le lendemain, comme nous allions à l'école, il s'arrêta à la descente du ravin, près de la Place du Foin, et me déclara :

— Vas-y, si ça te plaît, moi, j'aime mieux me promener !

Il s'accroupit, enfouit soigneusement dans la neige son paquet de livres et s'éloigna. C'était une claire journée de janvier. Le soleil étincelait partout. J'enviais beaucoup mon cousin, mais, faisant contre mauvaise fortune bon cœur, je me rendis en classe, car je ne voulais pas chagriner ma mère. Les manuels ensevelis par Sacha se trouvèrent naturellement perdus, et, le lendemain, il avait, de ce fait, une raison plausible de faire l'école buissonnière. Le troisième jour, grand-père était au courant de ses agissements.

On nous fit comparaître devant le tribunal de famille : mes grands-parents et ma mère, assis à la table de la cuisine, nous interrogèrent et je me souviens des réponses ridicules de mon cousin.

— Comment se fait-il que tu ne puisses plus arriver à l'école ?

Ses yeux placides et bons fixés sur mon aïeul, Sacha expliqua sans se presser :

— J'ai oublié où elle était.

— Tu as oublié ?

— Oui. Je l'ai pourtant bien cherchée...

— Tu aurais dû suivre Alexis ; il s'est bien rappelé, lui, où elle est !

— Je l'ai perdu.

— Tu as perdu Alexis ?

— Oui.

— Comment cela a-t-il pu se faire ?

Sacha réfléchit un instant et répondit avec un soupir :

— Il y avait une tempête de neige et on ne voyait plus rien.

Tout le monde se mit à rire ; le temps était calme et clair. Sacha, lui aussi, sourit avec prudence. Les dents découvertes, grand-père continua malicieusement :

— Tu aurais dû le tenir par la main, ou l'empoigner à la ceinture...

— C'est ce que j'ai fait, mais le vent m'a emporté...

Il parlait avec conviction, d'une voix paresseuse. J'étais gêné en entendant ces mensonges inutiles et maladroits. L'entêtement de mon cousin m'étonna beaucoup.

On nous fouetta. À dater de cette heure, un guide, ancien pompier, qui avait eu le bras cassé, nous fut adjoint ; il devait veiller à ce que Sacha ne déviât pas de la voie qui mène à la science. Mais cette mesure n'eut aucun effet ; le jour suivant, quand nous arrivâmes au ravin, mon cousin se baissa et enleva une de ses chaussures de tille qu'il jeta très loin ; ensuite il enleva l'autre et la lança non moins loin, dans une direction opposée. Puis, les pieds préservés par ses bas seulement, il se mit à courir vers la place. Le vieux pompier poussa des gémissements ; n'ayant pas le courage d'aller à la recherche des souliers égarés, il me ramena tout effrayé à la maison.

Mes grands-parents et ma mère parcoururent la ville en fiacre, s'enquérant du fuyard. Ce fut seulement vers le soir qu'on le découvrit près du monastère, au cabaret Tchirkof, où il amusait le public par ses danses. On le ramena à la maison, mais on ne le fouetta pas, car on était troublé par son silence obstiné ; allongé dans la soupente à côté de moi, il levait les jambes, se frottait la plante du pied contre le plafond et murmurait tout bas :

— Ma belle-mère ne m'aime pas, mon père ne m'aime pas, ni grand-père, pourquoi donc resterais-je avec eux ? Je vais demander à grand'mère où demeurent les brigands et je me sauverai chez eux... Et alors, vous verrez... Veux-tu venir avec moi ?

Cela m'était impossible ; à cette époque-là, j'avais décidé que je serais un officier à grande barbe blonde, et dans ce but il me fallait aller à l'école. Lorsque je fis part de ce projet à mon cousin, il réfléchit et finit par m'approuver :

— Oui, c'est très bien. Quand tu seras officier, moi, je serai chef de brigands ; tu seras chargé de m'arrêter et il faudra que l'un de nous deux tue l'autre ou le fasse prisonnier. Moi, je ne te tuerai pas.

— Ni moi non plus.

Et nous nous tînmes à cette résolution.

Grand'mère survint, grimpa sur le poêle, et nous regardant, elle s'écria :

— Eh quoi, souriceaux ? Ah ! petits orphelins ! petits débris ! Petites miettes !

Le lendemain, je me réveillai le corps couvert de taches rouges. C'était la petite vérole qui commençait. On m'installa au grenier dans une chambrette qui donnait sur la cour, mes bras et mes jambes solidement attachés au lit par de larges liens. J'étais aveuglé et d'affreux cauchemars me terrifiaient. Un d'eux m'épouvanta tellement que j'en faillis perdre la vie. Grand'mère seule venait me soigner ; elle me nourrissait à la cuiller, comme un petit enfant, et me racontait d'interminables histoires, toujours nouvelles. Un soir, alors que j'entrais en convalescence et qu'on m'avait laissé les membres libres, sauf les doigts emprisonnés dans des mitaines afin que je ne puisse pas me gratter la figure, grand'mère n'arrivant pas, je fus très alarmé de ce retard, quand elle m'apparut tout à coup : couchée derrière la porte, sur le plancher poudreux du grenier, les bras en croix face contre terre, elle avait la gorge tranchée, comme l'oncle Piotre. Un énorme chat, aux prunelles vertes et férocement dilatées, sortait de l'ombre poussiéreuse et se dirigeait vers elle.

Je sautai hors de mon lit ; des pieds et des épaules je brisai les deux cadres des fenêtres et je me jetai dans la cour, sur un tas de neige. Ce soir-là, ma mère avait des visites, personne n'entendit le bruit des vitres brisées et je dus rester ainsi assez longtemps exposé au froid du dehors. Je ne m'étais rien cassé : je m'étais seulement démis le bras à l'épaule et les éclats de verre m'avaient coupé en de nombreux endroits. Mais mes jambes furent percluses pendant près de trois mois. De mon lit, j'entendais la maison vivre d'une vie toujours plus bruyante et les portes qui claquaient de plus en plus souvent m'indiquaient que le nombre des visites augmentait également.

Les mélancoliques tempêtes de neige sévissaient : le vent sifflait par le grenier et chantait dans les cheminées ses lugubres mélodies. Les couvercles des poêles rendaient un son fêlé. Le jour, les corbeaux croassaient et, par les nuits calmes, le hurlement désolé des loups m'arrivait de la campagne. Ce fut cette musique-là qui berça mon cœur et l'aguerrit. Puis, avec l'œil rayonnant du soleil de mars, le printemps timide apparut à la fenêtre, craintif et réservé d'abord, mais de jour en jour plus caressant. Sur le toit et par le grenier, les chats amoureux se mirent à miauler, à hurler. Les bruits du printemps filtraient à travers les murs ; aux gouttières, les glaçons de cristal se rompaient ; la neige à demi fondue glissait sur le versant des toitures et la chanson des cloches devint plus sonore qu'en hiver.

Grand'mère allait et venait, mais quand elle me parlait, son haleine, je le remarquais, sentait de plus en plus l'eau-de-vie. Bientôt même, elle en apporta une grande théière blanche qu'elle dissimula sous mon lit, en me disant, l'œil cligné malicieusement :

— Tu ne le diras pas à ce vieux grigou de grand-père, n'est-ce pas, mon petit ange ?

— Pourquoi bois-tu ?

— Peuh ! Quand tu seras grand, tu le sauras...

Elle suçait le bec de la théière, s'essuyait la bouche du revers de la main, souriait d'un air satisfait et disait :

— Voyons, maintenant, mon bonhomme, de quoi t'ai-je parlé hier ?

— De mon père.

— Où est-ce que j'en étais ?

Je le lui rappelais et, pendant de longs moments, ses phrases cadencées coulaient comme un ruisseau.

Elle avait commencé, sans que je le lui eusse demandé, à me parler de mon père. Un soir qu'elle n'était pas sous l'empire de l'ivresse, elle me confia, fatiguée et triste :

— J'ai rêvé de ton père : il marchait dans un champ, un bâton de noyer à la main ; il sifflotait et un chien tacheté le suivait la langue pendante. Je le vois bien souvent en rêve, ces temps-ci ; cela tient sans doute à ce que son âme est en peine.

Pendant plusieurs soirées consécutives, elle me raconta son histoire. Mon père était le fils d'un soldat arrivé à l'ancienneté jusqu'au grade d'officier et exilé en Sibérie pour avoir maltraité ses subordonnés. Et c'était en Sibérie, on ne savait où, que mon père était né. Il se nommait Maxime. La vie lui fut dure ; dès sa plus tendre enfance, il chercha à s'enfuir de la maison, et certain jour, dans la forêt, son père lui fit donner la chasse par des chiens, comme à un lièvre. Une autre fois, mon grand-père le battit si fort que les voisins durent lui arracher l'enfant et le cacher en lieu sûr.

— Alors, on bat donc toujours les petits enfants ? m'informai-je, et grand'mère répondit paisiblement :

— Oui, toujours.

La mère de mon père était morte toute jeune ; lorsqu'il atteignit ses neuf ans, ce fut mon grand'père qui perdit la vie. L'enfant fut alors recueilli par son parrain, un menuisier qui l'inscrivit au nombre des membres de sa corporation, à Perm, et commença à lui apprendre le métier qu'il exerçait. Mais bientôt l'apprenti se sauvait et pendant quelque temps vécut en servant de guide à des mendiants aveugles. À seize ans, il arriva à Nijni-Novgorod et s'embaucha chez un entrepreneur de menuiserie batelière. À vingt ans, Maxime était déjà un excellent ébéniste, un parfait tapissier-décorateur. L'atelier où il travaillait touchait aux maisons de grand-père, rue Kovalikha.

— Les clôtures n'étaient pas bien hautes et les garçons peu timides, disait grand'mère avec un petit rire. Un jour, Varioucha et moi, nous cueillions des framboises au jardin, quand tout à coup, voilà ce Maxime qui saute par-dessus la clôture si brusquement qu'il m'a fait peur. Il avançait entre les pommiers, robuste, solide, en blouse blanche, en pantalons de peluche et les pieds nus ; sur ses longs cheveux, il avait une simple bandelette de cuir. C'est dans cet accoutrement qu'il est venu demander Varioucha en mariage. Je l'avais déjà vu auparavant, quand il passait devant nos fenêtres, et chaque fois, je me disais : « Qu'il est bien, ce garçon ! » Lorsqu'il fut tout près de nous, je l'interpellai : « Dis donc, jeune homme, pourquoi ne passes-tu pas par la porte ? » Lui, se mit à genoux et, d'un accent très ému : « Akoulina Ivanovna, me dit-il, me voici tout entier, tel que je suis, dans toute la sincérité de mon âme, et voilà Varioucha : viens à notre secours, au nom du ciel, nous voulons nous marier ! » Je fus tellement abasourdie que j'en restai muette. Je regarde, et je vois ta mère, la coquine, qui s'était cachée derrière un pommier et qui, rouge comme une pivoine, lui faisait des signes, les larmes aux yeux. « Ah ! m'exclamai-je, que la peste vous emporte ! quelle fichue idée avez-vous donc là ? N'as-tu pas perdu la raison, Varioucha ? Et toi, jeune homme, as-tu bien réfléchi à ce que tu demandes : ne vises-tu pas trop haut ? » À cette époque-là, grand-père était un richard, il n'avait pas encore partagé son bien entre ses enfants ; il avait des maisons, il avait de l'argent ; il était considéré ; peu de temps auparavant on lui avait donné un chapeau orné d'un galon ainsi qu'un uniforme parce qu'il avait été pendant neuf années consécutives le doyen de sa corporation ; et il était fier de sa situation. Je leur parlai comme je devais le faire et, en même temps, je tremblais de peur car leurs physionomies s'étaient rembrunies et ils me faisaient pitié. Maxime alors me déclara : « Je sais que ton mari ne me donnera pas sa fille de bon gré ; aussi vais-je l'enlever : veux-tu nous aider ? » Moi ! me proposer de les aider ! Je levai la main, mais il ne recula pas. « Lance-moi des pierres si tu veux, continua-t-il, mais viens à notre secours, parce que, moi, je ne céderai pas. » Varioucha s'approcha de lui et lui posa la main sur l'épaule : « Il y a longtemps que nous nous sommes unis, me dit-elle ; maintenant, il faut seulement qu'on nous marie ! » Je suis partie d'un éclat de rire, ah, mon Dieu !

Grand'mère se mit à rire si fort que tout son corps tremblait ; puis elle s'offrit une prise, essuya ses larmes et continua, après avoir poussé un soupir de satisfaction :

— Tu ne peux pas encore comprendre ce que cela signifie : « s'unir » et « s'épouser » ; sache seulement que c'est un grand malheur pour une fille quand elle a un enfant sans être mariée ! Rappelle-toi cela quand tu seras grand ; ne pousse pas les filles à faire des choses pareilles ; tu te rendrais coupable d'un grand péché, la fille serait malheureuse et l'enfant illégitime. Souviens-toi de cela, fais attention. Aie pitié des femmes, aime-les sincèrement, mais pas pour t'amuser. C'est un bon conseil que je te donne là !

Elle se dandina sur sa chaise, absorbée par ses réflexions ; puis se secoua et reprit :

— Que me restait-il à faire ? Je donnai un coup de poing à Maxime et je tirai Varioucha par les cheveux, mais il me dit avec raison : « Ce n'est pas avec des coups qu'on arrange les choses ! — Il vaudrait mieux penser d'abord à ce qu'on pourrait faire et nous battre ensuite ! » ajouta ta mère. Je demandai : « As-tu de l'argent ? – J'en avais, me répondit-il, mais je l'ai dépensé ; j'ai acheté une bague à Varioucha. — Combien avais-tu ? Trois roubles, sans doute ? — Non, tout près de cent. » À cette époque-là, l'argent était cher et les choses bon marché. Je les regardais tous les deux, et je me disais : « Ah ! les galopins, les petits niais ! » Ta mère me confia : « J'ai caché la bague sous le plancher, pour que vous ne la voyiez pas ; on peut la vendre ! » De vrais enfants, quoi ! Enfin nous nous sommes entendus tant bien que mal : on les marierait la semaine suivante et c'est moi qui arrangerais les affaires avec le prêtre. Je pleurais à fendre l'âme et je tremblais comme une feuille, car j'avais une peur atroce de grand-père ; Varioucha était angoissée, elle aussi.

» Seulement ton père avait un ennemi, un ouvrier calfat, homme méchant qui avait tout deviné depuis longtemps et qui nous surveillait. Je parai donc ma fille unique des plus belles choses que je possédais, puis je la conduisis jusqu'à la porte cochère ; une troïka attendait au coin de la rue ; elle y monta, Maxime siffla et ils disparurent ! Je rentrais tout en larmes quand, soudain, j'aperçus cet individu qui venait à ma rencontre et qui me déclara, le coquin : « Je suis un brave homme, je ne me mêlerai pas de tes affaires, seulement tu me donneras cinquante roubles pour prix de mon silence. » Je ne possédais pas cette somme ; je n'aimais pas l'argent et je n'en économisais pas. Par bêtise je lui répondis : « Je n'ai point d'argent et je ne t'en donnerai pas ! — Tu peux m'en promettre, me répliqua-t-il. — T'en promettre et où le prendrais-je ? — Est-ce bien difficile de voler ton mari qui est riche ? » J'aurais dû discuter avec lui, ruser, le retenir ; au lieu de cela, je lui crachai au visage et m'en retournai. Mais il courut et me devança dans notre cour où il fit du scandale.

Les yeux fermés, grand'mère ajouta en souriant :

— Maintenant encore, je me rappelle la scène terrible qui éclata. Grand-père rugissait comme un fauve, car ce n'était pas une plaisanterie pour lui que ce mariage ! Que de fois il s'était vanté à propos de Varioucha : « Je la marierai à un noble, à un seigneur ! » Et voilà le noble seigneur qu'elle avait choisi ! La sainte Vierge sait mieux que nous ceux qui se conviennent. Grand-père se trémoussait comme un possédé ; il appela Jacob, Mikhaïl, demanda le concours de l'ouvrier calfat et celui de Kline, le cocher ; je vis qu'il prenait comme arme un boulet de fer attaché à une courroie et que Mikhaïl s'était muni d'un fusil. Nous avions des chevaux vigoureux et ardents, une voiture légère. « Mon Dieu, pensai-je, ils vont les rattraper ! Que faire ? » C'est alors que l'ange gardien m'inspira : je pris un couteau et j'entaillai la corde près du limon, de façon qu'elle cassât en chemin. Ce fut en effet ce qui arriva : grand-père, Mikhaïl et Kline faillirent être tués. Ils durent s'arrêter quelque temps et quand, une fois le désastre réparé, ils arrivèrent au galop à l'église, Varioucha et Maxime étaient sur le parvis, mariés, grâce à Dieu !

» Nos hommes essayèrent bien d'attaquer Maxime, mais celui-ci était d'une force extraordinaire. Il jeta Mikhaïl à terre en lui meurtrissant le bras ; il rossa Kline ; et grand-père, ainsi que Jacob et l'ouvrier n'osèrent pas le toucher.

» Dans sa colère, d'ailleurs, Maxime ne perdit pas son sang-froid. Il dit au grand-père : « Pose ton casse-tête. Ne t'en sers pas contre moi ; je suis un garçon tranquille. Ce que j'ai pris, Dieu me l'a donné et personne ne peut plus me l'enlever ; je ne veux rien d'autre de toi. » Enfin, grand-père remonta dans son tarantas en criant : « Adieu, Varioucha, tu n'es plus ma fille ; je ne veux plus te revoir ; tu peux crever de faim, cela m'est égal ! » À son retour, il m'a injuriée et rouée de coups. J'en ai un peu gémi, mais j'ai réussi à garder le silence, pensant en moi-même : « Tout passe, et ce qui doit être sera ! » Il m'a dit ensuite : « Écoute, Akoulina, et prends bien garde à mes paroles : tu n'as plus de fille, ne l'oublie pas ! » Moi, je pensai : « Tu radotes, rouquin, la colère est comme la glace : elle fond à la première chaleur ! »

J'écoutais avec attention, avec passion. Dans le récit de grand'mère, il y avait différentes choses qui me surprenaient ; grand-père m'avait donné du mariage de ma mère une version toute différente ; opposé à cette union, il avait interdit à ma mère de revenir à la maison après la noce, mais, selon lui, elle ne s'était pas mariée en cachette, et il avait même assisté à la cérémonie. Je n'avais pas envie de demander à grand'mère des précisions : sa version à elle étant la plus jolie, je l'adoptai.

— Les premiers temps, pendant près de quinze jours, — continua-t-elle, j'ignorais totalement où nichaient Varioucha et Maxime ; mais un petit gamin débrouillard qu'elle m'envoya m'indiqua leur retraite. J'attendis jusqu'au samedi et, prétextant que j'allais à complies, je me rendis tout droit chez eux. Ils s'étaient installés très loin, à la descente Souétinsky, dans un petit logis dont la cour était encombrée d'ateliers de toutes sortes. C'était sale et bruyant ; mais ils n'y prenaient pas garde : joyeux comme deux chats, ils ronronnaient et jouaient. Je leur avais apporté tout ce que je pouvais : thé, sucre, gruau d'avoine et de blé vert, confiture, farine, champignons secs, et même de l'argent ; je ne me rappelle pas la somme que j'avais peu à peu subtilisée à grand-père, car on peut voler quand ce n'est pas pour soi ! Ton père n'a rien voulu accepter ; il menaçait de se fâcher ; « Est-ce que nous sommes des mendiants ? » se récriait-il. Et Varioucha de répéter la même chanson : « Ah ! maman, pourquoi apportez-vous tout cela ? » Je les ai grondés : « Je suis la mère que Dieu t'a donnée, Maxime, et toi, petite sotte, je suis ta véritable mère ! Comment oseriez-vous me refuser ce que j'apporte ? » Maxime, alors, m'a prise dans ses bras et, tout en dansant, m'a fait faire le tour de la chambre. C'est qu'il était fort, un vrai ours ! Varioucha, elle, la gamine, aussi fière de son mari que d'une poupée neuve, prenait des airs sérieux et discourait gravement sur le ménage, comme une vieille gouvernante ; c'était à mourir de rire. N'empêche que les talmouses qu'elle nous donna avec le thé étaient si dures qu'un loup s'y serait cassé les dents, et la caillebotte toute en grumeaux, comme du gravier. »

Cela dura longtemps ainsi ; tu allais bientôt venir au monde ; et grand-père gardait toujours le silence ; c'est qu'il est têtu, le vieux gnome. Il savait bien que j'allais chez tes parents, mais il feignait d'ignorer la chose et il était toujours interdit de parler de Varioucha à la maison. Personne d'ailleurs n'en soufflait mot, pas même moi, mais je savais bien que le cœur paternel ne peut pas rester muet éternellement. L'heure à laquelle il devait capituler arriva. Ce fut une nuit que la tempête faisait rage : on aurait dit que des loups grimpaient aux fenêtres ; les cheminées hululaient et les démons semblaient échappés de l'enfer. Nous étions couchés, grand-père et moi, et nous ne pouvions fermer l'œil ; je lui dis : « Ah ! que les pauvres sont malheureux par des nuits pareilles ; mais ceux qui n'ont pas le cœur en paix sont plus malheureux encore ! » Tout à coup, sans autre préambule, grand-père me demande : « — Comment vont-ils ? — Ils vont bien, lui répondis-je, et ils vivent normalement. — Sais-tu seulement à propos de qui je t'ai demandé cela ? me fait-il. — À propos de ta fille Varioucha et de ton gendre Maxime ! — Et comment l'as-tu deviné ? — Finis donc, père, cesse cette plaisanterie, elle n'amuse personne ! » Il soupira : « Ah ! vous êtes bien des diables, des diables gris. » Ensuite, il me questionna : « N'est-ce pas que c'est bien un imbécile, un grand imbécile qu'elle a épousé ? » Je lui répondis : « L'imbécile, c'est celui qui ne veut pas travailler, celui qui est à la charge d'autrui : tu ferais mieux de regarder Jacob et Mikhaïl, en voilà deux qui vivent comme de véritables imbéciles. Qui est-ce qui travaille, qui est-ce qui gagne chez nous ? C'est toi. Et eux, crois-tu qu'ils t'aident vraiment ? » Là-dessus il m'a injuriée, me traitant de sotte, de méchante, d'entremetteuse et de je ne sais quoi encore. J'ai gardé le silence. « Comment as-tu pu être séduite par cet homme que nul ne connaît, qui vient on ne sait d'où ? » continua-t-il. J'ai résisté dans mon mutisme et quand il a été fatigué, je lui ai répondu : « Tu devrais aller voir toi-même comment ils se comportent, car ils s'entendent joliment bien. — Ce serait leur faire trop d'honneur ; qu'ils viennent eux-mêmes ! » Je me suis mise à pleurer de joie ; il a défait mes nattes, car il aimait à jouer avec mes cheveux, et a murmuré tout bas : « Ne pleurniche pas, nigaude ; est-ce que tu t'imaginais que je n'ai point de cœur ? » Au fond, grand-père était un bien brave homme, il n'est devenu méchant et bête que du jour où il s'est figuré qu'il n'y avait personne de plus intelligent que lui.

» Ils vinrent donc, ton père et ta mère, un dimanche de pardon des offenses ; tous deux si proprets et si coquets que j'en fus toute réjouie. Maxime s'avança vers grand-père qui lui arrivait à l'épaule et lui dit : « Pour l'amour de Dieu, ne crois pas que je suis venu chez toi chercher une dot. Je suis venu pour rendre hommage au père de ma femme. » Ces paroles plurent à grand-père qui sourit : « Ah ! brigand, grosse bûche ! Assez plaisanté ! Vous viendrez vivre avec nous ! » Maxime fronça le sourcil : « Cela m'est bien égal, je ferai comme Varioucha en décidera ! » Là-dessus ils commencèrent à se chicaner, sans parvenir à se mettre d'accord. J'avais beau, de l'œil, faire signe à ton père et lui donner des coups de pied par-dessous la table, non, il continuait à discuter. Quels beaux yeux il avait, des yeux francs et joyeux, et ses sourcils ! des sourcils noirs, épais, qui cachaient ses yeux quand il les fronçait. Dans ces moments-là il prenait un air sombre, obstiné, et j'étais la seule personne qu'il consentait à écouter. Je l'aimais, je l'aimais beaucoup plus que mes propres enfants ; il le savait d'ailleurs et me le rendait bien. Il me serrait parfois contre lui, ou bien me prenait dans ses bras, en me disant : « Tu es vraiment ma mère, comme la terre, et je t'aime plus que Varioucha ! » À cette époque-là, ta mère était une espiègle, une joyeuse gamine qui se jetait sur lui en criant : « Tu oses dire des choses pareilles, bonhomme aux oreilles salées ! » Et nous nous amusions ainsi tous les trois. Ah ! quelle belle vie nous menions, ma petite âme de pigeon ! Il savait aussi danser à merveille et connaissait de magnifiques chansons, qu'il avait apprises des aveugles, car il n'y a pas de meilleurs bardes que les aveugles !

» Ils s'installèrent, ta mère et lui, dans une aile qui donnait sur la cour ; c'est là que tu es né, à midi précis ; tu arrivas juste à l'heure où ton père rentrait pour dîner. Ah ! qu'il a été heureux ! Il était comme enragé. Et sa femme, il l'a presque étouffée de caresses, le nigaud, comme si c'était bien difficile de mettre au monde un enfant. Je me souviens encore qu'il m'assit sur son épaule et me porta à travers toute la cour, pour aller annoncer à grand-père qu'il lui avait donné un petit-fils : « Ah ! tu es un vrai démon, Maxime ! » lui répliqua celui-ci en éclatant de rire.

» Tes oncles ne l'aimaient guère ; il ne buvait pas d'eau-de-vie et n'avait pas non plus sa langue dans sa poche ; et puis il prenait tellement plaisir à jouer toutes sortes de farces. On lui fit payer cher cette manie. Certain soir, pendant le grand carême, le vent s'étant mis à souffler, il y eut tout à coup dans toute la maison des sifflements et des hurlements terribles. Nous éprouvâmes une grande frayeur : était-ce une manifestation diabolique ? Grand-père, tout à fait retourné, ordonna d'allumer partout les lampes devant les icônes et déclara : « Il faut faire dire une messe ! » Soudain, l'étrange bruit cessa et nous eûmes encore plus peur. L'oncle Jacob assura : « C'est au moins Maxime qui aura manigancé tout ça ! » Et, en effet, ton père, quelque temps plus tard, raconta qu'ayant placé à la lucarne des bouteilles et des flacons de formes et de grandeurs diverses, le vent, soufflant dans les goulots, les faisait chanter, chacun à sa manière. Grand-père le morigéna : « Prends garde, Maxime, ces plaisanteries-là te mèneront en Sibérie. »

» Une année, l'hiver fut très rigoureux et les loups, quittant la campagne, vinrent jusque dans la ville ; tantôt ils égorgeaient un chien, tantôt ils effrayaient un cheval ; ils mordirent même un gardien ivre et causèrent beaucoup de tracas. Chaque nuit, ton père prenait un fusil, chaussait ses raquettes et s'en allait aux champs d'où il revenait avec un ou deux loups qu'il avait tués. Il les écorchait et préparait les têtes, remplaçant les prunelles mortes par des yeux de verre. C'était très ressemblant. Mais voilà qu'un soir, l'oncle Mikhaïl étant sorti dans le corridor pour une affaire urgente, rentra en courant, les cheveux hérissés, les yeux écarquillés, la gorge serrée, sans pouvoir proférer un mot. Son pantalon déboutonné lui tombait sur les pieds et, tout trébuchant, il chuchote d'une voix mourante : « Un loup ! » Chacun s'empare de la première arme venue, on se précipite dans le corridor avec une lumière et on aperçoit, en effet, un loup qui passe la tête entre les degrés de l'escalier. On lui flanque des coups de bâton, on lui tire des coups de fusil, mais l'animal ne remue pas. On s'approche et on voit qu'on n'a affaire qu'à une bête vide et à une peau de loup dont les pattes de devant sont clouées sur une marche !

» Grand-père entra alors dans une violente colère. Bientôt Jacob se mit à imiter Maxime ; celui-ci découpait dans du carton des masques qu'il modelait, avec un nez, des yeux et une bouche ; il collait sur le haut du front des étoupes en guise de cheveux et s'en allait ensuite avec l'oncle Jacob hisser ces horreurs aux fenêtres des maisons. Naturellement, les gens effrayés poussaient des clameurs atroces. La nuit, les deux farceurs s'enveloppaient dans un drap et se promenaient dans cet accoutrement. Ils épouvantèrent le pope qui se précipita vers la guérite du sergent de ville ; mais ce dernier, prenant peur lui aussi, se mit à appeler au secours. Jacob et Maxime mystifièrent ainsi à peu près toute la ville et il n'y avait pas moyen de les faire revenir à la raison. Je leur disais : « Cessez-donc ces mauvaises plaisanteries ! » Varioucha grondait aussi, mais ils ne voulaient rien entendre. Maxime riait : « C'est trop amusant de voir les gens s'effrayer pour un rien et détaler à toutes jambes ! » disait-il.

» Il faillit payer de sa vie ces divertissements. L'oncle Mikhaïl est rancunier et susceptible, tout le portrait de grand-père : il résolut de faire périr ton père. Au commencement de l'hiver, Maxime, tes oncles et un diacre, déposé depuis pour avoir assommé un cocher de fiacre, revenaient tous quatre d'une maison voisine où ils avaient passé la veillée. Ils traversèrent la rue des Postillons et décidèrent Maxime à les accompagner à l'étang Dioukof, soi-disant pour y faire des glissades, mais une fois là, ils le poussèrent dans un trou creusé dans la glace... je t'ai déjà raconté la chose !

— Pourquoi les oncles sont-ils si méchants ?
— Ils ne sont pas méchants ! expliqua tranquillement grand'mère, en

humant sa prise. Ils sont bêtes et voilà tout ! Mikhaïl est rusé, mais bête ; Jacob, lui, n'est qu'un benêt... Ils le poussèrent donc à l'eau, mais il revint à la surface et s'agrippa au bord du trou. C'est alors que les autres, pour lui faire lâcher prise, se mirent à lui donner des coups de talon sur les doigts. Par bonheur, ton père n'était pas ivre, tandis que ses compagnons avaient bu ; avec l'aide de Dieu, il se maintint en nageant sous la glace, ne laissant sortir de l'eau que sa tête qui émergeait juste au milieu de la percée. Il était hors d'atteinte de leurs coups. Pendant un moment, les trois autres lui lancèrent des morceaux de glace, puis ils se lassèrent et finirent par s'en aller, se disant qu'il se noierait bien tout seul. Heureusement, il n'en fut pas ainsi. Maxime parvint à sortir de l'eau et courut aussi vite qu'il put au poste de police, tu sais, au poste qui est là sur la grand'place. Le commissaire, qui le connaissait, comme toute la famille, lui demanda ce qui lui était arrivé.

Grand'mère se signa et s'écria avec gratitude :

— Que le Seigneur donne la paix à Maxime et le mette au nombre des justes ; il en est digne ! Car il n'a rien raconté au commissaire : « J'avais bu un coup de trop et, en me promenant sur l'étang, je suis tombé dans un trou ! » a-t-il dit. « Ce n'est pas vrai, tu n'es pas buveur ! » a répondu le commissaire. Bref, on le frictionna avec de l'alcool, on lui donna des vêtements secs, on l'enveloppa dans une pelisse de peau de mouton et on le ramena à la maison ; ce fut le commissaire lui-même qui l'escorta avec deux autres hommes. Jacob et Mikhaïl, eux, n'étaient pas encore rentrés ; ils rôdaient de cabaret en cabaret pour la honte de leurs parents. Ta mère et moi, nous regardions Maxime ; il n'avait pas son air habituel ; son visage était violacé ; ses doigts broyés saignaient ; il semblait avoir de la neige sur les tempes ; mais cette neige ne fondit jamais ; c'étaient ses cheveux qui avaient blanchi de chaque côté de son front !

» Varioucha, affolée, se met à crier : « Que t'est-il arrivé ? » Le commissaire nous interroge, essayant de nous tirer les vers du nez, et mon cœur pressent qu'il s'est passé quelque chose d'abominable. Je dis à ta mère de s'occuper du commissaire et, à voix basse, je questionne Maxime. Il me chuchote : « Tâchez de voir Jacob et Mikhaïl dès qu'ils reviendront ; expliquez-leur qu'ils doivent dire qu'ils m'ont quitté à la rue des Postillons, et qu'ils sont allés jusqu'à Pokrovky tandis que je prenais la ruelle des Fileurs. Ne vous trompez pas, sinon nous aurons des histoires avec la police ! » Je vais vers grand-père et je lui dis : « Va-t'en vers le commissaire, tiens-lui compagnie, pendant que j'attendrai nos garçons à la porte cochère ! » et je lui raconte ce qui s'est passé. Il s'habille en tremblant et il murmure : « Je le savais bien ! Je m'y attendais ! » Ce n'était pas vrai, il ne savait rien ! Je reçus mes enfants en les giflant l'un et l'autre ; Mikhaïl eut si peur que son ivresse se dissipa du coup : Jacob, lui, le brave garçon, soûl comme une grive, trouva moyen de grommeler : « Je ne sais rien de rien, c'est Mikhaïl qui a tout fait, il est l'aîné ! » Nous avons tranquillisé tant bien que mal le commissaire de police qui était un brave homme. « Prenez garde, nous a-t-il prévenus en s'en allant, s'il arrive un malheur chez vous, je saurai où chercher les coupables ! » Grand-père alors s'est approché de Maxime et lui a dit : « Je te remercie, un autre n'aurait peut-être pas agi ainsi à ta place, et cela se comprend ! Merci à toi, ma fille, pour avoir amené un honnête homme dans la maison de ton père ! » Car il s'entendait bien à parler, le vieux, quand il voulait ! Ce n'est que plus tard, par bêtise, qu'il a cadenassé son cœur. Quand Varioucha et moi nous fûmes seules avec Maxime, il se mit à pleurer et à délirer, semblait-il : « Pourquoi me traitent-ils ainsi, quel mal leur ai-je fait ? Dites, maman ! » Il ne m'appelait pas mère, mais maman, comme un petit enfant ; il avait d'ailleurs un caractère d'enfant. « Pourquoi ? » demandait-il. Moi, je pleurais toutes les larmes de mon corps ; que pouvais-je faire d'autre ?... J'avais aussi pitié de mes deux fils. Ta mère avait arraché tous les boutons de son corsage ; échevelée, comme après une bataille, elle hurlait : « Allons-nous-en, Maxime. Mes frères sont nos ennemis, ils me font peur ; allons-nous-en ! » Je la suppliai : « Ne jette pas de l'huile sur le feu ; on étouffe déjà dans la maison ! » Grand-père ayant exigé que les deux imbéciles vinssent demander pardon, elle se précipita sur Mikhaïl, et pan ! sur la poire ! « Tiens, le voilà, ton pardon ! » Ton père, plus calme et grave, leur a dit simplement : « À quoi avez-vous pensé, frères ? J'aurais pu rester infirme, à cause de vous ! Comment par la suite aurais-je travaillé, sans mes bras ? » Ils firent la paix, comme ci, comme ça. Ton père tomba malade et, pendant sept semaines, il traîna, hanté par l'idée de départ. À tout instant, il me répétait : « Ah ! maman, venez avec nous dans une autre ville, on étouffe ici ! » Bientôt, en effet, il partit pour Astrakhan, où le tsar devait se rendre dans le courant de l'été : il était chargé de construire les arcs de triomphe. Ta mère l'accompagna par le premier bateau. Je les quittai avec chagrin ; Maxime était triste et m'encourageait à les suivre, ou à prendre mes dispositions pour aller les rejoindre, mais Varioucha, elle, la coquine, était enchantée et ne cherchait même pas à cacher sa joie... Et ils s'en allèrent... Et voilà tout...

Elle but une gorgée d'eau-de-vie, prisa et continua d'une voix pensive, en regardant le ciel.

— Oui, nous n'étions pas de la même famille par le sang, ton père et moi ; mais nos âmes étaient parentes...

Parfois, tandis qu'elle parlait, grand-père survenait à l'improviste ; sa figure de putois levée en l'air, il flairait, examinait sa femme d'un œil méfiant, l'écoutait et bougonnait :

— Radote, radote...

Et à brûle-pourpoint il m'interrogeait :

— Alexis, est-ce qu'elle a bu de l'eau-de-vie ?

— Non.

— Tu mens, je le vois à tes yeux.

Mais il n'insistait pas et s'en allait, indécis, tandis que grand'mère, le désignant d'un clignement de sourcil, énonçait quelque dicton :

— Va-t'en voir ailleurs si j'y suis !

Un jour, immobile au milieu de la pièce, les yeux fixés au plancher, il demanda à voix basse :

— Mère...

— Hein ?

— Tu sais où en sont les affaires ?

— Oui.

— Qu'en penses-tu ?

— C'est la destinée, père ! Rappelle-toi ce que tu as toujours dit du noble ?

— Oui...

— Eh bien, c'est cela, c'est vrai pour nous aussi.

— Il est nu comme Job.

— Ah ! ça, c'est de sa faute à elle.

Grand-père sortit. Pressentant une catastrophe, je demandai :

— De quoi avez-vous parlé ?

— Tu voudrais tout savoir, grommela-t-elle en me frictionnant les jambes. Si tu apprends tout pendant que tu es jeune, tu n'auras plus de questions à poser quand tu seras vieux...

Et elle se mit à rire en hochant la tête.

— Ah ! grand-père, grand-père, tu es un petit grain de poussière aux yeux de Dieu ! Alexis, n'en parle à personne : grand-père est complètement ruiné. Il a confié des monceaux d'argent à un monsieur, et ce monsieur a fait faillite.

Ma mère ne montait que rarement vers moi au grenier. Elle parlait peu et ne restait pas longtemps. Elle m'apparaissait toujours plus belle, s'habillait de mieux en mieux : et je sentais en elle comme en grand'mère quelque chose de nouveau qu'on me cachait.

Les histoires de mon aïeule m'intéressaient de moins en moins ; les souvenirs de mon père qu'elle évoquait ne parvenaient même plus à calmer la vague angoisse qui m'étreignait avec une force grandissante.

— Pourquoi l'âme de mon père est-elle inquiète ? demandai-je à grand'mère.

— Comment le savoir ? dit-elle, en baissant les yeux. C'est l'affaire entre Dieu et lui, c'est quelque chose que nous ne pouvons connaître...

La nuit, quand je regardais par les fenêtres bleues les étoiles qui voguaient lentement par le ciel, j'inventais des histoires mélancoliques, dans lesquelles mon père tenait toujours le rôle de héros : il cheminait, seul, un bâton à la main, et un chien à longs poils le suivait...

12

Certain jour, m'étant endormi vers le soir, je sentis en m'éveillant que mes jambes étaient réveillées, elles aussi ; je les sortis du lit, elles me refusèrent tout service, mais je pus me convaincre d'une chose, c'est qu'elles étaient intactes et que je pourrais marcher. Ce fut une impression si nette et si réjouissante que j'en hurlai de bonheur. J'appuyai mes pieds au plancher et je tombai, mais je me traînai quand même à quatre pattes jusqu'à la porte et descendis l'escalier, en m'imaginant l'étonnement de tout le monde quand on me verrait apparaître.

Je ne me rappelle pas comment je me retrouvai sur les genoux de grand'mère, dans la chambre de ma mère ; des gens que je ne connaissais pas étaient là ; entre autres une petite vieille sèche et verte qui disait d'un ton sévère, couvrant toutes les autres voix :

— Il faut lui faire boire une infusion de feuilles de framboises, et l'envelopper complètement.

Son chapeau, sa robe, sa figure et la verrue qu'elle avait sous le menton, tout était vert ; et je crois bien que les poils qui poussaient sur sa verrue avaient aussi la couleur de l'herbe. Elle laissait pendre sa lèvre inférieure et retroussait l'autre ; elle me regardait de ses dents vertes, car elle dissimulait ses yeux sous sa main gantée d'une mitaine en dentelle noire.

— Qui est-ce ? demandai-je, intimidé. Grand-père répondit d'une voix déplaisante :

— C'est encore une grand'mère pour toi...

Ma mère sourit et poussa Evguény Maximof vers moi :

— Et voilà ton père...

Elle prononça ensuite et précipitamment des paroles que je ne compris pas, tandis que Maximof, plissant les paupières, se penchait vers moi et me disait :

— Je te donnerai une boîte de couleurs...

La chambre était très éclairée ; dans un coin sur une table, brûlaient deux candélabres d'argent à cinq branches entre lesquels on avait placé l'icône préférée de grand-père : « Ne me pleure pas, Mère. » Les gemmes du cadre en métal rutilaient à la clarté des bougies et, parmi l'or des auréoles, les améthystes rayonnaient. Des nez épatés, des faces rondes, vagues, plates comme des beignets se collaient, silencieuses, contre les vitres sombres des fenêtres qui donnaient sur la rue. Tout ce qui m'entourait semblait filer à la dérive, je ne savais où, et la vieille femme verte, me tâtant l'oreille de ses doigts froids, s'obstinait à répéter :

— Donnez-lui une infusion...

— Il sommeille, dit grand'mère, et, m'emportant dans ses bras, elle se dirigea vers la porte.

Mais je ne dormais pas ; j'avais seulement fermé les yeux ; et comme elle me montait au grenier, je lui demandai dans l'escalier :

— Pourquoi ne m'as-tu pas parlé de cela ?

— Toi, tais-toi ! Entends-tu ?

— Vous me trompez tous...

Après m'avoir posé sur le lit, elle se cacha la tête dans un oreiller et se mit à pleurer ; ses épaules tremblaient sans discontinuer ; enfin, d'une voix haletante, elle murmura :

— Pleure donc... pleure un peu...

Je n'avais pas envie de pleurer. Il faisait froid et sombre ; je frissonnais, le lit grinçait ; je revoyais la vieille femme verte ; je feignis de dormir et grand'mère s'en alla.

Quelques journées vides se déroulèrent monotonement ; après les accordailles, ma mère était partie ; un silence accablant régnait dans la maison.

Un matin, grand-père survint, un bec-d'âne à la main et se mit en devoir d'enlever le mastic de la double-fenêtre. Grand'mère lui ayant apporté un baquet d'eau et des chiffons, il lui demanda à mi-voix :

— Eh bien, ma vieille...

— Quoi ?

Elle lui répliqua en employant les mêmes mots qu'elle m'avait adressés dans l'escalier :

— Toi, tais-toi, entends-tu ?

Les paroles les plus ordinaires avaient maintenant un sens spécial ; elles dissimulaient des événements tristes et importants dont il ne fallait pas parler mais que tout le monde connaissait.

Après avoir enlevé le cadre avec précaution, grand-père l'emporta et mon aïeule ouvrit toute grande la fenêtre : au jardin, un étourneau pépiait, les moineaux gazouillaient et l'odeur enivrante de la terre dégelée monta jusqu'à la chambre. Je sortis du lit.

— Ne marche pas pieds nus, recommanda grand'mère.

— Je veux aller au jardin.

— Tu ferais mieux d'attendre, c'est encore trop mouillé !

Mais je ne voulus pas l'écouter.

Au jardin, les aiguilles vert clair de l'herbe nouvelle pointaient ; les bourgeons des pommiers étaient gonflés, quelques-uns éclataient déjà ; sur la maisonnette de Petrovna, la mousse verdoyait agréablement. Il y avait partout beaucoup d'oiseaux et quantité de bruits joyeux ; mais cet air frais et odorant me donnait un peu le vertige. Dans le bas-fond où l'oncle Piotre s'était tranché la gorge se dressaient de hautes graminées rousses et sèches, cassées et emmêlées par la neige. C'était le seul coin où il n'y eût rien de printanier ; les bûches noircies luisaient mélancoliquement, et le creux tout entier était inutilisé et agaçant à regarder. J'eus tout à coup une envie rageuse d'arracher les herbes folles, d'enlever briques et poutres, de nettoyer tout ce qui était sale et superflu, et après m'être construit là une demeure proprette, de m'y installer pour l'été tout seul, loin des grandes personnes. Je me mis immédiatement à l'œuvre ; et par bonheur cette besogne me détacha pour longtemps de tout ce qui se passait dans la maison ; quoique les événements fussent encore bien étranges pour moi, à mes yeux ils perdaient de leur intérêt de jour en jour.

— Pourquoi fais-tu la mine ? me demandaient parfois ma mère et ma grand'mère.

Cette question me gênait, car je n'étais fâché contre personne ; seulement, tout m'était devenu étranger dans la demeure. La vieille femme verte venait souvent dîner, goûter et souper ; on aurait dit un pieu pourri dans une haie décrépite ; ses yeux étaient comme cousus sur son visage par des points invisibles : ils sortaient d'ailleurs très facilement de leurs orbites et bougeaient sans cesse, apercevant tout, observant tout, se levant vers le ciel, quand leur propriétaire parlait de Dieu, s'abaissant vers les joues, quand il s'agissait de choses familières. Ses sourcils simulaient assez deux taches de son symétriques, et ses larges dents déchaussées déchiquetaient tout ce qu'elle portait à sa bouche, de sa main drôlement tordue. De petites boules osseuses roulaient près de ses oreilles qui remuaient ; les poils verts de la verrue s'agitaient aussi et, comme des vers, semblaient ramper sur sa peau ridée, d'une netteté sans attrait ; elle était aussi soignée que son fils, mais leur propreté avait à mon avis quelque chose de répulsif. Les premiers jours, elle avait tenté de poser sur mes lèvres sa main de cadavre qui sentait l'encens et le savon jaune de Kasan, mais je tournai la tête et je m'enfuis...

Elle répétait souvent à son fils :

— Il faut absolument éduquer ce garçonnet, comprends-tu, Evguény...

Il penchait la tête avec soumission, fronçait le sourcil et gardait le silence. Tous ceux qui s'approchaient de la femme verte se rembrunissaient.

Je haïssais la vieille et son fils d'une haine concentrée, et ce sentiment me valut beaucoup de gifles et de coups. C'est ainsi qu'un jour, au cours du dîner, comme elle écarquillait affreusement les yeux et me faisait cette observation :

— Dis-moi, mon petit Alexis ; pourquoi manges-tu si vite et de si gros morceaux ? Tu finiras par t'étouffer, mon chéri !

Je sortis le morceau que j'avais dans la bouche et, le plantant au bout de ma fourchette, je le lui tendis :

— Tenez, prenez-le, si vous trouvez que c'est dommage...

Ma mère m'arracha de ma chaise et je fus honteusement chassé au grenier. Je courus grimper sur le toit de la maison, où je restai longtemps assis derrière une cheminée. Oui, j'aimais faire des sottises et me montrer insolent avec tout le monde ; il m'était difficile de surmonter ce penchant, et pourtant, je dus bien y arriver : un jour, ayant subrepticement garni de gomme de cerisier les chaises de mon futur beau-père et de la nouvelle grand'mère, ils restèrent tous deux attachés à leur siège et ce fut très amusant ; mais lorsque grand-père m'eut fouetté, ma mère monta vers moi au grenier, m'attira à elle et, me serrant avec force entre ses genoux, elle me dit :

— Voyons, pourquoi es-tu si méchant ? Si tu savais quel chagrin tu me causes...

Ses yeux se remplirent de larmes claires ; elle appuya ma tête contre sa joue et le spectacle de cette douleur me fut si pénible que j'aurais préféré être battu. Je lui promis de ne plus jamais, jamais offenser les Maximof, à condition qu'elle cessât de pleurer.

— Non, non, supplia-t-elle tout bas, il ne faut plus que tu sois un polisson. Nous allons bientôt nous marier, ensuite, nous reviendrons et nous t'emmènerons avec nous. Maximof est très bon et intelligent, tu seras heureux avec lui. Tu iras au lycée, tu seras ensuite étudiant, comme il l'est maintenant, et ensuite tu deviendras docteur, ou ce que tu voudras. Les gens instruits peuvent prétendre à tous les emplois. Et maintenant, va t'amuser...

Ces « ensuite » qu'elle avait placés l'un après l'autre m'apparaissaient comme des degrés d'une échelle qui se serait perdue dans un gouffre profond, très loin de ma mère, dans l'obscurité, dans la solitude, et la perspective de cet avenir m'effraya tellement que j'eus grande envie de lui dire :

— Je t'en prie, ne te marie pas, je te nourrirai bien moi-même.

Mais les mots ne voulaient pas sortir. Ma mère avait beau m'inspirer les pensées les plus délicates et les sentiments les plus chaleureux, je n'osais jamais les lui exprimer.

Au jardin, mes affaires allaient bien : j'avais sarclé les mauvaises herbes et coupé les grandes à l'aide d'une serpe ; avec des morceaux de brique, j'édifiai un large siège si confortable que je pouvais même m'y étendre et je garnis de briques également les endroits où la terre glissait sur le pourtour de mon domaine. Je rassemblai des tessons de bouteilles et des éclats de verre irisé, et les fixai avec de l'argile dans les fentes entre les briques de sorte que, quand le soleil donnait dans le bas-fond, les parois, comme les vitraux de l'église, flamboyaient de toutes les couleurs de l'arc-en-ciel.

— Tu as eu une bonne idée ! me dit un jour grand-père, en examinant ce travail. Seulement, les mauvaises herbes vont t'envahir ! Attends, je vais remuer la terre avec la bêche ! Va me la chercher !

J'apportai la bêche et grand-père, ayant craché dans ses mains et toussé au préalable une ou deux fois, enfonça du pied l'outil très profondément dans la terre grasse.

— Enlève les racines et je te planterai des mauves et des tournesols. Tu verras que ce sera très joli !

Mais tout à coup, il se tut, et, penché sur la bêche, resta longtemps immobile. Je le regardai avec attention : de ses petits yeux intelligents et vifs comme ceux d'un jeune chien, des larmes s'échappaient et tombaient sur la terre.

— Qu'as-tu ?

Il se secoua, essuya de la paume de la main son visage ridé et, me jetant un vague coup d'œil :

— Je transpire ! Regarde donc tous ces vers !

Puis, s'étant remis à creuser, il s'arrêta soudain et déclara :

— C'est un travail inutile que tu as fait là, mon ami. Un travail inutile ! La maison sera bientôt vendue. Oui, je la vendrai sans doute vers l'automne, car j'ai besoin d'argent pour doter ta mère. Il faut bien qu'elle, au moins, vive convenablement !

Il jeta la bêche et, laissant retomber les bras d'un geste découragé, s'en alla derrière la chambre à lessive, dans un coin du jardin où étaient remisés les outils. Je voulus continuer seul la besogne commencée, mais je n'en étais pas à mon troisième coup de bêche que je me broyais un doigt de pied.

Cet incident m'empêcha d'accompagner ma mère à l'église le jour de son mariage : je ne pus que la suivre jusqu'à la porte cochère. La tête baissée, elle donnait le bras à Maximof. On aurait dit qu'elle marchait sur des pointes de clous tant elle posait avec précaution ses pieds sur les briques du trottoir et sur les touffes d'herbe qui sortaient des fentes.

Ce fut une noce tranquille ; en rentrant de l'église, on prit le thé sans beaucoup d'enthousiasme et ma mère s'en fut tout de suite dans sa chambre changer de toilette et faire ses malles ; mon beau-père s'assit à côté de moi et me dit :

— Je t'ai promis une boîte de couleurs ; mais on n'en trouve point de jolies ici ; et comme je ne puis pas te donner la mienne, je t'en enverrai une de Moscou...

— Et que faudra-t-il que j'en fasse ?

— Tu n'aimes pas la peinture ?

— Je ne sais pas peindre.

— Eh bien, je t'enverrai autre chose.

Ma mère s'approcha de nous :

— Nous reviendrons bientôt. Dès que ton père aura passé ses examens et terminé ses études, nous reviendrons...

Ils me parlaient comme à une grande personne, j'en étais flatté, mais je trouvais bizarre qu'un homme qui avait de la barbe étudiât encore. C'est pourquoi je demandai :

— Qu'est-ce que tu apprends ?

— L'arpentage.

Ce mot ne me disait rien, mais je ne voulus pas prendre la peine de m'informer davantage. Une tranquillité mortellement ennuyeuse pesait sur la maison et j'aurais voulu que la nuit vînt très vite. Grand-père, le dos appuyé contre le poêle, regardait par la fenêtre, les paupières plissées, tandis que la vieille verte, grommelante et gémissante, aidait ma mère à emballer. Quant à grand'mère, ivre dès midi, on avait jugé bon de l'expédier au grenier où on l'avait enfermée pour lui éviter la honte d'être vue.

Le lendemain matin de bonne heure, ma mère partit. Me soulevant aisément, elle me prit dans ses bras et, me regardant en face avec des yeux qui m'étaient inconnus, elle m'embrassa :

— Allons, adieu...

— Dis-lui de m'écouter ! intervint grand-père d'un ton morose, en regardant au loin.

— Tu obéiras à ton grand-père ! ajouta-t-elle en dessinant sur moi le signe de croix.

J'avais espéré qu'elle me dirait autre chose et je ressentis une vive colère contre grand-père qui l'en avait peut-être empêchée.

Maximof et ma mère montèrent en voiture ; mais sa robe s'étant accrochée, elle eut fort à faire pour la dégager et devint écarlate de fureur.

— Va l'aider ! Tu ne vois donc rien ? me dit grand-père.

Je ne bougeai pas ; l'angoisse me ligotait. Maximof allongea précautionneusement ses longues jambes, tandis que grand'mère lui confiait toutes sortes de paquets qu'il entassait sur ses genoux et maintenait

avec son menton ; son visage blême se ridait peureusement :

— Assez ! disait-il d'une voix traînante.

La vieille verte et son fils aîné, l'officier, prirent place dans une seconde voiture ; l'une raide comme une statue, l'autre se grattant la barbe avec la poignée de son sabre, et bâillant de temps à autre.

— Ainsi, vous irez à la guerre ? lui demanda grand-père.

— Certainement.

— Vous ferez bien. Il faut battre les Turcs...

Les voyageurs partirent. À plusieurs reprises, ma mère se retourna en agitant son mouchoir ; appuyée d'une main au mur de la maison, grand'mère, qui faisait elle aussi des signes avec ses bras, pleurait de tout son cœur, tandis que grand-père écrasait les larmes apparues au bord de ses paupières et grommelait d'une voix saccadée :

— Cela ne finira... pas bien... non... pas bien...

Assis sur une borne, je regardais les voitures s'éloigner, puis disparaître au tournant de la rue ; il me sembla que dans ma poitrine quelque chose brutalement se fermait à jamais.

Il était encore très tôt ; les contrevents cachaient les fenêtres des maisons ; la rue était déserte ; jamais encore je ne l'avais vue aussi morte, ni aussi vide. Au loin, un berger faisait entendre une mélodie obsédante.

— Allons prendre le thé, proposa grand-père en me prenant par l'épaule. Ta destinée, paraît-il, est de vivre avec moi ; tu te frotteras donc souvent à moi, comme une allumette sur une brique !

Du matin au soir, nous travaillions en silence au jardin : il préparait les couches, attachait les framboisiers, enlevait la mousse des pommiers, écrasait les chenilles ; moi, j'aménageais et j'embellissais mon habitation. Mon aïeul avait coupé à la hache l'extrémité de la poutre calcinée et planté dans le sol des bâtons auxquels j'avais suspendu mes cages avec leurs habitants.

En outre, après avoir, avec des herbes sèches, tissé une sorte de paillasson épais, je disposai au-dessus du banc un auvent qui me préservait de la rosée et du soleil. J'avais ainsi tout le confort désirable.

Grand-père m'approuvait.

— Il est très utile pour toi d'apprendre à t'organiser le mieux possible.

J'attachais beaucoup de valeur à ses paroles. Parfois, il s'étendait sur le siège recouvert de gazon par mes soins et d'une voix lente, comme s'il eût eu de la peine à sortir les mots, me déclarait :

— Maintenant tu es pareil à un morceau détaché de ta mère ; elle aura d'autres enfants qui lui seront plus chers que toi. Quant à grand'mère, elle s'est remise à boire...

Il se taisait un long moment, comme s'il écoutait quelque chose, et de nouveau, laissait tomber des paroles pesantes :

— C'est la deuxième fois qu'elle s'adonne à ces excès ; au moment où Mikhaïl aurait dû partir pour le service militaire, elle a aussi commencé à boire. Et elle m'a persuadé de le racheter, la vieille sotte. Peut-être aurait-il changé au régiment. Ah ! vous !... Moi, je mourrai bientôt. Tu resteras seul, tout seul et tu devras gagner ton pain toi-même, comprends-tu ? Apprends donc à être ton propre ouvrier, mais ne cède jamais aux pressions qu'on essayera d'exercer sur toi. Vis tranquillement, paisiblement, mais sois obstiné. Écoute tout le monde et fais ce qui te conviendra le mieux...

Pendant l'été, sauf naturellement durant les jours de pluie, je vécus au jardin ; par les nuits chaudes, j'y dormis même sur une vieille pièce de feutre que grand'mère m'avait donnée ; souvent, elle venait passer la nuit à mes côtés, elle aussi. Elle apportait alors une brassée de foin qu'elle éparpillait près de ma couche, s'étendait dessus et me racontait de longues histoires qu'elle entrecoupait d'exclamations inattendues :

— As-tu vu cette étoile qui est tombée ? C'est une petite âme pure qui s'ennuyait là-haut et qui s'est souvenue de sa mère, la terre. Il vient donc de naître à un endroit ou à un autre un brave garçon ou une brave fille...

Ou bien, elle attirait mon attention sur ceci ou cela :

— Une nouvelle étoile s'est levée, vois-tu ? Quels grands yeux elle a ! Ah ! le ciel, le ciel, c'est la brillante chasuble de Dieu...

Grand-père grommelait :

— Vous allez prendre froid, nigauds, et vous tomberez malades. À moins que vous ne soyez saisis d'apoplexie, ou bien ce seront des voleurs qui viendront et vous étrangleront.

Le soleil se couche, des torrents de feu se répandent dans le ciel et s'opalisent par degrés ; une cendre d'or rouge tombe sur la verdure veloutée du jardin. Encore quelques instants, puis, tout s'assombrit rapidement, tout s'élargit et se gonfle. Rassasiées de soleil, les feuilles s'inclinent ; les herbes se penchent vers la terre ; tout apparaît plus délicat et plus somptueux ; des parfums doux et divers, caressants comme des musiques, montent dans l'air et c'est aussi une musique qui vient de loin, de la campagne où l'on sonne la retraite dans les camps. La nuit descend, et avec elle quelque chose de fort et de rafraîchissant coule dans la poitrine : on dirait une bonne caresse de mère. Le silence vous frôle le cœur comme une main tiède. Et toutes les ressouvenances mauvaises de la journée, tout ce qu'il faut oublier s'efface de la mémoire. Quel enchantement que de s'étendre sur le dos et de contempler les étoiles qui s'allument en accentuant la profondeur du ciel ! Profondeur de plus en plus illuminée de nouvelles étoiles ! Quelque chose vous soulève de terre : est-ce la terre qui s'est rapetissée à votre taille, ou est-ce vous qui avez miraculeusement grandi ? L'obscurité devient de plus en plus dense et le silence augmente, mais partout des cordes invisibles et sensibles sont tendues ; qu'un oiseau chante, qu'un hérisson passe en courant ou qu'une voix humaine s'élève avec douceur, les sons vibrent, atténués, et ce silence frémissant les souligne avec amour.

Un accordéon retentit, un rire de femme éclate, un sabre traîne sur les briques du trottoir, un chien jappe : comme tout cela est vain ; ce sont les derniers pétales du jour fané qui s'éparpillent.

Grand'mère était longue à s'endormir ; les mains croisées sous la tête, elle s'animait et, sans se préoccuper d'être écoutée ou non, racontait quelque histoire. Mais elle avait l'art de choisir toujours le conte qui rendait la nuit plus significative et plus belle encore.

Au son de ses phrases cadencées, je m'endormais insensiblement et ne m'éveillais qu'avec les oiseaux. Le soleil me donne en plein dans le visage ; l'air matinal circule et se réchauffe. Les rameaux des pommiers secouent leur rosée, la verdure humide des herbes brille et, dans la légère vapeur qui se lève, elle prend une transparence de cristal. Au ciel couleur de lilas, l'éventail des rayons s'ouvre et le firmament devient bleu. Une alouette invisible jette ses trilles très haut dans le ciel et toutes les nuances, tous les sons, comme une rosée, s'infiltrent dans la poitrine telle une grande joie paisible qui m'inspire le désir de me lever au plus vite, de travailler et de vivre en harmonie avec les êtres qui m'entourent.

Cet été-là fut la période la plus calme et la plus contemplative de ma vie ; ce fut à cette époque que le sentiment de confiance en mes propres forces naquit et s'affermit en moi. J'étais devenu insociable et sauvage ; j'entendais les cris des enfants Ovsiannikof, mais je n'éprouvais aucune envie d'aller jouer avec eux et, quand mes cousins venaient, je n'étais nullement enchanté de leur visite : l'idée qu'ils pourraient détruire mes constructions du jardin m'inquiétait particulièrement, car c'était la première œuvre que j'eusse accomplie de ma propre initiative.

Les propos de grand-père ne m'intéressaient plus. Toujours plus sec, plus geignard, plus bougon, il querellait sans cesse grand'mère qu'il chassait quelquefois de la maison ; elle s'en allait alors, soit chez l'oncle Jacob, soit chez l'oncle Mikhaïl, et parfois ne rentrait pas de plusieurs jours ; grand-père cuisinait alors lui-même ; il se brûlait les doigts, il braillait, il jurait, cassait la vaisselle. Son avarice allait croissant.

Parfois, quand il venait sous ma tente, il s'asseyait confortablement sur le gazon et me regardait travailler pendant un grand moment sans mot dire. Puis il demandait soudain :

— Pourquoi gardes-tu le silence ?

— Je ne sais ! Et toi, pourquoi me poses-tu cette question ?

Il se mettait à discourir.

— Nous ne sommes pas des seigneurs. Nous n'avons personne pour nous donner des leçons ; nous devons tout comprendre par nous-mêmes. C'est pour les autres qu'on écrit des livres et qu'on bâtit des écoles ; mais pour nous, il n'y a encore rien de prêt.

Il se plongeait alors dans ses pensées, il se desséchait. Immobile et muet, il devenait presque effrayant.

En automne, il vendit sa maison. Peu de temps auparavant, un matin, au moment de déjeuner, il avait déclaré à grand'mère d'une voix maussade et résolue :

— Tu sais, mère, je t'ai nourrie jusqu'à maintenant, et j'en ai assez ! Gagne ton pain toi-même.

Grand'mère écouta ces mots dans un calme parfait, comme si elle les eût attendus. Tranquillement, elle sortit sa tabatière, huma sa prise et répondit :

— Comme tu voudras ! S'il en doit être ainsi, ce sera ainsi.

Grand-père loua deux sombres petites chambres dans le sous-sol d'une vieille maison qui s'élevait à la croisée des chemins, au bas de la colline. Quand nous déménageâmes, grand'mère prit une vieille chaussure de tille, à longue frange, qu'elle lança sous le poêle, puis elle s'accroupit pour évoquer le farfadet gardien de la demeure :

— Farfadet de la famille, tiens, voilà un traîneau, viens avec nous dans la maison nouvelle où nous allons chercher plus de bonheur...

Grand-père, qui se trouvait à ce moment dans la cour, passa la tête par la fenêtre et lui cria :

— Je t'en donnerai, moi, des traîneaux, vieille hérétique ! Tu avais bien besoin de me ridiculiser.

— Ah ! père, prends garde, prends bien garde à ce que tu dis ; je crains que cela ne nous porte malheur ! déclara-t-elle gravement.

Mais grand-père se mit en colère et lui interdit de transporter ailleurs le farfadet.

Pendant trois jours, il avait vendu des meubles et diverses choses à des fripiers tartares, débattant les prix comme un beau diable et jurant avec frénésie. Grand'mère, par la fenêtre, considérait ce spectacle, et tantôt elle pleurait, et tantôt elle riait :

— Emportez tout !... Cassez tout !... s'écriait-elle de temps à autre à mi-voix.

Moi aussi, j'étais près de pleurer, car je regrettais fort mon jardin et la tente.

Le mobilier que l'on déménagea tint dans deux chars ; celui sur lequel je me juchai au milieu des meubles et des ustensiles me secoua terriblement.

Peu de temps après notre installation dans le sous-sol ma mère revint. Amaigrie et pâle, elle avait des yeux immenses et étonnés qui brillaient d'un éclat fiévreux. Elle examina tout d'un air attentif, étrange ; on eût dit qu'elle nous voyait, mes grands-parents et moi, pour la première fois. Elle nous observa et se tut. Mon beau-père arpentait la chambre sans s'arrêter, sifflotant tout bas et toussotant, les mains croisées derrière le dos.

— Seigneur ! C'est terrible de te voir grandir si vite, s'écria enfin ma mère, en serrant mes joues entre ses paumes brûlantes.

Elle était mal habillée et sa large robe rousse se gonflait sur le ventre.

Son mari me tendit la main.

— Salut, mon petit. Comment vas-tu ?

Il renifla et déclara :

— Vous savez, il fait très humide chez vous...

On aurait dit qu'ils avaient tous les deux couru très longtemps et qu'ils étaient bien fatigués ; leurs vêtements comme leurs personnes se décelaient chiffonnés et déteints. Il nous parut qu'ils ne souhaitaient qu'une chose : se coucher pour se reposer.

On prit le thé. Ce ne fut pas un repas particulièrement gai. Grand-père, tout en regardant la pluie qui lavait les vitres, demanda :

— Alors tout a brûlé ?

— Tout ! confirma mon beau-père avec assurance. Nous avons failli y rester nous-mêmes...

— Ah ! le feu ne plaisante pas !

Penchée sur l'épaule de grand'mère, ma mère lui chuchota dans l'oreille quelque chose et l'aïeule ferma les paupières, comme si la lumière l'eût soudain blessée. Je m'ennuyais de plus en plus.

Cependant grand-père répliqua très haut, d'une voix malicieuse :

— C'est bizarre, mon ami, il m'est venu aux oreilles qu'il n'y a pas eu d'incendie du tout, mais que tu as tout bonnement perdu aux cartes...

Il se fit un silence absolu, le samovar sifflait ; la pluie cinglait les vitres ; ma mère supplia :

— Papa...

— Quoi ? Pa-pa-a ? et mon aïeul se mit à crier d'une voix assourdissante. Qu'arrivera-t-il encore ? Ne t'ai-je pas prévenue ? Quand on a trente ans, on n'épouse pas un homme qui en a vingt ! Voilà ! Il est raffiné, n'est-ce pas ? Et toi, tu es de la noblesse, maintenant, hein ? Qu'en dis-tu, ma petite ?

Ils se mirent à vociférer tous les quatre ensemble, mais mon beau-père braillait plus fort encore que tous les autres. Je me réfugiai dans le corridor où l'on avait empilé le bois ; l'étonnement me pétrifiait. On m'avait changé ma mère ; elle n'était plus du tout comme auparavant. Dans la chambre, je l'avais moins remarquée ; mais seul dans la pénombre, je me rappelais mieux sa physionomie d'autrefois.

Je n'ai qu'une vague souvenance des circonstances qui suivirent. Je me rappelle que je me retrouvai à Sormof, dans une maison où tout était neuf, mais dont les murs n'étaient pas tapissés. En outre, les rainures entre les poutres étaient garnies de touffes de filasse qui abritaient une quantité innombrable de blattes. Ma mère et mon beau-père occupaient les deux pièces situées sur la rue et grand'mère et moi nous dormions dans la cuisine dont la fenêtre ouvrait sur le toit. Les noires cheminées des usines se dressaient ironiquement, crachant vers le ciel des rubans épais de fumée que le vent d'hiver chassait sur tout le village. C'est ainsi que dans notre froid logis une odeur grasse de fumée stagnait constamment. Le matin, de bonne heure, la sirène hurlait comme un loup :

— Vo - ou - ou, ou, o - ou...

Quand on grimpait sur le banc, on apercevait, par delà les toits, les portes de la fabrique éclairées par des lanternes et béant comme la bouche d'un vieux mendiant édenté, une foule compacte de petits hommes s'y engouffrait sans discontinuer. À midi, la voix de la sirène se faisait entendre de nouveau et les mêmes portes vomissaient dans la rue leur noir torrent de petits hommes. Le vent échevelé qui se précipitait au-devant d'eux semblait les chasser, les bousculer et les jeter dans les maisons. On ne voyait que très rarement le ciel dans ce village ; un éternel dôme gris de nuages et de fumée pesait sur les toits sales des maisons saupoudrées de neige et de suie.

Le soir, le crépuscule rougeoyait au-dessus de l'usine, illuminant le sommet des cheminées, de telle sorte que celles-ci, au lieu de s'élever de la terre au ciel, semblaient au contraire descendre du nuage fumeux. À voir tout cela, des nausées me montaient presque à la gorge et un ennui cruel me rongeait le cœur. Grand'mère remplissait l'office de cuisinière ; elle préparait les repas, lavait les planchers, fendait le bois, portait l'eau, travaillait du matin au soir ; aussi elle était très fatiguée quand elle se couchait, et je l'entendais gémir et grogner. Parfois, sa besogne terminée, elle endossait une courte jaquette ouatée, et, la jupe retroussée très haut, prenait le chemin de la ville :

— Je vais voir ce que fait le vieux !

— Emmène-moi avec toi !

— Par le temps qu'il fait, tu gèlerais en route.

Et, par une route perdue dans les champs neigeux, elle gagnait la ville, distante de huit bons kilomètres. Ma mère, qui était enceinte et dont la figure était toute jaune, s'enveloppait frileusement dans un châle gris et troué, garni d'une frange. Je détestais ce châle qui déformait son grand corps bien proportionné ; je le détestais et j'en arrachais les franges par petits bouts. Je haïssais aussi la maison, et la fabrique, et le village. Ma mère portait des chaussures de feutre tout éculées ; elle toussait et ses accès de toux agitaient d'une manière grotesque son ventre déformé ; ses yeux gris bleu étincelaient avec une expression de dureté ; souvent, ils s'arrêtaient si longtemps sur les murs qu'ils semblaient ne plus devoir s'en détacher. Parfois aussi, durant des heures entières, elle regardait la rue sinistre qui donnait l'impression d'une mâchoire : les maisons étaient des dents tordues et noires de vieillesse, quelques-unes étaient tombées et creusaient un trou béant, et d'autres avaient été maladroitement remplacées par de nouvelles, beaucoup trop grandes, qui juraient avec le reste.

— Pourquoi demeurons-nous ici ? demandai-je.

Ma mère me répondit :

— Ah ! tais-toi, hein !

Elle me parlait peu et seulement pour me donner des ordres :

— Donne, apporte, va chercher...

On ne m'accordait pas souvent l'autorisation d'aller jouer au dehors. Chaque fois, d'ailleurs, je rentrais roué de coups par les gamins. La bataille était mon seul plaisir, ma distraction préférée et je m'y livrais de tout mon cœur. Ma mère, après ces équipées, me fouettait avec une courroie. Mais le châtiment ne faisait que m'exciter davantage ; dès que l'occasion se présentait, je me battais avec plus de frénésie encore que la veille et ma mère, comme de juste, me punissait aussi plus sévèrement.

Pourtant je me lassai de ses corrections ; je la prévins que, si elle ne cessait pas de me fouetter, je lui mordrais la main pour me sauver ensuite dans la campagne et me laisser mourir de froid. Stupéfaite, elle me repoussa et se mit à aller et venir fiévreusement par la pièce, puis haletante de lassitude, elle laissa tomber ces seuls mots :

— Petit sauvage !

L'arc-en-ciel vivant et palpitant des sentiments qui composent l'amour s'était éteint dans mon âme, remplacé par les lueurs troubles d'une irritation profonde contre les gens et les choses, et qui surgissait avec une fréquence grandissante. J'avais conscience de ma solitude dans ce milieu morbide et une accablante sensation du mécontentement couvait sourdement dans mon cœur.

Sévère avec moi, mon beau-père n'adressait pas souvent non plus la parole à sa femme ; il sifflotait et toussotait souvent ; après le dîner, il se plantait devant le miroir et, muni d'un éclat de bois, curait longuement, avec des soins infinis, ses dents inégales. Il se querellait de plus en plus fréquemment avec ma mère à qui il disait : « vous » d'un air rageur. Cette façon de parler me révoltait jusqu'au fond de l'âme. Pour que je ne fusse pas témoin des disputes, il fermait hermétiquement la porte de la cuisine, mais les éclats de sa voix sourde me parvenaient tout de même et une fois, tapant du pied, je l'entendis crier d'un accent furieux :

— Si vous n'aviez pas cet ignoble bedon, je pourrais inviter des amis à venir nous voir, espèce de vache !

Étonné, envahi par une colère folle, je sursautai dans ma soupente avec une telle frénésie que ma tête heurta le plafond et que je me mordis la langue jusqu'au sang.

Le samedi, les ouvriers par douzaines venaient chez mon beau-père pour lui revendre les bons qu'ils devaient échanger contre des marchandises à l'épicerie de l'usine, car au lieu de payer les ouvriers en argent, on leur donnait ces bons et mon beau-père les leur rachetait à moitié prix. Il recevait les ouvriers à la cuisine ; assis à la table, l'air important et rébarbatif, il décidait en examinant le bon :

— Un rouble et demi...

Cette existence morne et stupide ne dura pas longtemps ; lorsque ma mère fut sur le point d'accoucher, on me ramena chez grand-père. Il habitait alors rue Kounavine, dans une maison à deux étages, une étroite chambrette dont la fenêtre ouvrait sur la cour. La rue sablonneuse aboutissait au bas de la colline, vers l'enceinte du cimetière qui attenait à l'église des Champs.

— Hein ? — s'exclama-t-il en me voyant revenir, et il se mit à rire et à pousser de petits cris. — On disait qu'il n'y a pas de meilleur ami que sa propre mère, mais aujourd'hui, je crois qu'on remplacera la propre mère par « le vieux diable de grand-père ». Ah ! vous !...

Avant même d'avoir eu le temps de m'accoutumer aux lieux, ma grand'mère et ma mère arrivèrent avec le nouveau-né ; mon beau-père avait été renvoyé de la fabrique parce qu'il volait les ouvriers, mais il s'était présenté ailleurs et on lui avait trouvé un emploi de receveur-distributeur de billets.

De longs jours, vides d'événements, s'écoulèrent ; puis on me réexpédia chez ma mère qui occupait comme logement le sous-sol d'une maison bâtie entièrement en pierre. Dès mon arrivée, elle m'envoya à l'école, mais les premières séances me dégoûtèrent complètement.

Mal vêtu d'un méchant pardessus taillé dans une jaquette de grand'mère, d'une blouse jaune, d'un pantalon à passepoil, chaussé de souliers appartenant à ma mère, je fus immédiatement un objet de risée pour mes camarades, et la blouse jaune, notamment, me valut le surnom de « valet de carreau ». Néanmoins, je m'entendis bientôt avec mes camarades ; mais ni le prêtre ni le maître ne me prirent en affection.

Le maître, jeune et chauve, saignait constamment du nez ; il arrivait en classe, les narines bourrées de coton, s'asseyait, interrogeait d'une voix nasillarde ; puis soudain, au milieu d'un mot, il s'interrompait pour extraire de son appendice nasal un tampon d'ouate qu'il examinait en hochant la tête. Il avait un visage plat, comme oxydé et des reflets d'un bleu verdâtre semblaient jouer sur ses rides. Ce qui l'enlaidissait surtout, c'étaient ses yeux d'étain, qui semblaient n'avoir rien à faire dans sa figure et pourtant se collaient à vous avec une persistance si désagréable, qu'on avait toujours envie de se frotter la joue pour effacer la trace qu'ils auraient pu laisser.

Pendant quelques jours, on me mit dans la première division, au premier rang, à un banc qui touchait la table du maître. Il me semblait qu'il ne voyait personne d'autre que moi et cette impression m'était insupportable. Il nasillait sans cesse :

— Pechkof, change de blouse ! Pechkof, ne remue pas les pieds ! Pechkof, il y a de nouveau une mare, à ta place ; tes souliers ont suinté et dégoutté.

Je me vengeai de lui par un tour cruel : m'étant procuré un jour la moitié d'une pastèque gelée, je l'évidai avec soin et la suspendis par une ficelle au contre-poids de la porte. Le corridor était obscur ; lorsque la porte s'ouvrit, la pastèque monta avec le poids, mais lorsque le maître referma l'huis, l'écorce glacée lui coiffa la tête comme un chapeau. Le gardien de l'école, muni d'un billet explicatif, me ramena à la maison, où, une fois de plus, j'eus l'échine sérieusement frottée.

Un autre jour, comme j'avais répandu dans le tiroir de son bureau du tabac à priser, il éternua si violemment qu'il fut obligé de quitter la salle, et dut envoyer pour le remplacer son beau-frère, lequel était officier et nous obligea à chanter *Dieu sauve le tzar* et *Ah ! liberté, liberté chérie !* Ceux qui chantaient faux reçurent sur la tête des coups de règle, mais aucun ne s'en plaignit, bien que le claquement du bois sur les crânes fût assez douloureux.

Le professeur d'histoire sainte, un jeune et beau prêtre, à la luxuriante chevelure, ne pouvait pas me sentir parce que je n'avais pas en ma possession l'*Histoire sainte de l'Ancien et du Nouveau Testament*, et aussi parce que je singeais sa manière de parler.

Quand il arrivait, son premier soin était de me demander :
— Pechkof, as-tu apporté le livre ou non ? Oui, le livre ?
Je répondais :
— Non, je ne l'ai pas apporté. Oui.
— Quoi, oui ?
— Non.
— Eh bien, retourne chez toi. Oui. Chez toi. Car je n'ai pas l'intention de te faire profiter de mon enseignement. Oui, je n'ai pas l'intention.

Le pope avait une belle tête de Christ, des yeux caressants comme ceux d'une femme et de petites mains qui, elles aussi, caressaient tout ce qu'elles touchaient. Que ce fût un livre, une règle, un porte-plume, il prenait les choses avec un geste étonnant de beauté et de douceur, comme si elles eussent été vivantes, fragiles et que, plein d'affection pour elles, il eût eu peur de les abîmer par un contact trop brusque. Il n'usait pas d'autant de précautions avec les enfants, mais ceux-ci cependant l'aimaient.

Je savais toujours assez bien mes leçons et, néanmoins, on m'avertit bientôt que je serais renvoyé pour ma mauvaise conduite. Cette information m'attrista ; car elle me faisait prévoir des suites plutôt fâcheuses ; ma mère devenant de plus en plus irritable me souffletait à tout propos et hors de propos.

Mais quelqu'un vint à mon secours : ce fut l'évêque Crisanphe, petit bossu qui avait l'air d'un sorcier, et arriva un jour à l'école sans y être attendu.

Vêtu d'une ample robe noire, coiffé d'un bizarre petit seau renversé, il prit place à la table du maître, sortit les mains de ses poches et commença :

— Eh bien, mes enfants, si nous causions un peu !

Tout, aussitôt, devint joyeux et vivant dans la classe, sensation agréable qui nous était trop peu connue.

M'appelant au tableau, après beaucoup d'autres élèves, il me demanda gravement :

— Quel âge as-tu ? Pas plus ! Que tu es long, mon ami ! Tu as sans doute été souvent à la pluie, n'est-ce pas ?

Il posa sur la table sa petite main sèche aux ongles pointus, rassembla entre ses doigts sa maigre barbe, puis fixant sur moi son bon regard il ajouta :

— Eh bien, raconte-moi ce qui te plaît le mieux dans l'histoire sainte.

Je lui répondis que, ne possédant pas le livre, je n'apprenais pas l'histoire sainte ; à ces paroles il rajusta sa calotte et s'informa :

— Comment cela se fait-il ? Il faudra que tu l'étudies ! Mais peut-être sais-tu quand même quelque chose ; tu as probablement entendu des récits de miracles ? Tu connais les psaumes ? C'est très bien ! Et les prières ? Eh bien, tu vois ! Et tu connais aussi la vie des saints ? En vers ? Mais tu es un vrai savant !

Notre pope accourut rouge et haletant et l'évêque lui donna sa bénédiction ; mais lorsque le professeur voulut parler de moi, l'évêque leva la main et l'interrompit :

— Un instant, permettez... Voyons, récite-nous l'histoire d'Alexis, le saint homme de Dieu...

— C'est une belle poésie, n'est-ce pas, mon ami ! remarqua-t-il, profitant d'un instant où je m'interrompis pour avoir oublié un vers. — Tu en connais d'autres ? Sur le roi David ?... Je suis tout oreilles !

Je voyais qu'il écoutait, en effet, et que les vers lui plaisaient. Il me laissa longuement débiter ma tirade, puis, tout à coup, m'arrêta et me questionna par petites phrases rapides :

— Tu as appris à lire dans les psaumes ? Qui est-ce qui t'a appris ? Ton grand-père ? C'est un brave homme, n'est-ce pas ? Il est méchant ! Est-ce possible ? Et tu fais beaucoup de sottises ?

Je me troublai, mais je répondis par l'affirmative. Le maître et le pope confirmèrent mon aveu à grand renfort de paroles et l'évêque les écouta, les yeux baissés, en soupirant.

— Tu entends ce que l'on dit de toi. Allons, viens ici...

Et posant sur ma tête sa main qui dégageait une odeur de bois de cyprès, il me demanda :

— Pourquoi es-tu un mauvais écolier ?

— C'est ennuyeux d'apprendre ses leçons...

— C'est ennuyeux ? Mais non, mon ami, ce n'est pas vrai. Si l'étude t'ennuyait tu ne retiendrais rien et justement les maîtres affirment que tu apprends avec facilité. Il y a donc une autre raison.

Sortant de son sein un petit carnet, il y inscrivit mon nom.

— Pechkof, Alexis. Bon. Tâche d'être plus sage, mon ami, et de ne pas faire tant de sottises ! En commettre quelques-unes, cela n'est rien ; mais quand on abuse, on fatigue les gens. N'est-il pas vrai, mes enfants ?

Quantité de voix joyeuses approuvèrent :

— Oui, oui !

— Vous autres, vous ne faites pas beaucoup de sottises, n'est-ce pas ?

— Si, beaucoup, beaucoup !

L'évêque, s'appuyant au dossier de la chaise, m'attira à lui et, d'un ton si drôle que tout le monde se mit à rire, même le maître et le pope, nous fit cette déclaration :

— Ah ! mes petits amis, quelle affaire ! Moi aussi, à votre âge, j'étais un grand polisson. Comment cela se fait-il, dites ?

Les enfants riaient ; il les interrogea, les embarrassa avec adresse, en les obligeant à se répondre l'un à l'autre. La gaîté redoublait ; enfin, il se leva et prit congé :

— On est très bien avec vous, petits espiègles, mais il est temps de partir !

D'un grand geste qui fit voler ses manches jusque sur ses épaules, il nous bénit et dessina sur nous un large signe de croix :

— Au nom du Père, du Fils et du Saint-Esprit, je vous bénis ; que votre travail soit couronné de succès. Adieu !

Tous les élèves se mirent à crier :

— Adieu, monseigneur ! Revenez !

Tout en secouant sa calotte, il promit :

— Je reviendrai ! Je reviendrai ! Je vous apporterai des livres !

Et il traversa la pièce ; sa soutane flottait, mais avant de quitter la salle il dit au maître :

— Donnez-leur congé !

Il me prit par la main, m'entraîna dans le corridor et là, se penchant vers moi, il murmura :

— Et toi, mon ami, tâche de te modérer, veux-tu ? Je comprends bien les raisons qui te font agir de la sorte. Allons, adieu, mon ami...

J'étais très ému, un sentiment singulier bouillonnait dans ma poitrine. Le maître donna congé à toute la classe ; mais avant mon départ il me prit à part pour me dire que, dorénavant, je devais me faire plus petit qu'une fourmi ; je l'écoutai de bon cœur, avec une grande attention, et c'était la première fois que j'agissais de la sorte.

Le pope lui aussi endossait sa pelisse ; sa voix sonore s'éleva, caressante :

— Dès maintenant, il faut que tu assistes à mes leçons. Oui. Il le faut. Oui. Mais, sois sage. Oui ! Sois sage !

À peine mes affaires se furent-elles arrangées à l'école, qu'une vilaine histoire m'arriva à la maison : je volai un rouble à ma mère. Ce crime n'avait pas été prémédité : un soir, ma mère, devant sortir, m'avait confié le soin de garder la maison et l'enfant. Comme je m'ennuyais, j'ouvris un des livres de mon beau-père, les *Mémoires d'un médecin*, de Dumas père, et j'aperçus entre les pages un billet d'un rouble et un autre de cinq. Le livre étant écrit en une langue que je ne connaissais pas, je le refermai en faisant cette réflexion qu'avec un rouble on pouvait s'acheter non seulement l'*Histoire sainte*, mais probablement aussi *Robinson*. J'avais appris peu de temps auparavant l'existence de cet ouvrage. C'était au cours d'une récréation, un jour qu'il gelait ; j'avais raconté une légende à mes camarades et l'un d'eux avait déclaré d'un ton méprisant :

— Quelles bêtises que ces contes de fée ; parle-moi de *Robinson* ! Voilà une histoire qui vaut la peine d'être lue.

Il se trouva que quelques autres garçonnets connaissaient ce livre et qu'ils en étaient tous enchantés. Très vexé de ce que le conte de grand'mère n'eût pas obtenu le succès que j'en escomptais, je résolus séance tenante de lire ce *Robinson*, afin de pouvoir déclarer à mon tour que ce n'était qu'une bêtise.

Le lendemain, j'apportai à l'école l'*Histoire sainte*, les contes d'Andersen en deux petits volumes tout en lambeaux, plus trois livres de pain blanc et une livre de saucisson. Dans la sombre et minuscule boutique qui s'ouvrait près de l'église Saint-Vladimir, j'avais bien trouvé le *Robinson* lui aussi ; c'était un maigre petit bouquin à couverture jaune sur laquelle on voyait un homme barbu, en haut bonnet de fourrure et vêtu d'une peau de bête. Cette gravure ne m'ayant pas charmé, j'optai pour les contes qui me séduisirent, même par leur extérieur, quoiqu'il ne fût pas bien brillant.

Pendant la grande récréation, je partageai pain et saucisson avec mes camarades, puis nous commençâmes la lecture d'un conte merveilleux, *le Rossignol*, qui nous empoigna singulièrement.

Je ne parvins pas à achever la lecture du *Rossignol* à l'école, le temps me manqua et quand je rentrai, ma mère, debout devant le foyer, tenant à la main une poêle où elle faisait cuire une omelette, me demanda d'une voix altérée :

— Tu as pris le rouble ?

— Oui, tiens, voilà les livres !...

Elle me frappa avec la poêle, à coups redoublés, et ce qui me fut plus douloureux que les coups, m'enleva les livres d'Andersen qui furent à tout jamais perdus pour moi.

Je ne retournai pas à l'école de quelques jours. Durant ce temps, mon beau-père raconta sans doute mon exploit à ses collègues qui le répétèrent à leurs enfants, car l'un de ceux-ci rapporta l'histoire à l'école et, lorsque je revins, on m'accueillit par un sobriquet nouveau : « Voleur ! » C'était bref et net, mais faux. Je ne niai pas que je m'étais approprié le billet, mais quand j'essayai d'expliquer mon acte, on ne voulut pas me croire. Devant cette attitude, je rentrai à la maison en déclarant à ma mère que je n'irais plus à l'école.

Assise près de la fenêtre, fatiguée, les yeux égarés, toute grise et de nouveau enceinte, elle allaitait mon frère Sacha ; quand je lui fis part de ma décision, elle me regarda la bouche bée comme un poisson.

— Ce n'est pas vrai. Personne ne peut savoir que tu as pris un rouble.

— Eh bien, va t'informer...

— C'est toi-même qui t'es trahi. Allons, dis la vérité ! Est-ce toi qui as raconté la chose ? Prends garde, je saurai demain qui a rapporté cette histoire.

Je lui citai le nom de l'écolier. Son visage se plissa douloureusement et elle fondit en larmes.

J'allai à la cuisine et, étendu sur le lit qu'on m'avait arrangé parmi les caisses, derrière le poêle, j'entendais ma mère qui, dans la chambre, gémissait tout bas :

— Mon Dieu... mon Dieu !...

Dégoûté par l'odeur de graillon que la chaleur exaspérait, je me levai et me dirigeai vers la cour ; mais ma mère m'arrêta :

— Où vas-tu ? Où vas-tu ? Viens avec moi !..

Nous nous assîmes par terre tous les deux ; Sacha, couché sur ses genoux, empoignait les boutons de sa robe et se penchait en balbutiant :

— Ou-on, ce qui signifiait « bouton »...

Je me serrais contre la hanche de ma mère qui m'entourait de son bras et m'expliquait :

— Nous sommes pauvres... pour nous, chaque copeck... chaque copeck...

Elle n'acheva pas ; sa main brûlante se cramponnait à moi avec une force convulsive.

— Quelle fripouille !... Quelle fripouille ! conclut-elle soudain ; je l'avais déjà entendue prononcer ce mot une autre fois.

Sacha répéta :

— Fipoulle !

C'était un enfant étrange, qui avait une grosse tête et de magnifiques yeux bleus ; il regardait tout ce qui l'entourait avec un doux sourire et comme s'il s'attendait à quelque chose. Il avait commencé à parler de très bonne heure ; il ne pleurait jamais et vivait dans un état de joie paisible et perpétuelle. Plutôt faible, il avait de la peine à se traîner ; il était très content quand il me voyait et aimait à se blottir dans mes bras ; il pétrissait alors mes oreilles entre ses petits doigts mous qui sentaient la violette, on ne savait pourquoi. Il mourut subitement sans avoir été malade ; le matin encore, il était paisible et joyeux comme de coutume et le soir, comme on sonnait complies, il dormait déjà de son dernier sommeil. Cette mort survint peu de temps après la naissance d'un deuxième enfant, Nicolas.

Grâce à ma mère qui intervint, je pus retourner à l'école, où je fus de nouveau heureux et considéré. Mais une fois de plus, le sort m'obligea à cohabiter avec grand-père.

Un jour, à l'heure du goûter, comme je pénétrais dans la cuisine, j'entendis ma mère qui poussait un cri déchirant :

— Evguény, je t'en prie, je t'en supplie...

— Bê-ti-ses ! déclarait mon beau-père.

— Ah ! je sais que tu vas chez elle !

— Eh bien ?

Pendant quelques secondes, tous deux se turent, puis, ma mère, entre deux accès de toux, s'écria :

— Canaille que tu es !

J'entendis Maximof la frapper ; je me précipitai dans la chambre. Tombée à genoux, ma mère s'appuyait du dos et des coudes à une chaise, râlante, la tête rejetée en arrière, elle bombait la poitrine et ses yeux brillaient d'un éclat terrifiant. Le mari, correctement vêtu d'un uniforme neuf, lui donnait de son long pied des coups de botte dans les seins. Saisissant sur la table un couteau à manche d'ivoire orné d'argent qui servait à couper le pain, seul souvenir que ma mère eût conservé de mon père, je voulus le plonger de toutes mes forces dans le flanc du misérable.

Par bonheur, ma mère eut le temps de pousser Maximof : la lame glissa sur le drap qu'elle fendit et la peau ne fut qu'un peu éraflée. Mon beau-père n'en poussa pas moins des clameurs terribles et sortit en courant de la pièce, la main sur le flanc. Ma mère me prit, me souleva et, rugissante, me jeta violemment sur le plancher, m'écrasant de tout son poids. Je fus délivré par Maximof qui rentrait dans la maison

Plus tard dans la soirée, comme il était tout de même sorti, ma mère vint me retrouver derrière le poêle, me prit dans ses bras et m'embrassa en pleurant :

— Pardonne-moi ! J'ai eu tort ! Ah ! mon petit ! Comment as-tu osé ? Avec un couteau !

Très sincèrement, et comprenant fort bien le sens de ce que je disais, je lui déclarai que j'avais l'intention d'égorger mon beau-père et de me tuer ensuite. Je crois que je l'aurais fait, que j'aurais essayé tout au moins. Maintenant encore, je revois cet instant infâme, la longue jambe et le passepoil se détachant sur le drap du pantalon ; je vois cette jambe qui se balance en l'air, je vois la pointe du pied qui martèle la poitrine d'une femme. Bien des années plus tard, ce malheureux Maximof mourut sous mes yeux à l'hôpital, il m'était alors étrangement sympathique et je pleurai en voyant ses beaux yeux égarés se troubler et s'éteindre. Mais même à cette heure pénible, l'âme remplie d'une angoisse indicible, je ne pus oublier qu'il avait frappé ma mère à coups de pied.

En évoquant ces incroyables abominations, bien caractéristiques des mœurs russes, je me demande par moments s'il ne vaudrait pas mieux n'en point parler. Mais je me réponds avec une assurance nouvelle : « Si, c'est nécessaire, car c'est la vérité, une vérité vivante et vile qui n'a pas percé encore aujourd'hui. Et cette vérité il faut la connaître jusque dans ses fondements, pour pouvoir arracher de la mémoire des hommes, avec leurs racines, jusqu'au souvenir même des horreurs qui souillèrent la vie russe tout entière, déjà si pénible et si honteuse. »

Et puis, il y a une raison encore plus positive qui m'oblige à les décrire, ces horreurs. Quoiqu'elles soient révoltantes, quoiqu'elles nous écrasent et ravalent quantité de nobles âmes, le Russe est cependant encore assez jeune et robuste d'esprit pour pouvoir les combattre et les vaincre, et il a commencé.

Ce n'est pas seulement parce que la couche de boue bestiale est si grasse et si fertile chez nous que notre vie est singulière, mais parce que des choses pures, saines et fécondes arrivent à se frayer victorieusement une voie à travers ces obstacles. Malgré tout, les sentiments généreux se développent et voici que naît un inébranlable espoir en notre avènement à une vie lumineuse et humaine.

13

Je suis de nouveau chez grand-père.

— Ah ! brigand ! s'exclama-t-il quand il me vit, et il frappa sur la table. Eh bien, moi, je ne veux plus te nourrir ; que ta grand'mère s'en charge !

— Certainement ! dit-elle. La belle affaire, vraiment !

— C'est bon, nourris-le ! cria-t-il, et se calmant aussitôt, il m'expliqua : Nous avons tout partagé et nous vivons chacun pour soi...

Assise près de la fenêtre, grand'mère faisait de la dentelle ; les fuseaux cliquetaient avec un bruit joyeux et précipité ; sous le soleil printanier, le coussin brillait comme un hérisson doré, car il était tout constellé d'épingles de laiton. Grand'mère, elle aussi, luisait comme du cuivre ; elle n'avait pas changé. Grand-père était devenu plus sec et plus ridé, ses cheveux roux grisonnaient, et la paisible gravité de ses mouvements avait fait place à une agitation fiévreuse ; ses yeux verts, un peu ternis, prenaient un air méfiant. Tout en riant, grand'mère me raconta comment le partage s'était fait : il lui avait donné tous les pots, toutes les jattes et toute la vaisselle en déclarant :

— Voici ta part, ne me demande rien d'autre !

Ensuite, il lui avait pris la plupart de ses vieilles robes ainsi que son manteau de renard et avait vendu le tout sept cents roubles. L'argent, il l'avait prêté à son filleul, un juif, marchand de fruits. La passion de l'avarice le rongeait à un point tel qu'il avait perdu toute pudeur. Il s'en allait chez ses anciennes connaissances, ses ex-collègues, au tribunal de commerce et chez les riches négociants ; là, il gémissait, assurait que ses enfants l'avaient ruiné et demandait un secours. C'était encore à cette époque-là un homme considéré, on se montrait généreux envers lui, et, de retour à la maison, il agitait sous le nez de grand'mère les billets de banque qu'il avait reçus, se rengorgeant et la taquinant comme un enfant :

— As-tu vu, nigaude ? À toi, on ne t'en donnerait pas la centième partie !

Il prêtait l'argent ainsi obtenu à son nouvel ami, un pelletier long et chauve qu'on avait, dans le faubourg, baptisé « la Verge », et à sa sœur, une grosse boutiquière aux joues rouges et aux yeux bruns, molle et sucrée comme de la mélasse.

Dans la maison, on partageait strictement toutes choses : un jour, grand'mère faisait le dîner avec les provisions qu'elle avait achetées de ses deniers ; le lendemain, c'était grand-père qui fournissait le pain et les victuailles ; mais alors les repas n'étaient ni copieux ni succulents ; grand'mère achetait de la bonne viande tandis que lui ne prenait que des tripes, de la fressure ou de la fraise de veau. Chacun d'eux avait en propre son thé et son sucre, mais ils faisaient leur infusion ensemble, dans la même théière ; grand-père disait d'une voix inquiète :

— Attends, attends, combien en as-tu mis ?

Il se versait une pincée de thé dans la main, comptait soigneusement les feuilles et déclarait :

— Ton thé est plus brisé que le mien ; je dois donc en mettre moins que toi, car le mien a de plus grosses feuilles et il est plus avantageux.

Il veillait soigneusement à ce que le thé qu'elle prenait fût de la même force que celui qu'elle lui servait ; il voulait aussi boire un nombre de tasses égal à celui qu'elle absorbait.

— Encore une, la dernière, hein ? demandait-elle, avant de vider la théière.

Grand-père jetait un coup d'œil dans le récipient et répondait :

— Eh bien, oui, la dernière !

Chacun d'eux achetait également à son tour l'huile pour les lampes qui brûlaient devant les images saintes ; et ces deux vieillards avaient travaillé ensemble pendant un demi-siècle !

Ces exploits de grand-père m'amusaient et me révoltaient à la fois ; grand'mère se contentait d'en rire.

— Ne t'en inquiète pas, me consolait-elle. La belle affaire ! Il est tellement vieux qu'il devient bête. Il a passé quatre-vingts ans. Qu'il fasse donc des sottises ; cela ne fait de tort à personne ! Et je saurai gagner ton pain et le mien, n'aie pas peur !

Moi aussi je commençais à gagner de l'argent ; le dimanche et les jours de fêtes, je me levais de grand matin et, muni d'un sac, je faisais une tournée dans les cours et dans les rues pour ramasser les os de bœuf, les chiffons, les clous et les morceaux de papier. Les chiffonniers payaient vingt copecks pour quarante livres de chiffons de papier ou de ferraille ; ils donnaient moitié moins pour les os, et même descendaient jusqu'à huit copecks seulement. Je m'adonnais à ce commerce : après l'école et chaque samedi, je touchais trente, cinquante copecks et même davantage quand j'avais de la chance. Grand'mère acceptait mes sous et les enfonçait très vite dans la poche de sa jupe ; baissant les yeux, elle me complimentait.

— Grand merci, petite âme de pigeon. Nous allons pouvoir manger tous les deux, n'est-ce pas ? C'est une bonne affaire !

Une fois je la surpris qui tenait mes pièces de cuivre dans sa main ; elle les regardait et pleurait en silence. Une grosse larme était même restée suspendue à son nez spongieux et bourgeonné.

Ce qui rapportait plus encore que de vendre des chiffons, c'était de voler du bois de chauffage ou de menuiserie dans les chantiers situés au bord de l'Oka ou aux Sablons. Dans cette île, durant la foire, on vendait du fer sous des hangars légèrement construits. Sitôt la foire terminée, on démolissait ces hangars ; perches et voliges étaient mises en tas et restaient ainsi sur place jusqu'aux crues du printemps. Les bourgeois propriétaires payaient vingt copecks une volige bien équarrie, et on pouvait en emporter une ou deux par jour ; mais pour réussir, le mauvais temps était nécessaire, la pluie ou la tempête de neige chassant des chantiers les gardes qui allaient ailleurs se mettre à l'abri.

Une bande très unie s'organisa ; elle comprenait Sanka Viakhir, le fils d'une mendiante mordouane, un gentil garçon de dix ans, affectueux et tendre, toujours paisible et gai ; Kostroma, un sans-famille impétueux et décharné, aux immenses yeux noirs et qui se pendit plus tard, à l'âge de treize ans, dans la colonie pénitentiaire où on l'avait relégué pour avoir volé une paire de pigeons. Il y avait aussi Chabi, un petit Tatare de douze ans, hercule bon et placide ; Jaze, le fils du fossoyeur et gardien du cimetière, un gamin de huit ans au nez épaté, taciturne comme un fauve en cage et qui souffrait du haut-mal ; enfin, Gricha Tchourka, l'aîné de la troupe, judicieux et juste, amateur passionné de la lutte à coups de poing ; la mère de ce dernier était couturière et veuve. Nous habitions tous la même rue.

Au faubourg, le vol n'était pas considéré comme un péché ; c'était une habitude, et presque le seul moyen d'existence pour beaucoup de petits bourgeois qui ne mangeaient jamais à leur faim. Les six semaines que durait la foire ne pouvaient enrichir les gens pour une année entière ; aussi, un très grand nombre d'honorables pères de famille demandaient-ils à la rivière un complément de gain ; ils pêchaient les poutres et les bûches emportées par la crue, transportaient sur des radeaux les cargaisons légères ; mais surtout ils volaient. En général, ils « écumaient » le Volga et l'Oka et s'emparaient de tout ce qui était mal assujetti. Le dimanche les grandes personnes se vantaient de leurs exploits ; les enfants les écoutaient et profitaient de ces enseignements.

Au printemps, pendant la période de travail fiévreux qui précédait la foire, les rues étaient remplies chaque soir d'ouvriers, de charretiers et d'artisans un peu gris ; les petits enfants, sans se gêner, exploraient la poche des passants, sous les yeux de leurs parents, et c'était un usage admis, un procédé licite.

On dérobait leurs outils aux charpentiers ; aux charretiers, on prenait les chevilles et les pièces de fer des essieux ; aux cochers de fiacre, des écrous. Mais notre bande ne se livrait pas à cette besogne-là ; Tchourka avait déclaré une fois pour toutes, d'un ton résolu :

— Je ne veux pas voler, maman ne me le permet pas.

— Et moi, j'ai peur, appuya Chabi.

Kostroma n'éprouvait que du dédain pour les petits filous ; et il accentuait le mot « voleur » avec une énergie toute particulière ; quand il voyait des gamins étrangers à notre troupe dévaliser des ivrognes, il les poursuivait et, s'il parvenait à saisir un des délinquants, il le rossait sans pitié. Cet enfant aux grands yeux et à l'air triste s'imaginait qu'il était un homme ; il marchait en roulant les hanches comme un portefaix et s'efforçait de parler d'une voix mâle et brutale. Toute sa personne avait quelque chose de vieux, de réfléchi, de tendu. Viakhir, lui, était persuadé que le vol était un péché.

Mais le fait d'aller aux Sablons pour en emporter des planches et des perches n'était pas classé parmi les actes répréhensibles ; aucun de nous ne craignait de le commettre, et nous élaborâmes toute une série de procédés qui nous facilitèrent grandement la besogne. Les jours de pluie ou à la tombée de la nuit, Viakhir et Jaze se dirigeaient vers les Sablons en passant sur la glace mouillée et bosselée ; ils faisaient tout ce qu'ils pouvaient pour attirer l'attention des gardes, tandis que les quatre autres – et j'étais de leur nombre – se rendaient à l'île en cachette, un à un. Inquiétés par l'apparition de Viakhir et de Jaze, les gardes les surveillaient et, pendant ce temps, nous nous rassemblions près d'un tas de bois convenu à l'avance ; nous choisissions tranquillement notre butin et, tandis que nos camarades aux pieds agiles s'amusaient à harceler les gardes et à les entraîner à leur poursuite, nous prenions, nous, le chemin du retour. Chacun des quatre opérateurs possédait une corde munie à son extrémité d'un gros clou recourbé en forme de crochet ; nous plantions ce crochet dans les voliges ou les perches et nous n'avions plus qu'à les traîner sur la neige ou sur la glace. Les gardes ne nous voyaient presque jamais ou, s'ils nous apercevaient, ils ne pouvaient plus nous rattraper. Le butin vendu, nous partagions en six la recette et chacun de nous touchait ainsi cinq ou six et parfois sept copecks pour sa part.

Avec cette somme, on pouvait se nourrir très suffisamment pendant un jour ; mais Viakhir était rossé s'il ne rapportait à sa mère de quoi acheter un peu d'eau-de-vie ; Kostroma faisait des économies, rêvant d'élever des pigeons. La mère de Tchourka était malade et il tâchait de gagner le plus possible. Chabi gardait aussi tout son argent pour regagner la ville où il était né et d'où l'avait amené un oncle qui s'était noyé peu après son arrivée à Nijni-Novgorod. Chabi d'ailleurs avait oublié le nom de son lieu d'origine ; il savait seulement que son pays se trouvait quelque part au bord de la Kama, près du Volga.

Cette manie nous amusait beaucoup et nous taquinions le petit Tatare aux yeux bigles en chantant :

La ville est sur la Kama ; où ? Nous n'en savons rien.

On ne peut pas la toucher en tendant le bras, ni y arriver en marchant !

Au commencement, Chabi s'était fâché ; mais Viakhir, d'une voix roucoulante, qui justifiait son sobriquet de « Jaseur », lui avait dit :

— Voyons ! Est-ce qu'on boude entre camarades ?

Le petit Tatare avait baissé l'oreille et, depuis lors, il chantonnait avec nous le refrain de la ville sur la Kama.

Néanmoins, nous aimions mieux ramasser les os et les chiffons que de voler du bois. Ce travail devint très intéressant au printemps, lorsque la neige fondit et que les pluies lavèrent les rues pavées de la foire déserte. Sur cet emplacement-là, on pouvait toujours découvrir dans les rigoles une grande quantité de clous et beaucoup de ferraille ; souvent même, on y trouvait de l'argent : pièces blanches et monnaie de cuivre. Mais les gardiens des boutiques vides nous pourchassaient et nous enlevaient nos sacs si nous ne leur graissions la patte au préalable ou si nous ne leur faisions toutes sortes de salamalecs. En général, nous ne gagnions pas notre argent avec facilité, mais nous vivions en bonne harmonie ; quelquefois, nous nous querellions bien un peu ; cependant je ne me rappelle pas qu'il y ait jamais eu de batterie sérieuse entre nous.

Viakhir jouait toujours le rôle de pacificateur ; il avait le tact de prononcer au moment opportun les paroles simples qui nous faisaient rentrer en nous-mêmes et nous remplissaient de confusion. Il les proférait avec une sorte d'étonnement. Les violentes sorties de Jaze ne l'offensaient ni ne l'effrayaient ; il jugeait inutile tout ce qui était méchant et il blâmait d'un ton calme et convaincant :

— Pourquoi as-tu encore fait ça ? demandait-il, et nous sentions, qu'en effet, il n'y avait aucune raison pour agir de la sorte.

Il appelait sa mère : « Ma Mordouane » et nous n'en riions pas.

— Hier soir, ma Mordouane est encore rentrée soûle comme une grive ! racontait-il gaîment, et ses yeux ronds couleur d'or étincelaient. Elle ouvre la porte toute grande, s'assied sur le seuil et se met à chanter ! Une vraie poule !

Tchourka, toujours positif, s'informe :

— Qu'est-ce qu'elle chantait ?

Viakhir se tape sur le genou en cadence et il imite sa mère d'une voix fluette :

Toc-toc-toc, oh ! Le jeune berger,
Frappe à la fenêtre et nous allons sur le pas de la porte !
Toc-toc-toc, le berger frappe ; à la tombée de la nuit,
Il joue du chalumeau ; tout fait silence au village.

Viakhir savait un grand nombre de ces rengaines et il les débitait avec beaucoup d'art.

— Oui, continue-t-il, elle s'est endormie, là, sur le seuil, et la cuisine s'est toute refroidie ; je tremblais de tout mon corps ; j'ai failli être gelé car je n'avais pas la force de la traîner dans la maison. Aussi, ce matin, lui ai-je demandé : « Pourquoi te soûles-tu pareillement ? » Elle m'a répondu : « Patiente encore quelque temps, je mourrai bientôt. »

Tchourka confirme gravement :

— Oui, elle mourra bientôt ; elle est déjà toute bouffie...

— Auras-tu du chagrin ? m'informai-je.

— Mais bien sûr ! réplique Viakhir étonné. Elle est très bonne...

Nous savions tous que la Mordouane battait son fils sans rime ni raison et pourtant nous ne doutions pas qu'elle fût bonne ; parfois même, les jours où la chance ne nous avait pas souri, Tchourka proposait :

— Donnons chacun un copeck pour que Viakhir achète de l'eau-de-vie à sa mère, sinon elle cognera !

De toute la troupe, seuls Tchourka et moi savions lire et écrire ; Viakhir nous enviait profondément et de temps à autre il roucoulait en tiraillant son oreille pointue de souris :

— Quand j'aurai enterré ma Mordouane, j'irai moi aussi à l'école et je ferai une grande révérence au maître pour qu'il veuille bien m'accepter.

Ensuite, je m'engagerai comme jardinier chez l'évêque, ou chez l'empereur !

Au printemps, la Mordouane ainsi qu'un vieux dont le métier était de quêter pour l'érection d'une église furent écrasés par une pile de bois de chauffage qui s'effondra sur eux au moment où ils s'apprêtaient à lamper une bouteille d'eau-de-vie. On emmena la femme à l'hôpital et le grave Tchourka dit à Viakhir :

— Viens demeurer chez nous, ma maman t'apprendra à lire...

Peu de temps après, Viakhir, le nez en l'air, déchiffrait les enseignes :

— Cotesmibles...

Tchourka rectifiait :

— Comestibles, hurluberlu !

— Je vois bien, mais seulement les lettres changent de place !

— C'est toi qui les embrouilles !

— Mais non, elles sautent toutes seules, elles sont contentes parce qu'on les lit !

Il nous divertissait et nous étonnait tous par son amour pour les plantes et les arbres.

Le faubourg, disséminé sur le sable, était très pauvre en végétation. Çà et là, dans les cours, poussaient de maigres saules blancs ; des massifs de sureau étalaient leurs branches tordues ; au pied des palissades se cachaient timidement des brins d'herbe grise et sèche. Si l'un de nous par hasard s'asseyait sur une de ces touffes poussiéreuses, Viakhir grommelait d'un air irrité :

— Pourquoi écrases-tu cette herbe ? Assieds-toi donc à côté, sur le sable ; n'est-ce pas la même chose pour toi ?

Quand il était là, on éprouvait de la gêne à casser une branche de saule, à arracher un rameau de sureau fleuri ou à couper une tige d'osier au bord de l'Oka. Il se récriait toujours, haussant les épaules et laissait tomber ses bras :

— Pourquoi avez-vous besoin de tout casser ? Ah ! quels diables !

Et sa stupéfaction rendait tout le monde honteux.

Le samedi, on se livrait à un joyeux divertissement, auquel on s'était du reste préparé pendant toute la semaine en ramassant dans les rues les vieilles chaussures de tille éculées qu'on cachait dans des coins. Le samedi soir donc, quand les portefaix tatares du « débarcadère de Sibérie » rentraient par bandes à la maison, nous prenions position à l'un des carrefours et nous les bombardions avec ces projectiles. Au début, ils se fâchèrent, nous insultèrent et même nous donnèrent la chasse ; mais bientôt, le charme du jeu les entraîna et, sachant par avance ce qui les attendait, ils arrivèrent sur le champ de bataille munis eux aussi de chaussures de tille. Ils nous volèrent même plus d'une fois notre matériel de guerre, ayant déniché les recoins où nous le dissimulions ; nous nous plaignions de ce procédé déloyal :

— Ce n'est pas de jeu, cela !

Ils nous rendaient alors la moitié de notre butin et la bataille commençait. En général, ils se plaçaient dans un endroit découvert, le plus souvent au milieu du carrefour, et nous les attaquions en criant et en lançant les vieilles chaussures. Eux braillaient également et poussaient des éclats de rire assourdissants lorsque l'un de nous, surpris en plein élan, culbutait la tête la première dans le sable, renversé par un projectile adroitement lancé dans ses jambes.

Le jeu durait longtemps, parfois jusqu'à la tombée de la nuit ; les petits bourgeois se rassemblaient et, réfugiés à l'angle des rues, nous regardaient, protestant au nom de l'ordre troublé, tandis que les chaussures de tille, grises et poussiéreuses, voltigeaient comme des corbeaux.

Les Tatares s'échauffaient tout autant que nous. Souvent, la bataille finie, ils nous emmenaient au réfectoire de leur association, où ils nous offraient de la viande de cheval douceâtre et une bizarre préparation de légumes ; après le souper, on buvait un thé épais et on mangeait une sorte de pâte de noisettes grasse et sucrée. Ces énormes gaillards nous plaisaient beaucoup ; c'étaient de vrais hercules ; il y avait en eux quelque chose d'enfantin qui se comprenait d'ailleurs, mais ce qui me frappait surtout, c'était leur douceur sans malice, leur égalité d'humeur, leur bonhomie et les attentions amicales qu'ils se témoignaient les uns aux autres.

Leur rire avait une franchise adorable, ils riaient jusqu'aux larmes. L'un d'eux, un luron au nez cassé, originaire de Kassimof, doué d'une force fantastique — il avait une fois transbordé d'une berge sur le rivage, et assez loin, une cloche pesant près de six quintaux — hurlait avec des éclats de rire formidables :

— Vouou, vouou ! La parole, c'est de l'herbe ; la parole, c'est de la petite monnaie, mais c'est aussi de l'or, la parole !

Un soir, il avait fait asseoir sur sa main Viakhir et l'avait soulevé très haut en disant :

— C'est là qu'il faut que tu vives, au ciel !

Les jours de pluie, nous nous rassemblions chez Jaze, au cimetière, dans la loge de son père. Celui-ci était un homme aux longs bras, aux os tordus et comme usé par la vie. Sur son crâne minuscule et sur son visage noir poussaient des touffes de poils sales ; sa tête ressemblait à de la bardane desséchée et son long cou maigre à une tige. Il avait une façon voluptueuse de fermer ses yeux jaunes en s'écriant avec volubilité :

— Que Dieu me préserve de l'insomnie. Oukh !

Chaque fois que nous nous rendions chez lui, nous achetions dix grammes de thé, un demi-quart de livre de sucre et du pain. Une petite bouteille d'eau-de-vie lui était destinée particulièrement et Tchourka lui ordonnait d'un ton sévère :

— Chauffe le samovar, vilain homme !

Le gardien souriait et allumait le samovar d'étain ; en attendant le thé, nous discutions de nos affaires et il nous donnait de bons conseils.

— Faites attention, ouvrez l'œil ; après-demain, il y aura chez les Troussof une cérémonie commémorative ; un grand repas à l'occasion de l'anniversaire d'une mort et vous trouverez des os en quantité.

— C'est la cuisinière qui se les réserve, les os, chez les Troussof, observait Tchourka, toujours bien informé.

Viakhir rêvait tout haut, en regardant par la fenêtre qui ouvrait sur le cimetière :

— Bientôt, nous pourrons aller nous promener dans la forêt...

Jaze gardait toujours le silence ; ses yeux mélancoliques se posaient tour à tour sur chacun des assistants et le fixaient avec attention. C'était en silence aussi qu'il nous montrait ses jouets, soldats de bois extraits des tas d'ordures, chevaux sans pieds, boutons et fragments de métal.

Son père plaçait sur la table des tasses dépareillées, des gobelets, et enfin le samovar. Kostroma servait le thé tandis que le gardien, après avoir bu son eau-de-vie, grimpait sur le poêle, tendait son long cou dans notre direction, nous examinait avec ses yeux de hibou et grommelait :

— Oh ! puissiez-vous crever ! On ne dirait pas que vous êtes des gamins ! Ah ! petits voleurs, que Dieu me préserve de l'insomnie ! Oukh !

Viakhir lui répliquait :

— Nous ne sommes pas du tout des voleurs !

— Eh bien, des larronneaux !

Quand le gardien nous ennuyait par trop, Tchourka lui criait avec rudesse :

— Silence, vilain homme !

Viakhir, Tchourka et moi, n'aimions pas à entendre le gardien énumérer les demeures où se trouvaient des malades ou des gens en danger de mort ; il brodait avec plaisir sur ce thème-là, et jamais aucun sentiment de pitié ne se manifestait dans son accent. Bien mieux, voyant que ces histoires nous étaient désagréables, il y revenait continuellement, harcelant et persiflant :

— Ah ah ! Vous avez peur, n'est-ce pas, petits paltoquets ! Je m'en aperçois bien ! Oui, il y a un gros bonhomme qui va mourir bientôt et il en mettra du temps à pourrir, celui-là !

On essayait en vain de le faire taire ; il continuait :

— Et vous aussi vous mourrez ! Vous ne vivrez pas longtemps, sur vos tas de fumier !

— Eh bien, nous mourrons, disait Viakhir ; et nous deviendrons des anges !

— Vous, des anges ? (Le père de Jaze suffoquait d'étonnement.) Vous ? Des anges ?

Et il partait de rire et recommençait à nous agacer en nous racontant des vilenies sur les défunts.

Parfois cependant cet homme étrange nous confiait d'une voix basse et gazouillante des choses bizarres :

— Écoutez donc, mes petits amis, attendez ! Avant-hier, on a enseveli une femme ; et j'ai appris quelque chose sur elle, oui, mes enfants. Ah ! qu'est-ce que j'ai appris !

Il parlait souvent des femmes et toujours pour des révélations très viles. Mais il y avait dans ses histoires quelque chose de plaintif, et comme une sorte d'interrogation désolée. Il semblait nous inviter à réfléchir et nous l'écoutions attentivement s'exprimer d'une façon maladroite et embarrassée. De toutes nos conversations avec lui, rien de précis ne subsistait, mais seulement des fragments d'idées et des lambeaux de récits qui prenaient une allure alarmante.

— ... On lui demande : « Qui est-ce qui a mis le feu ? — C'est moi ! qu'elle dit. — Comment cela peut-il se faire, nigaude, tu n'étais pas à la maison cette nuit-là, tu étais à l'hôpital ! — C'est moi qui ai mis le feu ! » dit-elle encore. Pourquoi soutenait-elle cela ? Ah ! Que Dieu me préserve de l'insomnie !... Oukh !

Il savait l'histoire de presque tous les faubouriens qu'il avait enterrés dans le sable de ce cimetière nu et désolé. On aurait dit qu'il nous ouvrait la porte des maisons et que nous pénétrions à sa suite dans l'intimité des gens pour voir comment ils vivaient. Nous sentions que ses récits alors avaient quelque chose de sincère, de grave. Il aurait pu parler toute la nuit jusqu'à l'aurore, je crois, mais dès que la petite fenêtre de la loge se ternissait avec le crépuscule, Tchourka se levait :

— Je rentre pour que maman n'ait pas peur. Qui vient avec moi ?

Tout le monde s'en allait ; Jaze nous accompagnait jusqu'au mur d'enceinte ; derrière nous il fermait le portail, et appuyant contre la grille son visage noir et osseux, nous disait adieu d'une voix sourde.

Nous lui répondions, et une angoisse nous serrait le cœur de le laisser ainsi au cimetière ; un jour, Kostroma, regardant en arrière, formula notre pensée intime :

— Voilà, nous nous réveillerons demain, et lui sera mort !

— C'est Jaze qui est le plus malheureux de nous tous ! affirmait souvent Tchourka ; et chaque fois, Viakhir rétorquait :

— Nous ne vivons pas mal du tout !

Je trouvais moi aussi que nous n'étions pas si misérables ; cette vie de liberté, d'indépendance me plaisait fort ; j'aimais mes camarades qui m'inspiraient de grands sentiments un peu vagues et le désir de faire quelque chose pour leur bonheur.

J'eus de nouveau des soucis à l'école où les élèves me persiflaient, m'appelant mendiant, chiffonnier ; certain jour même, après une dispute, ils déclarèrent au maître que je sentais le purin et qu'on ne pouvait rester assis à côté de moi. Je me rappelle combien ces plaintes m'humilièrent et quel courage il me fallut pour retourner ensuite en classe. Les doléances de mes camarades n'étaient pas justifiées : tous les matins, je me lavais avec soin et je ne mettais jamais à l'école les vêtements que j'endossais pour faire mes tournées.

Enfin, je satisfis à l'examen de sortie de la troisième année et je reçus en récompense, avec un *Nouveau Testament* et les fables de Kryloff reliées, un autre volume broché, au titre incompréhensible, *Fata Morgana*. On me donna aussi un certificat. Lorsque je rapportai le tout à la maison, grand-père se montra très satisfait et très touché. Il déclara que ces choses-là devaient être soigneusement conservées et qu'il allait enfermer les livres dans son coffre. Grand'mère, depuis quelques jours, était malade et n'avait point d'argent ; aussi entendait-on les gémissements de grand-père qui ronchonnait :

— Vous buvez, vous mangez à mes dépens ; vous me rognerez jusqu'aux os ; ah ! vous !

Je portai mes livres à un marchand qui les accepta pour cinquante copecks et je remis cet argent à grand'mère. Je gâtai le certificat en gribouillant dessus je ne sais quoi, ensuite je le confiai à mon aïeul qui le cacha sans le déplier ni remarquer ma gaminerie que je devais payer plus tard.

J'en avais fini avec l'école et je recommençai à vivre dans la rue ; c'était plus agréable encore qu'auparavant. On était en plein printemps et j'avais moins de peine à gagner mon pain. Le dimanche, de grand matin, toute notre bande partait pour la campagne ; nous nous engagions dans un bois de sapin, d'où nous ne rentrions que tard dans la soirée, les membres lourds d'une fatigue bienfaisante et plus amis encore qu'auparavant.

Mais cette vie ne dura pas longtemps. Mon beau-père fut encore renvoyé de sa place et disparut de nouveau. Ma mère et mon petit frère Nicolas revinrent demeurer chez grand-père et l'on m'attribua les fonctions de bonne d'enfants, grand'mère étant partie en ville chez un riche marchand pour lequel elle brodait un suaire.

Silencieuse et décharnée, ma mère pouvait à peine remuer les jambes, et ses yeux avaient pris une expression terrifiante. Mon frère était scrofuleux et si faible qu'il n'avait pas même la force de pleurer très fort ; quand il avait faim il gémissait tout bas sur un ton qui vous bouleversait. Lorsqu'il était repu, il sommeillait et soupirait drôlement, ronronnant comme un petit chat. Il avait des plaies au coude.

Grand-père, à son arrivée, le tâta avec attention et déclara :

— Il faudrait qu'il soit très bien nourri ; mais voilà, je n'ai pas assez d'argent pour vous entretenir tous...

Assise sur le lit, dans un coin, ma mère soupira d'un ton rauque :

— Il n'a pas besoin de grand'chose...

— Il n'a pas besoin de grand'chose, ni l'autre non plus, et pourtant cela finit par faire beaucoup...

Il eut un geste découragé et, s'adressant à moi :

— Il faut tenir Nicolas dehors, sur le sable, au soleil...

J'allai chercher un sac propre et sec, j'en fis un tas près de la fenêtre, à l'endroit le plus ensoleillé de la cour et j'y enterrai mon frère jusqu'au cou, selon les indications de grand-père. L'enfant aimait beaucoup rester ainsi dans le sable ; il plissait les paupières d'un air satisfait, me dévisageant de ses yeux rayonnants et extraordinaires, qui n'avaient point de sclérotique mais seulement des prunelles bleues entourées d'un anneau lumineux.

J'éprouvai tout de suite une profonde affection pour mon frère. Il me semblait qu'il comprenait toutes les choses auxquelles je pensais quand nous étions couchés côte à côte sous la fenêtre d'où nous venait la voix de grand-père :

— Mourir, ce n'est pas bien malin ; il vaut mieux que tu saches vivre...

Ma mère a un accès de toux prolongé.

Le bébé dégage ses bras et les tend vers moi en hochant sa petite tête blanche ; il n'a que quelques rares cheveux qui semblent gris et sa physionomie est vieillotte, réfléchie.

Quand une poule ou un chat s'approche de nous, Nicolas l'examine longuement puis il me jette un coup d'œil et sourit un peu. Cette ombre de sourire me trouble ; mon frère sentirait-il que je m'ennuie avec lui, que j'aimerais l'abandonner là et m'enfuir seul dans la rue ?

La cour est exiguë, malpropre et encombrée. De la porte cochère jusqu'au fond s'élèvent de petits hangars lambrissés de planches noueuses, des bûchers, des celliers ; à l'extrémité il y a la chambre à lessive qui sert aussi de salle de bains. Les toits sont tout encombrés de débris de barques, de morceaux de bois, de planches et de copeaux mouillés : on a tiré cela de l'Oka au moment de la crue et pendant la descente des glaces. Des monceaux de bois de toute espèce qui n'offrent rien de particulièrement agréable à contempler s'entassent un peu partout et l'eau dont ils sont imbibés, en s'évaporant au soleil, dégage de vagues relents de pourriture.

Dans le bâtiment mitoyen se trouvait un abattoir pour le petit bétail. Presque tous les matins, on entendait les meuglements des veaux ou les bêlements des moutons. L'odeur du sang qui s'en dégageait était si forte qu'il me semblait parfois la voir monter, réseau de pourpre transparente, comme on voit des vapeurs d'eau s'élever dans le soleil d'été.

Lorsque les animaux mugissaient, assommés par un coup de masse entre les cornes, Nicolas plissait les paupières et gonflait les joues ; il essayait probablement d'imiter ce cri de douleur, mais il ne parvenait qu'à exhaler péniblement l'air qu'il avait aspiré :

— F-fou...

À midi, grand-père passait la tête par la fenêtre et criait :

— Dîner !...

Il donnait lui-même à manger à l'enfant qu'il tenait sur ses genoux ; il mâchait du pain ou de la pomme de terre ; puis de son doigt tordu, introduisait un peu de nourriture dans la petite bouche de mon frère, en barbouillant les lèvres minces et le menton pointu du garçonnet. Ce repas ne durait pas longtemps ; bientôt, grand-père soulevait la courte chemise de Nicolas, tâtait du doigt le petit ventre boursouflé et se demandait tout haut :

— Est-ce assez ? Ou bien faut-il lui en donner encore ?

Du sombre coin près de la porte où elle se tenait, s'élevait la voix de ma mère :

— Vous voyez bien qu'il tend les bras vers le pain !

— Les enfants sont bêtes ! Ils ne savent pas ce qu'il leur faut de nourriture.

Là-dessus, il enfonçait encore une chique dans la bouche du petit. J'éprouvais une telle honte de ce gavage que j'en avais la nausée et que ma gorge se serrait.

— Maintenant, cela suffit, disait enfin mon aïeul. Tiens, porte-le à sa mère.

Je prenais Nicolas qui gémissait, tout son petit corps s'allongeant désespérément vers la table. Ma mère se levait et venait au-devant de nous en râlant. Ses bras tendus n'avaient plus de chair ; elle était longue et desséchée comme un sapin aux branches rompues.

Devenue presque muette, elle ne prononçait que rarement un mot et d'une voix fiévreuse ; pendant des journées entières, elle restait silencieuse couchée dans le coin où elle se mourait. Elle se mourait, je le sentais, je le savais. Grand-père lui-même parlait trop souvent de la mort, il revenait sans cesse sur ce sujet, surtout le soir lorsque la cour s'assombrissait et qu'une grasse odeur de pourriture, tiède comme une toison de mouton, nous arrivait par la fenêtre.

Le lit de mon aïeul était placé dans un coin presque sous les images saintes ; il se couchait, la tête tournée vers elles et vers la fenêtre, et long-temps bougonnait dans l'obscurité :

— Voilà le temps de mourir qui est venu... Quelle attitude aurons-nous quand nous serons devant Dieu ?... Que Lui dirons-nous ? Voilà, durant toute la vie, on s'est démené, on a fait ceci, on a fait cela... Et où cela vous a-t-il mené ?

Je dormais sur le plancher, entre le poêle et la fenêtre. J'étais à l'étroit et, pour être plus à l'aise, je glissais les pieds sous le poêle où les blattes en passant me chatouillaient. J'éprouvais d'ailleurs dans ce réduit quelques petites satisfactions malicieuses. En cuisinant, grand-père cassait à chaque instant les vitres avec la pointe ou le bout du tisonnier. Je trouvais bizarre et amusant que mon aïeul, si intelligent d'ordinaire, n'eût pas l'idée de couper l'extrémité de cet ustensile.

Certain jour entre autres qu'il faisait cuire je ne sais quoi dans un pot menaçant de déborder, il manœuvra le tisonnier avec une telle force qu'il brisa le montant et la traverse du châssis ainsi que les deux vitres, tandis que le pot, se renversant sur la plaque du fourneau, se cassait en mille morceaux. Le vieillard fut si chagriné de cet accident qu'il s'assit à terre et se mit à pleurer :

— Seigneur, Seigneur...

Quand il fut sorti, je pris le couteau à pain et je coupai le tisonnier aux trois quarts de sa longueur, mais, dès qu'il vit mon ouvrage, il se mit à gronder :

— Maudit polisson, il fallait le scier, le scier avec une scie... on aurait pu utiliser les bouts pour faire des rouleaux à pâte et je les aurais vendus ! Ah ! graine de diable !

Il s'enfuit dans le corridor en agitant les bras.

— Tu ne devrais pas te mêler de ce qui ne te regarde pas... me fit observer ma mère.

14

Ma mère mourut au mois d'août, un dimanche vers midi. Mon beau-père venait de rentrer de voyage ; il avait retrouvé une place. Grand'mère et Nicolas étaient déjà partis s'installer chez lui, dans un appartement petit mais propret à proximité de la gare. On devait y transporter ma mère à bref délai.

Le matin du jour où elle trépassa, elle me dit tout bas, mais d'une voix plus nette et plus dégagée que d'habitude :

— Va-t'en chez Evguény et dis-lui que je le prie de venir...

S'appuyant d'une main au mur, elle se souleva sur son lit, s'assit et ajouta :

— Cours vite !

Il me sembla qu'elle souriait, que quelque chose de nouveau brillait dans ses yeux. Mon beau-père était à la messe quand j'arrivai et grand'mère m'envoya chercher du tabac chez une boutiquière juive. Celle-ci n'avait point de tabac râpé ; il fallut attendre qu'elle m'en préparât et le rapporter ensuite à mon aïeule.

Quand je revins chez grand-père, ma mère était assise près de la table ; vêtue d'une jolie robe mauve, bien coiffée, elle avait repris son grand air d'autrefois.

— Tu es mieux ? demandai-je, intimidé sans savoir pourquoi.

— Viens ici ! Où as-tu rôdé, réponds ?

Je n'en eus pas le temps : elle me prit par les cheveux et, de l'autre main, s'emparant d'un couteau long et souple, taillé dans une scie, elle me frappa tant qu'elle put du plat de la lame jusqu'à ce que le couteau lui échappât des doigts.

— Ramasse-le ! Donne-le-moi !

J'obéis et je lançai le couteau sur la table ; ma mère me repoussa et je m'assis sur le marchepied du poêle, épiant ses gestes avec effroi.

Elle se leva et se dirigea lentement vers le coin qu'elle occupait d'ordinaire. Après s'être étendue sur le lit, elle prit son mouchoir et essuya son visage en sueur. Ses gestes étaient incertains ; par deux fois, sa main retomba sur l'oreiller sans que le mouchoir touchât la figure.

— De l'eau...

J'en puisai une tasse dans le seau ; soulevant la tête avec effort, elle but une gorgée de liquide et de sa main glacée repoussa la mienne. Un profond soupir lui échappa. Ensuite, elle regarda les saintes images, puis ses yeux se posèrent sur moi ; elle remua les lèvres comme dans un ricanement et, avec lenteur, abaissa ses longs cils sur ses prunelles. Ses coudes se collèrent avec force à ses côtés et ses mains, dont les doigts bougeaient un peu, rampèrent sur la poitrine et montèrent à la gorge. Une ombre passa sur son visage et s'accentua peu à peu, tendant la peau jaune, et aiguisant le nez. La bouche s'entr'ouvrit, mais on n'entendit pas le bruit de la respiration.

Pendant un temps incalculable, je restai debout devant le lit, ma tasse à la main, regardant ce visage qui se pétrifiait et qui prenait des teintes grisâtres.

Enfin, grand-père entra et je lui dis :

— Ma mère est morte...

Il jeta un coup d'œil sur le lit :

— Qu'est-ce que tu radotes ?

Il marcha vers le poêle et sortit un pâté du four en faisant un tapage assourdissant avec la poêle et les couvercles. Je le regardai sans rien dire, je savais que ma mère était morte et j'attendais qu'il comprît.

Il ne semblait pas s'en soucier.

Mon beau-père arriva peu après, vêtu d'un complet de toile et coiffé d'une casquette blanche. Il prit un siège et, sans faire de bruit, le porta près du lit de ma mère, mais, arrivé près d'elle, il lâcha la chaise et brusquement clama d'une voix claironnante comme une trompette de cuivre :

— Mais elle est morte, voyez donc !...

Les yeux écarquillés, un couvercle à la main, grand-père cette fois abandonna son fourneau et s'approcha du lit, en trébuchant comme un aveugle.

Quelques jours après les funérailles de ma mère, mon aïeul me prit à part et déclara :

— Alexis, mon garçon, tu n'es pas une médaille que je puisse porter à mon cou, il est inadmissible que tu restes ainsi à vivre à mes crochets ; va-t'en plutôt par le monde...

Et je m'en allai par le monde*.

FIN

---

* À cette époque Gorki avait douze ans environ.

Copyright © 2024 by Alicia ÉDITIONS

Crédits : www.canva.com ; Alicia Éditions.

Tous droits réservés.

Aucune partie de ce livre ne peut être reproduite sous quelque forme ou par quelque moyen électronique ou mécanique que ce soit, y compris les systèmes de stockage et de récupération de l'information, sans l'autorisation écrite de l'auteur, à l'exception de l'utilisation de brèves citations dans une critique de livre.

www.ingramcontent.com/pod-product-compliance
Lightning Source LLC
LaVergne TN
LVHW092011090526
838202LV00002B/91